SHIGONG
QIYE NEIBU
KONGZHI

施工企业内部控制

刘正昶　商德福　编著

人民日报出版社

图书在版编目（CIP）数据

施工企业内部控制／刘正昶，商德福编著 . —北京：
人民日报出版社，2018.2
ISBN 978－7－5115－5307－2

Ⅰ.①施… Ⅱ.①刘…②商… Ⅲ.①施工企业—
企业内部管理 Ⅳ.①F407.923

中国版本图书馆 CIP 数据核字（2018）第 020177 号

书　　名：施工企业内部控制
编　　著：刘正昶　商德福

出 版 人：董　伟
责任编辑：林　薇　陈　佳
封面设计：中联学林

出版发行：人民日报出版社
社　　址：北京金台西路 2 号
邮政编码：100733
发行热线：（010）65369509　65369846　6536528　65369512
邮购热线：（010）65369530　65363527
编辑热线：（010）65369526
网　　址：www.peopledailypress.com
经　　销：新华书店
印　　刷：三河市华东印刷有限公司

开　　本：710mm×1000mm　1/16
字　　数：314 千字
印　　张：17.5
印　　次：2018 年 3 月第 1 版　　2018 年 3 月第 1 次印刷

书　　号：ISBN 978－7－5115－5307－2
定　　价：58.00 元

目　录
CONTENTS

第一章

建筑施工行业基本情况与内部控制建设背景

第一节　建筑施工行业基本情况

　　建筑施工行业是专门从事房屋建设、工业设施建造、公共设施建筑物建造的行业,是国民经济发展的重要产业,在我国与农业、工业、交通运输业、商业并称为五大物质生产部门。建筑施工反映的是建筑产品生产的整个过程与各类活动,包括建设规划、勘察设计、施工及安装、建筑配件生产、建设监理、工程造价等,具有覆盖面广、行业规模大、产业链条长、关联度高、就业容量大等特点,是推动国民经济健康持续发展、维护就业稳定、推动现代化发展的重要产业。建筑施工行业在国民经济产业链中属于中间环节,上游产业包括咨询服务、资源开采等,下游产业包括房地产销售、建造设施的运行维护等。建筑施工行业的大力发展,对国民经济的发展有着极大的推动作用。

一、我国建筑施工行业的发展历程

　　我国建筑施工行业经历了数十年的发展,历经多个发展阶段,发生了多次组织机构的变革,逐渐成为支撑国民经济增长的重要产业。

　　新中国成立初期,我国经济力量薄弱、基础设施建设比较落后。为解决无序建设和城市化发展重点不清的问题,1952 年,我国政府批准成立了建设工程部,为推进"一五"规划中的重点城市建设工作做准备;1958 年,为更好地推进全国城市建设工作的开展,国家开展了以"精简机构、权力下放"为目的的机构改革,将建筑材料工业部、建筑工程部和城市建设部合并成为建筑工程部,撤销的国家建设委员会部分工作统一归由建筑工程部管理;1965 年,建筑工程部被分为建筑工程部和建筑材料工业部;1970 年,国家建委、建筑工程部、建筑材料工业部、中共中央基建政治部合并,成立国家基本建设革命委员会;1988 年,国务院开展机构改革,设立了建设部。

改革开放后,为提升行政效率、降低行政成本,2008 年国家开展大部制改革,建设部改为住房和城乡建设部。伴随着行政机构的改革、国民经济的发展,我国建筑施工行业迎来了高速发展时期,行业规模持续扩张、产业规模不断扩大,吸纳了大量农村转移劳动力、带动了大量关联产业,建筑施工行业在国民经济中的占比持续增加。2010 年,建筑施工行业增加值占国内生产总值 6.64%,建筑施工行业全社会从业人员达到 4000 万以上,成为大量吸纳农村富余劳动力就业、拉动国民经济发展的重要产业;2015 年,全国建筑业总产值达到 18.1 万亿元,建筑施工行业增加值占国内生产总值达到 6.86%,从业人员达到 5000 万以上,经济支柱行业地位进一步稳固。

二、建筑施工行业内外部环境分析

(一)内部环境分析

建筑行业的快速发展主要依赖于我国固定资产投资规模的快速扩张,1990 年我国全社会固定资产投资总额 4517 亿,经过数十年快速发展,2015 年我国全社会固定资产投资总额达到约 56.2 万亿,25 年增长了约 124 倍。但随着我国国民经济的不断发展、基础设施的不断完善,粗放式投资建设已经不能满足日益复杂的建设需求,全社会固定资产投资同比增长自 2011 年至 2015 年间连续下滑,预示着我国建筑施工企业粗放式扩张的模式已经难以持续,建筑施工行业的持续健康发展需要迎来新的变革。

面对新时期的挑战,我国着眼建筑施工行业的长期健康可持续发展的愿景,提出了新的管控方向。建筑施工行业需要认清大而不强、监管机制不健全、工程建设组织方式落后、建筑水平有待提高、质量安全事故时有发生、市场违规违法行为较多、企业核心竞争力不强、工人技能素质偏低的现状,进一步深化建筑业"放管服"改革。改革的方式是多样的,其中,在简政放权改革方面,通过优化资质资格管理,减少不必要的资质认定;完善招投标制度,缩小并严格界定必须进行招投标的工程建设项目范围,防止工程项目招标实行"一刀切"。在工程建设组织模式方面,加快推行工程项目总承包机制,完善总承包相关的招投标、施工许可、竣工验收等制度规定;鼓励投资咨询、勘察、设计、监理、招标代理、造价等企业采取联合经营、并购重组等方式发展全过程工程咨询,培育一批具有国际水平的全过程工程咨询企业。在工程质量安全管理方面,全面落实各方主体的工程质量责任,强化建设单位的首要责任和勘察、设计、施工单位的主体责任;全面落实安全生产责任,加强施工现场安全防护,强化对深基坑、高支模、起重机械等危险性较大的工程的管理,以及对不良地质地区重大工程项目的风险评估或论证;完善工程质量安全法律法规和管理制度,健全企业负责、政府监管、社会监督的工程质量安全保障体系。在建筑市场环境方面,打破区域市场准入壁垒,取消各地区、各行业在法律、行政法规和国务院规定外对建筑业企业设置的不合理准入条件;严禁擅自设立或变相设立审批、备案事项,为建筑业企业提供公平市场环境;引导承包企业以银行保函或担保公司保函的形式,向建设单位提供履约担保;审计机关加强对以政府投资为主的公共工程建设项目的审计监督,建设单位不得将未完成审计作为延期工程结算、拖欠工程款的理由。

随着国内市场环境的变化,建筑施工相关的企业已经走到了需要"求变"的关口,要树立科学发展的观念,通过推进产业结构的升级,不断加强自身竞争力,实现企业的健康发展。

(二)外部环境分析

目前我国国内建筑施工市场的发展已经趋于缓和,规模扩张速度开始下降,整个建筑施工行业未来会面临更多挑战。在国内建设施工项目的设计施工难度不断增加、需求单位业务要求不断提高、企业间竞争加剧的背景下,众多国内企业根据我国"走出去"的发展战略,将业务拓展的目标瞄准了海外市场。2010 年,我国对外承包工程完成营业额 922 亿美元,新签合同额 1344 亿美元;到 2015 年,我国对外承包工程业务完成营业额已达到 1540.7 亿美元,5 年增长 67%,新签合同额 2100.7 亿美元,5 年增长 128%。但随着对外承包工程业务规模逐年增长,我国建筑施工企业开始面临更多海外风险,如何采取有效措施规范对外承包工程企业的市场行为、保障企业的海外权益、推动中国工程建设标准与国际化接轨,就成为促进我国建筑施工行业海外业务健康发展的重点研究课题。

为帮助建筑施工企业走出去,我国一方面在推动对外承包有关的税收、信贷、保险、担保等相关的政策施行。另一方面,2013 年 9 月和 10 月中国国家主席习近平提出了建设"新丝绸之路经济带"和"21 世纪海上丝绸之路"的构想,简称"一带一路";2015 年 3 月,国家发展改革委员会、外交部、商务部联合发布了《推动共建丝绸之路经济带和 21 世纪海上丝绸之路的愿景与行动》,希望通过打造国际合作经济走廊、以沿线中心城市或港口为节点,实现沿线各国经济贸易及基础设施的大发展,其中基础设施作为"一带一路"建设中优先建设的领域,为我国建筑施工企业带来了极其宝贵的海外发展机遇。

但对我国众多建筑施工企业来说,"一带一路"建设带来的不仅是历史机遇,还有与熟悉的国内经营环境不同的各类海外风险。例如,沿线一些国家政治环境不稳定,一旦发生选举或政权交替,就可能造成项目中止;一些国家民族、种族矛盾尖锐,能否协调好各方利益直接影响到项目是否能够顺利实施;还有一些国家存在严重的腐败问题,会增加项目投资成本甚至会出现不公平竞争,从而阻碍海外项目的成功实施;更大的挑战是海外施工的安全问题,由于沿线可能会途经一些教派冲突严重、恐怖势力猖獗的地区,如何确保施工安全、防范对基础设施的破坏也是重要的考量因素之一。以上问题均是我国建筑施工企业在"走出去"时可能遇到的现实风险,如果企业不能做好充足的准备,通过调查与研究对海外风险有充分的认识,并预先制定应对措施,"机遇"就可能变成"陷阱"。

建设施工行业未来的发展目标是通过树立和贯彻创新、协调、绿色、开放、共享的发展理念,强化队伍建设、提升工程质量安全水平、增强企业竞争力,打造优质的"中国建筑"的品牌。而在全面深化改革的浪潮中,建立现代化风险管控的意识、践行现代化的管控模式,正是中国建筑品牌成功的关键。

第二节 建筑施工行业内部控制建设背景

2008年,财政部、证监会、审计署、银监会、保监会五部委联合发布了《企业内部控制基本规范》(财会〔2008〕7号),要求我国境内的大中型企业提高内部控制水平,提高经营管理水平及风险防范能力;2010年,五部委发布了《企业内部控制配套指引》(财会〔2010〕11号),要求境内外同时上市的公司、上海证券交易所及深圳证券交易所主办上市公司施行。《指引》主要从组织架构、发展战略、人力资源、社会责任、企业文化、资金活动等18个业务模块出发,对企业提升内部控制管理水平提出了要求,具有普遍适用性,但建筑施工行业由于具有涉及金额大、组织机构复杂、项目区域跨度广等特点,有必要建立一套适用于本行业的专业指南,这也是本书编制的初衷。为保证指南的专业性,指南在编制过程中充分借鉴并参考了《企业内部控制基本规范》及配套指引、《中央企业全面风险管理指引》、《公司法》、《会计法》的相关要求。

经过多年宣传与推进,我国建筑施工企业的内部控制已经取得一些积极的成果,例如,企业内部控制管理意识普遍提升、管控制度不断建全、部分关键领域的内控制衡机制也日趋完善。但是,在看到已取得成果的基础上,还应该重点关注企业以往在开展内部控制工作中遇到的障碍与困惑,例如,企业内部控制管控制度与实际业务操作不符、制度及流程的执行缺乏有力监管、内部控制与成本效益之间的矛盾等,如果不能及时解决这些问题,企业建立的内部控制体系就难以顺利运转并迭代更新,企业管理水平就难以"更进一步"。随着国内建筑施工市场的发展遇到瓶颈、施工企业间竞争的加剧,越来越多的建筑施工企业意识到打通内部业务流程、优化企业管控结构、提升管理效率的重要性;意识到企业未来想要健康可持续发展、打造真正的"中国建筑"品牌,必须完成从"粗放式"管理到"精细化"管理模式的转变。而向"精细化"管理模式转变的目标,不是仅依靠建立一套内部控制制度就可以达成,还需要克服内部控制推进过程中遇到的各类阻力,使其真正运转起来并逐步自我迭代更新。在我国建筑施工企业"走出去"的过程中,面临着各种环境下不同风险的考验,而内部控制机制如果不能适应新的形势不断完善,就不能为企业的发展真正提供助力。

国内外市场环境的变化,为我国建筑施工企业的未来发展带来了诸多挑战,但也为一些具有革新动力、适应性强的企业带来了新的机遇,是否能抓住改革的历史机遇,提升企业自身风险管控水平、优化企业粗放式的管控结构,决定着未来企业能否在国内外愈加复杂的竞争环境下生存下来。

第二章

内部控制体系建设与运行

第一节　内部控制体系建设

【内部控制】

财政部等五部委颁布的《企业内部控制基本规范》(财会〔2008〕7 号,以下简称《基本规范》),明确了企业内部控制的含义、建设和实施内部控制的原则及基本要素。

内部控制是由企业董事会、监事会、经理层和全体员工实施的、旨在实现控制目标的过程。内部控制的目标是合理保证企业经营管理合法合规,保障资产安全、财务报告及相关信息真实完整,提高经营效率和效果,促进企业实现发展战略。

企业建立与实施内部控制的原则:(一)全面性原则,内部控制应当贯穿决策、执行和监督全过程,覆盖企业及其所属单位的各种业务和事项;(二)重要性原则,内部控制应当在全面控制的基础上,关注重要业务事项和高风险领域;(三)制衡性原则,内部控制应当在治理结构、机构设置及权责分配、业务流程等方面形成相互制约、相互监督,同时兼顾运营效率;(四)适应性原则,内部控制应当与企业经营规模、业务范围、竞争状况和风险水平等相适应,并随着情况的变化及时加以调整;(五)成本效益原则,内部控制应当权衡实施成本与预期效益,以适当的成本实现有效控制。

企业建立与实施有效的内部控制,应当包括下列要素:(一)内部环境,内部环境是企业实施内部控制的基础,一般包括治理结构、机构设置及权责分配、内部审计、人力资源政策、企业文化等;(二)风险评估,风险评估是企业及时识别、系统分析经营活动中与实现内部控制目标相关的风险,合理确定风险应对策略;(三)控制活动,控制活动是企业根据风险评估结果,采用相应的控制措施,将风险控制在可承受范围之内;(四)信息与沟通,信息与沟通是企业及时、准确地收集、传递与内部控制相关的信息,确保信息在企业内部、企业与外部之间进行有效沟通;(五)内部监督,内部监督是企业对内部控制建立与实施情况进行监督检查,评价内部控制的有效性,发现内部控制的缺陷,及时加以改进。

【内部控制体系】

《中央企业全面风险管理指引》(国资发改革〔2006〕108号)明确规定,内部控制系统(体系),指围绕风险管理策略目标,针对企业战略、规划、产品研发、投融资、市场运营、财务、内部审计、法律事务、人力资源、采购、加工制造、销售、物流、质量、安全生产、环境保护等各项业务管理及其重要业务流程,通过执行风险管理基本流程,制定并执行的规章制度、程序和措施。

【内部控制体系建设】

内部控制体系建设,是指企业按照《基本规范》的"五项原则",以《基本规范》的"五要素"为框架,导入《配套指引》的各项内部管控要点,建立规范化、标准化、系统化的内部控制体系。因此,建筑施工企业内部控制体系建设是一项系统性工作,需逐步推进:搭建内部控制组织机构、开展风险评估、诊断并优化内部控制、建立内部控制评价监督机制、实现内部控制体系标准化、推进内部控制信息化。

一、搭建内部控制组织机构

1. 明确内部控制组织机构与职责分工。明确企业内部控制领导机构、内部控制体系建设牵头部门、内部控制实施部门,划分内部控制建设与实施职责。

2. 建立内部控制管理制度。从企业层面制定并发布内部控制管理制度,固化内部控制组织机构、职责分工、工作程序、奖惩机制等,使企业内部控制体系建设和运行维护工作常态化、规范化,保障企业内部控制体系能够有效运行。

3. 制订内部控制体系建设工作计划。明确工作目标、工作步骤、时间安排、各责任人职责、重要节点、工作成果及沟通汇报机制。

二、开展风险评估

建筑施工企业风险评估,应参照《中央企业全面风险管理指引》(国资发改革〔2006〕108号),围绕战略、财务、市场、运营、法律等方面,收集企业宏观环境、经营活动、管理要求等信息,识别单位层面风险点,利用科学的方法对单位层面风险进行调研和排序,分析风险成因及影响,制定风险管理策略,提出应对方案,作为完善内部控制的依据。同时,通过单位层面风险评估,识别风险集中领域或战略发展重点领域,进而明确内控管控重点领域。

三、诊断并优化内部控制

业务操作层面风险管理与内部控制工作的有机结合,帮助建筑施工企业实现以风险为导向的内部控制体系建设。

1. 梳理业务关键控制环节。基于单位层面风险评估结果,全面梳理建筑施工企业内部价值链,识别项目承揽、项目施工、竣工交付、保修服务、采购招标、资产管理、技术开发、人力资源管理、财务管理等业务关键环节,搭建全面、立体的流程体系框架,该框架以管理职能为纵轴,以重要性水平为横轴,形成三级流程体系框架,覆盖全部重要管理活动,优化内部控制体系流程。

2. 评估内部控制有效性。针对建筑施工企业主价值链和辅助价值链上的各项业务梳理情况,识别和评估流程层面业务风险,分析各业务现有制度、权限、职责分工、业务内容、业务表单、信息化控制情况等控制措施,评估控制措施设计和执行有效性,发现内部控制不足或内部控制冗余之处。

3. 优化内部控制措施。按照《基本规范》要求,合理借鉴配套指引的内控要点,引入标杆经验,优化内部控制措施,优化业务流程;总结建筑施工企业内部控制要点,将其嵌入现有制度,满足合规要求,并能够加强事前管控,提升内部控制水平。建立授分权体系,明确每一业务活动、业务流程的申请人及每一级审核人的权限和内容,将管理过程和权力运行显性化。

四、建立内部控制评价监督机制

根据《基本规范》、《企业内部控制评价指引》,建立内部控制评价监督机制,形成内部控制工作闭环,"以评促建"实现内部控制不断优化提升。

内部监督方面,建筑施工企业内部审计部门应制定内部控制监督制度,明确内部审计机构(或经授权的其他监督机构)和其他内部机构在内部监督中的职责权限,规范内部监督的程序、方法和要求。

内部控制评价方面,建筑施工企业内部控制管理部门应制定内部控制评价制度,编制内部控制评价操作手册,使内部控制评价工作规范化和常态化。特别对于建筑施工行业的上市公司,应围绕内部环境、风险评估、控制活动、信息与沟通、内部监督等要素,定期对内部控制的有效性进行自我评价,出具内部控制自我评价报告。内部控制评价报告应当报经董事会或类似权力机构批准后对外披露或报送相关部门。

五、实现内部控制体系标准化

建筑施工企业应编制内部控制手册,该手册应包括内部控制的原则、基本流程、内部环境、风险评估、控制措施、信息沟通和内部监督的详细定义、工作要点等内容,重点介绍内部控制环境评估、风险识别与评估、内部控制活动、内部控制评价等实际操作所需的方法论、工作程序、工具、工作模板、操作标准等,使建筑施工企业内部控制体系标准化、规范化,为本单位内部控制的长期建设和实施提供支持。

六、推进内部控制信息化

建筑施工企业应当运用信息技术加强内部控制。基于现有的项目管理系统、采购系统、资产管理系统、人力资源管理系统、财务系统等各业务系统,将优化后的内部控制业务流程嵌入各业务系统中,通过内部控制流程与信息系统的有机结合,实现对业务和事项的自动控制,减少或消除人为操纵因素,进而更好地保障建筑施工企业内部控制体系充分落地。

第二节 内部控制评价与审计

上节中,内部控制评价与监督作为内部控制体系建设的关键部分进行了专门介绍。本节针对内部控制与审计进行阐述。

【内部控制评价】

定义:

依据《企业内部控制评价指引》(财会〔2010〕11 号),内部控制评价,是指企业董事会或类似权力机构对内部控制的有效性进行全面评价、形成评价结论、出具评价报告的过程。上市公司需按规定对外披露企业内部控制评价报告。

目的:

促进建筑施工企业内部控制体系的建立健全和有效运行,揭示和防范经营风险,充分满足国资委、财政部等五部委、证券交易所等外部监管机构对于企业内部控制的要求。

依据:

建筑施工企业开展内部控制评价的主要依据包括《企业内部控制基本规范》(财会〔2008〕7 号)、《企业内部控制应用指引》(财会〔2010〕11 号)和《企业内部控制评价指引》(财会〔2010〕11 号)。

原则:

建筑施工企业实施内部控制评价至少应当遵循下列原则:(一)全面性原则,评价工作应当包括内部控制的设计与运行,涵盖企业及其所属单位的各种业务和事项;(二)重要性原则,评价工作应当在全面评价的基础上,关注重要业务单位、重大业务事项和高风险领域;(三)客观性原则,评价工作应当准确地揭示经营管理的风险状况,如实反映内部控制设计与运行的有效性。

内容:

建筑施工企业根据《企业内部控制基本规范》、《企业内部控制应用指引》以及各级单位的内部控制制度,围绕内部环境、风险评估、控制活动、信息与沟通、内部监督等要素,确定内部控制评价的具体内容,对内部控制设计与运行情况进行全面评价。五要素评价细项见表 2-1:

表2－1　企业内部控制制度评价主要素表

基本要素	评价细项	关注点
内部环境	组织架构、诚信与道德价值观、内部控制审计、人力资源政策、公司风险与内控管理文化等	组织架构评价重点关注机构设置的整体控制力、权责划分、相互牵制等方面;内部控制审计评价重点关注内部控制审计实际实施情况、内部控制监督管理力度及效果等方面;人力资源政策评价重点关注企业人力资源引进结构合理性、开发机制、激励约束机制等方面;风险与内控管理文化评价重点关注风险与内控管理文化的建设和规范等方面;社会责任评价重点关注安全生产、环境保护与资源节约、促进就业、员工权益保护等方面
风险评估	日常经营管理过程中的目标设定、风险识别、风险分析、应对策略等进行认定和评价	《企业内部控制基本规范》有关风险评估的要求,以及各项应用指引中所列主要风险为依据
控制活动	各业务管理环节中控制措施的设计和运行情况	以《企业内部控制基本规范》和各项应用指引的控制措施为依据
信息与沟通	对信息收集、处理和传递的及时性、信息系统的安全性,以及利用信息系统实施内部控制的有效性	以内部信息传递、财务报告、信息系统等相关应用指引为依据
内部监督	内部监督机制的有效性,以及持续跟踪整改措施落实情况	以《企业内部控制基本规范》有关内部监督的要求,以及各项应用指引中有关日常管控的规定为依据

程序:

内部控制评价程序一般包括:制订评价工作方案、组成评价工作组、实施现场测试、认定控制缺陷、汇总评价结果、编报评价报告等环节。

1. 制订评价工作方案。建筑施工企业内控自评价机构每年根据企业内部监督情况和管理要求,分析企业经营管理过程中的高风险领域和重要业务事项,确定检查评价方法,制订科学合理的评价工作方案,经评价工作组批准后实施。评价工作方案应当明确评价主体范围、工作任务、人员组织、进度安排和费用预算等相关内容。评价工作方案可以全面评价为主,也可以根据需要采用重点评价的方式。内控自评价的方式、范围、程序和频率,建筑施工企业可以根据经营业务调整、经营环境变化、业务发展状况、实际风险水平等确定。如果内部监督程序无效,或所提供信息不足以说明内控有效,应增加评价的频率。

2. 组成评价工作组。建筑施工企业首先要明确自评工作的评价部门,评价部门可以是审计部门或内部控制职能(牵头)部门,并且明确评价部门的工作职责,合并单位的评价部门可以是本级单位的评价部门。评价部门牵头组建所在单位的内部控制自评小组,内部控制评价小组分为内部控制自评小组和内部控制审计评价小组。内部控制自评小组应当吸收单位内部相关机构熟悉情况的业务骨干参加。自评小组成立后,由组长分配相关任务。合并单位要组建本级内部控制自评小组,还要组建对单位的内部控制审计评价小组。评价工作小组成员对本部门的内控评价工作实行回避制度。

3. 实施现场测试。收集被评价单位内控制度、经营管理资料,访谈相关人员,充分了解企业文化和发展战略、组织机构设置及职责分工、领导层成员构成及分工、内控建立及实施等基本情况。评价工作小组根据《企业内部控制基本规范》及其配套指引、国家相关法律法规、被评价单位相关制度,制定评价标准,并初步确定评价方法。结合评价人员的专业背景,在回避原则下进行合理分工,编制评价工作计划,报内控自评价机构负责人审核。检查重点和分工情况可以根据需要进行适时调整。评价工作小组根据评价工作计划,对评价范围内的相关制度进行分析,按照评价标准对制度设计进行评价,保证制度的可操作性,按要求填写工作底稿、记录相关测试结果,对发现的设计缺陷进行初步认定。综合运用各种评价方法对被评价单位内控运行的有效性进行现场检查测试,按要求填写工作底稿、记录相关测试结果,并对发现的内控缺陷进行初步认定。

4. 认定控制缺陷。

(1)缺陷水平及认定标准。缺陷水平通常分为重大缺陷、重要缺陷和一般缺陷三种。财务相关缺陷认定标准:a. 单项缺陷影响水平或汇总后的影响水平达到或超过被评价单位年度单户或合并报表税前利润的10%,则认定为重大缺陷;b. 单项缺陷影响水平或汇总后的影响水平低于被评价单位年度单户或合并报表税前利润的10%,但是达到或超过1%,认定为重要缺陷;c. 不属于重大缺陷和重要缺陷的,认定为一般缺陷。财务相关缺陷认定标准中也可以参考缺陷对资产和收入的影响水平来确定缺陷的水平。非财务相关重大缺陷存在的一些迹象:

①"三重一大"决策程序缺乏或未执行;

②出现重大预算偏离;

③发生监管机构的处罚；

④企业发生重大损失；

⑤董事、监事和高层管理人员滥用职权，发生贪污、受贿、挪用公款等舞弊行为；

⑥审计委员会(或类似机构)和内部审计机构对内部控制监督无效；

⑦高级管理人员或关键岗位人员严重流失；

⑧出现重大环境污染或质量等问题。

(2)缺陷认定程序。

①汇集被评单位全部控制缺陷，确定控制缺陷影响的会计科目；

②根据被评单位年度的税前利润，计算出一般性水平和重要性水平；

③根据控制缺陷造成的损失，或者可能造成的损失，逐个确定各控制缺陷的影响水平；

④对于性质相同缺陷的，将对各业务的影响水平相加；

⑤将汇总的影响水平与一般性水平和重要性水平进行对比，确定缺陷水平；

⑥参考《非财务相关缺陷存在的一些迹象》，逐个对非财务缺陷可能造成的影响或者已经产生的影响进行分析，确定缺陷水平；对于性质相同的多个缺陷，还需进一步进行汇总分析，综合考虑该类控制缺陷可能造成的影响或已经产生的影响，确定汇总后的缺陷水平；

⑦评价部门对一般缺陷和重要缺陷进行审核并确认；

⑧被评单位决策机构对重大缺陷进行审核并最终确认，对于审计评价，重大缺陷和重要缺陷应当以书面的形式与被评单位的决策机构进行沟通。

5. 汇总评价结果。评价工作小组汇总评价人员的工作底稿，初步认定被评价单位内控缺陷，形成内部控制缺陷汇总分析表，对缺陷影响结果进行分析，并提出改进建议，与被评价单位进行沟通，由被评价单位相关责任人签字确认。评价工作底稿应进行交叉复核签字，并由评价工作小组负责人审核后签字确认，提交建筑施工企业内控自评机构。评价工作小组根据沟通确认的缺陷，对各评价内容进行定量分析，通过被评价单位内控有效性的量化，评价内控有效性的程度，确定评价得分，形成评价结论。

6. 编报评价报告。内控自评价机构以汇总的评价结果和认定的内控缺陷为基础，综合企业内控工作整体情况，客观、公正、完整地编制内控自评价报告，并报送经理层、董事会和监事会，由董事会最终审定后发布。评价报告内容包含被评单位基本情况、被评单位内部控制自评情况、内部控制评价范围、内部控制评价的程序和方法、内部控制评价结果及得分情况、被评价单位内部控制缺陷认定情况及缺陷整改建议。

【内部控制审计】

定义：

依据《企业内部控制审计指引》(财会〔2010〕11号)，内部控制审计，是指会计师事务所接受委托，对特定基准日内部控制设计与运行的有效性进行审计。企业内部控制审计报告应当与内部控制评价报告同时对外披露或报送。

目的：

注册会计师可以单独进行内部控制审计，也可将内部控制审计与财务报表审计整合进行(以下简称"整合审计")。在整合审计中，注册会计师应当对内部控制设计与运行的有效性进行测试，以同时实现下列目标：(一)获取充分、适当的证据，支持其在内部控制审计中对内部控制有效性发表的意见；(二)获取充分、适当的证据，支持其在财务报表审计中对控制风险的评估结果。

注册会计师执行内部控制审计工作，应当获取充分、适当的证据，为发表内部控制审计意见提供合理保证。注册会计师应当对财务报告内部控制的有效性发表审计意见，并对内部控制审计过程中注意到的非财务报告内部控制的重大缺陷，在内部控制审计报告中增加"非财务报告内部控制重大缺陷描述段"予以披露。

依据：

建筑施工企业开展内部控制评价的主要依据包括《企业内部控制基本规范》(财会〔2008〕7号)、《企业内部控制应用指引》(财会〔2010〕11号)和《企业内部控制审计指引》(财会〔2010〕11号)。

程序：

建筑施工企业应当与会计事务所签订内部控制审计业务约定书，注册会计师应当恰当地计划内部控制审计工作，配备具有专业胜任能力的项目组，并对助理人员进行适当的督导。

建筑施工企业与注册会计师确定年度内部控制审计计划，明确目标、审计工作内容及分工、时间安排、沟通机制等事项。

注册会计师应当按照自上而下的方法实施审计工作。自上而下的方法是注册会计师识别风险、选择拟测试控制的基本思路。注册会计师在实施审计工作时，可以将企业层面控制和业务层面控制的测试结合进行。

建筑施工企业及时跟进注册会计师内部控制审计进展，与注册审计师沟通所发现内部控制缺陷,沟通以书面形式进行。

　　注册会计师完成审计工作后,出具内部控制审计报告。建筑施工企业签署书面声明。书面声明应当包括下列内容:企业董事会认可其对建立健全和有效实施内部控制负责;企业已对内部控制的有效性做出自我评价,并说明评价时采用的标准以及得出的结论;企业没有利用注册会计师执行的审计程序及其结果作为自我评价的基础;企业已向注册会计师披露识别出的所有内部控制缺陷,并单独披露其中的重大缺陷和重要缺陷;企业对于注册会计师在以前年度审计中识别的重大缺陷和重要缺陷,是否已经采取措施予以解决;企业在内部控制自我评价基准日后,内部控制是否发生重大变化,或者存在对内部控制具有重要影响的其他因素。

第三节 内部控制持续改进与优化

内部控制是动态的过程,是不断完善、不断优化、不断与企业内外部环境和发展要求相适应的过程;内部控制受制于成本效益原则,要善于在内部控制实施成本和可接受的风险程度之间进行平衡;内部控制是企业整体管理的重要一环。因此,内部控制持续改进与优化是发现、整改缺陷,不断优化,使管理不断提升的过程。

一、对于内部控制缺陷,制订整改计划并落实

对于第二节"内部控制评价与审计"所发现的缺陷,企业内部控制管理部门应组织各业务部门制订缺陷整改计划,明确整改方案、整改责任人、整改时间节点,并督促各业务部门落实整改计划。

二、严格执行内部控制评价与审计,并提高其有效性

发挥内部控制评价与审计的作用,有效执行内部控制评价、内部审计工作,及时发现内部控制不足或缺失,促进内部控制持续优化,帮助企业完善治理结构、减少管理风险,提高经济效益。

依据风险导向原则,对风险较大、对企业影响较大的控制点应严格要求、勤于检查,定期对内控风险控制情况进行通报和检查,评估时应直接抽取相关业务操作进行评估,利用 IT 系统提高内控评价与审计工作的效率和质量。

针对内外审计、专业部门检查等各方发现的内控问题,建立内控缺陷数据库,并适时更新,使内控评估实现日常化、常态化。

三、对于上市企业,提高内部控制外部审计有效性

对于建筑施工行业的上市企业,需按照五部委的要求开展具有独立性的内部控制外部审计,内部控制主责部门应向外部审计公司提出提高内控外部审计有效性的建议:一方面,外审将内控审计与财务报告审计有效结合,这样在开展两个外审团队可以共享审计证据资料,减少重复;另一方面,应将 IT 审计和非 IT 审计一并开展,不再彼此独立。外审更好地利用其职业判断能力,将审计力量聚集于企

业高风险点,减少对低风险领域的审计工作,减少工作量。外审充分利用他人工作结果,尤其是公司自我评估和内部审计机构开展的独立评估、其他审计项目的工作结果,减少亲自获取审计证据的工作量。

四、持续改进的方向

持续提升内部控制意识。加大宣传贯彻力度,引导各级管理层牢固树立诚信经营理念,以科学的发展观高度重视内部控制;强化全员内控意识,持续加强对普通员工以及新招募员工的职业道德、内控意识、法纪观念、诚信经营的教育和培训,规范员工内控行为。

持续优化权责分配。不断检查涉及人、财、物等重要业务领域的职责分工情况,及时发现不相容职责未分离的情况,确保制约机制有效。

持续优化管理制度。对制度中不适用管理现状的部分或者与新出台的法律法规不符之处,进行调整更新,保障制度的适用性;对新业务,组织制定相应的管理制度,确保新业务有据可依。

持续优化管理流程。不断发现企业管理中业务流程中的风险,优化流程控制节点,将事后控制转为事前、事中控制,将发现性控制转为预防性控制,将检查性控制转为指导性控制;同时对控制缺失进行补充完善,对于管理冗余环节进行简化。

持续 IT 系统优化。建设并不断优化 IT 系统,固化重要的流程,减少执行的随意性;建立风险预警机制,实施监控经营过程,为企业管理决策提供有效支持。

第四节　内部控制信息化建设

内部控制信息化建设,是指企业利用计算机和通信技术,对内部控制进行集成、转化和提升所形成的信息化管理平台。随着建筑施工企业的管理模式逐渐向"精细化"靠拢,企业对跨层级、跨部门、跨单位的业务协作提出了更高的要求,而业务管理方式信息化,是建筑施工企业实现管理提升的必要手段。企业在实施管理信息化的过程中,可以根据内部控制要求,充分结合组织架构、业务范围、地域分布、技术能力等因素,制订信息系统建设整体规划,加大投入力度,有序组织信息系统开发、运行与维护,优化管理流程,防范经营风险,全面提升企业现代化管理水平。

信息化的建设工作要充分结合建筑施工行业的特点,以营销管理、工程项目、资金活动、采购活动、资产管理、投资管理、筹资管理等业务模块为出发点,以风险识别、关键控制为核心,以业务流程图、权限指引表为依托搭建信息系统平台,减少人为操纵的同时增强信息系统的安全性。但在推动信息化建设工作的同时,也应关注内部控制信息系统实施过程中面临的诸多阻碍,例如,信息化建设工作的主责职能部门不清晰,导致建设工作缺少统筹协调与规划;信息化中长期发展规划制订不合理,导致信息孤岛或重复建设等。其中,系统顶层规划的不合理,会使企业的财务系统、人力资源系统、采购管理系统、工程管理系统的协同效应减弱,甚至出现系统功能相互冲突的情况。

企业如果能够着手解决信息化建设过程中遇到的问题,并真正借助信息化手段实现关键业务流程的整合与优化,那么信息系统对企业信息处理效率提升才能发挥作用。同时需要认识到,企业信息化并非仅是个技术问题,信息化的建设要充分结合企业发展战略、内部控制现状并站在资源优化的角度才可能真正落实,从而最终实现企业营运效率的提升。

第三章

内部环境

　　内部环境是一个企业的基调、氛围，直接影响着企业员工的工作积极性。内部环境是内部控制体系的重要组成部分，是其他内控要素的基础，是有效实施内部控制的保障，影响着企业内部控制的贯彻执行以及企业经营目标及战略目标的实现，主要包括组织架构、发展战略、人力资源、社会责任、企业文化以及反舞弊管理等。建筑施工行业是我国国民经济的支柱产业，也是劳动密集型产业，建筑施工企业的发展将给许多行业带来机会，例如，运输业、采矿业、机械制造业、建筑材料业务、冶金业及科学技术研究等。建筑施工企业在运营中，应当全面遵守国家安全生产相关法律法规、标准和程序，促进行为规范、设备先进、环境可靠、管理精细、安全高效的管理目标。建筑施工企业应根据《企业内部控制基本规范》及《企业内部控制应用指引》中关于组织架构、人力资源、发展战略、社会责任、企业文化建设的相关条款要求，充分认识内部环境对内部控制的保障性作用，在内部环境中营造良好的职业道德，建立预防为主、防范结合的风险观。

第一节　组织架构

组织架构的核心是完善公司治理结构。健全的组织架构可以有效防范和化解各种舞弊风险,是强化企业内部控制的重要支撑。

建筑施工企业的施工项目具有分散性、非重复性和周期长的特点,且所有的施工环节都不具有重复性,增加了管理的难度。传统的建筑施工企业的组织结构是"金字塔"形结构,普遍采用"直线职能式"管理模式,各级单位从上到下实行垂直领导,下级单位按其主营业务整体归属上级单位某一部门管理,传统建筑施工企业"金字塔"形结构如图 3 - 1 所示:

直线职能式组织架构

图 3 - 1　建筑施工企业直线职能式组织架构

随着国内外政治经济形势和市场发展趋势的变化,企业面临的挑战和风险加大,大型建筑施工企业为了保持竞争优势,逐步从单一的"直线职能式"组织架构转变为"矩阵式"组织架构,在垂直形态组织系统的基础上,再增加横向的领导系统,具有高度弹性,能够快速集合优势力量,灵活调配资源,顺应市场变化。大型建筑施工企业一种典型的"矩阵式"组织架构如下:按地域成立区域总部,按专业划分事业部,按业务划分子公司类型,并将这三者有机结合起来,如图 3 - 2 所示:

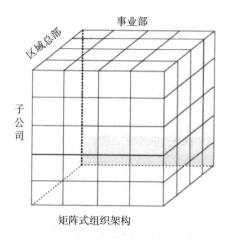

图 3 - 2　建筑施工企业矩阵式组织架构

一、控制目标

1. 建立完善的法人治理结构,科学决策、良性运行、有效执行、相互制衡,确保企业战略目标的实现。

2. 确保组织架构设置综合考虑发展战略、管理要求、企业文化等因素,组织结构设置科学合理、机构运行顺畅、控制监督有力。

二、主要风险

1. 治理结构形同虚设,缺乏科学决策、良性运行机制和执行力,可能导致企业经营失败,难以实现发展战略。

2. 内部机构设置不科学,权责分配不合理,可能导致机构重叠、职能交叉或缺失、推诿扯皮、运行效率低下。

三、关注要点

(一)治理结构设置

1. 董事会对于自身的权力和责任有明确的认识,并且有足够的经验和时间来勤勉、诚信、尽责地履职;独立董事的设置符合相关要求并有效发挥作用。

2. 监事会的构成需保障组织的独立性,并有一定的履职能力以监督董事会、经理层正确履职并纠正损害企业的利益行为。

3. 经理层的工作处于监督之下,对经理层权力建立必要的监督和约束、绩效考核机制。

4. 组织机构的设置要保障与控股股东相关的信息按照规定及时完整披露,避免监管处罚。

(二)内部机构设置

1. 岗位职责设置科学,权责分配合理,避免机构重叠、职能交叉或缺失、推诿扯皮、运行效率低下。

2. 企业的关键、重要岗位需满足不相容岗位职责分离,体现相互制衡的原则。

3. 保障关键岗位人员的任职资格、技能符合岗位要求,确保胜任能力,特殊工种需持证上岗。

4. 按照集中与分权的管理方式设定,确保企业战略目标的实现。

(三)组织架构运行

1. 企业治理结构、内部机构设置和运行等符合现代企业制度的要求。

2. 随业务发展及生产经营环境的变化定期开展组织构架的评估与优化,及时发现组织架构设计和运行可能存在的缺陷,并进行优化调整,使企业的组织架构始终处于高效运行的状态。

(四)组织架构变化的适应性

组织架构会在某种程度上随环境的变化而变化,企业应定期根据变化的业务或环境评价公司的组织结构。

四、管理措施

(一)治理结构设置

1. 建筑施工企业应按照《公司法》的要求,参照股东(大)会决议、企业章程,结合本企业实际情况,建立规范的法人治理结构[包括股东(大)会、董事会、监事会、经理层等管理机构],建立起所有权与经营权分离,决策权、执行权、监督权分立,股东(大)会、董事会、监事会并存的法人制衡管理机制,明确董事会、监事会和经理层的职责权限、任职条件、议事规则和工作程序等。

2. 企业股权变更需根据相关要求进行披露,与控股股东在资产、财务、人员等方面实现相互独立,并制定关联交易决策制度,防范关联交易舞弊事项发生。

(二)内部机构设置

1. 企业应当按照"科学、精简、高效、透明、制衡"的原则,综合考虑建筑施工企业性质、发展战略、文化理念和管理要求等因素,合理设置内部职能机构,明确各机构的职责权限,避免职能交叉、缺失或权责过于集中,形成各司其职、各负其责、相互制约、相互协调的工作机制。

2. 组织架构设计过程中应当体现不相容岗位分离原则,识别不相容岗位,并根据相关评估结果设立内部牵制机制,特别是涉及重大或高风险业务处理程序时,必须考虑建立各层级、各部门、各岗位之间的分离和强制,对于因机构人员较少且业务简单而无法实现不相容职务时,可考虑使用专项审计的方式防范相关风险。

3. 企业应当制定组织架构图、业务流程图、岗(职)位说明书和权限指引等内部管理制度或相关文件,使员工了解和掌握组织架构设计及权责分配情况,正确履行职责。

4. 企业应当建立定期或不定期的培训机制,根据业务发展或主要技术的变化制订培训计划,包括新入职员工培训、转岗培训、晋升职务任职培训、各类岗位培训等确保员工的胜任力。

5. 企业的重大决策、重大事项、重要人事任免及大额资金支付业务等,应当按照规定的权限和程序实行集体决策审批或者联签制度,任何人不得单独进行决策或者擅自改变集体决策意见。

(三)组织架构运行

1. 企业应当根据组织架构的设计规范,对现有治理结构和内部机构设置进行全面梳理,确保企业治理结构、内部机构设置和运行机制等符合现代企业制度要求。

2. 关注董事会、监事会、经理层及其他高级管理人员的任职资格和履职情况,确保其运行效果。

3. 组织架构归口管理部门应当定期检查组织架构运行的合理性与高效性,并及时向高级管理层汇报组织架构运行情况。

4. 企业组织架构运行适应信息沟通的要求,有利于信息的上传、下达和在各层级、各业务活动之间的传播,有利于为员工提供履行职权所需的信息。

(四)组织架构的优化

1. 建筑施工企业应当指定组织架构归口管理部分,明确界定其职责、工作范围并建立组织架构调整的审批程序。

2. 管理部门应当根据公司总体发展战略、管理定位以及内外部环境的变化,定期评估现有组织的合理性,发现可能存在的缺陷,及时优化调整,使组织架构始终处于高效运行状态。对于确需做出调整的,管理部门组织相关人员进行评审、论证并提出组织架构调整的方案,按照规定的审批程序批复后,通报给企业所有员工。

3. 企业应不断建立健全公司法人治理结构,持续优化内部机构设置,为内部控制管理奠定扎实基础,提升经营管理的效率与效果。

五、监督评价

1. 获取公司章程,检查公司是否依据《公司法》相关要求,建立董事会、监事会,公司治理结构是否完善,是否能够达到内部牵制效果。

2. 公司是否依据内、外部环境的变化对组织架构进行评估。

3. 组织架构是否符合公司的经营目标、策略及愿景规划;权责分配的适当性;交易记录及资产保管的适当性;信息沟通的适当性。

4. 组织架构调整是否经过有效审批。

5. 员工工作分配是否恰当,是否能够保证工作顺利完成。

第二节　发展战略

对于建筑施工企业来说,市场是其生存的基础,没有市场就不可能生存和发展。建筑施工企业面临的是典型的卖方市场。在激烈的市场竞争中,建筑施工企业应当加强战略管理,通过建立以核心价值观为基础的战略目标体系,不断培育和巩固核心竞争力,打造企业自身独有的制胜法宝。

发展战略是一套系统长远的规划,是企业在对现实状况和未来趋势进行综合分析及科学预测的基础上制定并实施的,发展战略指明了企业的发展方向、目标与实施路径,描绘了企业未来经营方向和目标纲领,是企业发展的蓝图,关系着企业的生存与长远发展。

一、控制目标

1. 对内外部环境变化及时做出应对措施,防范错失发展机遇。

2. 确保发展战略制定科学合理,符合企业实际,发展战略落到实处,实现企业战略目标。

二、主要风险

1. 未能及时收集或识别内外部环境变化并做出有效应对,导致公司经营受到不利影响。

2. 发展战略规划不明确,或规划实施不到位,导致企业盲目发展,脱离实际,造成企业资源浪费,难以形成竞争优势,丧失发展机遇和动力。

3. 企业战略目标未进行适当分解,导致战略无法落实到企业经营的具体业务模块,最终无法实现战略目标。

4. 未根据内外部环境因素的变化及时对发展战略进行优化与调整。

三、关注要点

(一)注重内外部环境因素对发展战略的影响

建筑施工企业的内外部环境因素对其发展战略具有至关重要的影响,制定发展战略时需充分考虑政治环境、法律环境、经济环境、社会文化环境、技术环境、竞争环境、自身可利用的资源水平等影响因素。只有对企业所处的外部环境和拥有的内部资源展开深入的分析,才能制定出科学合理的发展战略。

(二)发展战略的制定与落实

1. 发展目标是企业发展战略的核心和基本内容,发展目标的制定需经过充分调研与论证,发展目标应当突出主业,将企业做精做强,不断增强核心竞争力。

2. 战略规划应当明确企业发展的阶段性和发展程度,将发展目标层层分解落实到企业经营的各个业务模块,确保企业战略规划与经营计划一致。

3. 战略实施过程是一个有机整体,需经过各个职能部门间的密切配合,企业应当采取有效的保障措施,确保发展战略的顺利贯彻实施。

(三)发展战略的优化与调整

企业的内外部环境处于不断变化之中,当变化积累到一定程度时,发展战略可能会滞后或者偏离既定目标,企业应当定期收集和分析相关信息,对于明显偏离发展战略的情况需及时汇报。对于因经济形势、产业政策、技术进步、行业状况以及不可抗力等因素发生变化,确需对发展战略做出优化调整甚至转型的,应当按照规定程序调整发展战略。

四、管理措施

(一)机构设置与工作要求

1. 企业应当在董事会下设战略委员会,或指定相关机构负责战略管理工作,履行相应职责。

2. 战略委员会成员知识能力、人员组成、任职资格、选任程序应当符合法律法规和企业章程的规定。

3. 战略委员会成员应当具有一定数量的独立董事,以保障委员会的独立性和专业性。

4. 战略委员会的工作职责、工作范围、权利与义务应当在企业章程中明确规定。

5. 为了确保战略委员会议事过程透明、决策程序科学民主,企业应当明确战略委员会议事规则,明确会议召开程序、表决方式、提案审议、保密要求和会议记录等事项。

(二)发展战略的环境因素研究

1. 国内外政治法律因素。及时收集国家相关政策法规、发展规划、体制改革等相关信息,对企业战略不符合国家发展规划、战略导向、产业政策、经济布局、能源结构的方案及时做出调整,避免企业战略规划与国家战略导向相违背,避免重大决策失误,企业资源配置失效或企业经营陷入困境。

2. 经济环境因素。建筑施工企业属于资金密集型行业,受国家经济因素影响较大,其面临的经济因素主要包括:利率因素、汇率因素、通货膨胀因素、税负因素等。企业应当对经济环境的变化保持高度的警惕。

3. 社会文化环境因素。建筑施工企业经常涉及拆迁安置、节能环保、施工安全、农民工工资发放等社会敏感问题,一旦发生问题往往影响重大,企业发展战略要综合考虑所处的社会环境。

4. 技术环境因素。与建筑施工企业休戚相关的技术环境主要有新材料、先进设备、信息技术的引入,技术变革将进一步压缩企业的生产成本。当前,建筑施工企业面临的最大的政策要求是节能减排,在大的政策导向下,发展战略需考虑提升施工现场的标准,引入环境保护的职责。

5. 市场环境因素。建筑施工企业面临的市场环境较为复杂,企业应当充分考虑生产经营过程中上下游的产业情况,对市场及竞争地位、土地及材料供给、消费者消费状况、融资状况、劳动力市场情况等因素进行分析,及时识别发展的机会与威胁。

(三)发展战略的制定

1. 发展目标的制定要突出主业,不能脱离实际,旨在增强企业的核心竞争力。

2. 企业在制订发展规划时需充分调研与论证,广泛征求意见,在企业内部充分沟通,保障发展规划的前瞻性、科学性。

3. 发展战略拟定后,应当按照规定的权限和程序对发展战略进行审议和批复。

(四)发展战略的落实

1. 将发展战略层层分解落实到盈利水平、资产规模、投资回报、风险管控、技术创新、品牌建设、人力资源建设、制度建设、企业文化、社会责任等具体业务模块中,并制订具体的年度工作计划,确保战略目标的实现。

2. 进一步将年度预算细分,通过实施分期预算控制,促进年度预算目标的实现。

3. 建立战略实施的激励约束机制,将各责任单位年度预算目标完成情况纳入绩效考核体系,切实做到奖惩分明,保障发展战略的有效实施。

4. 保障发展规划实施所需的人力、财力、物力和信息资源,建立发展战略执行情况监督机制,定期召开发展战略工作会议,对实际工作与预期计划的偏差及时制定纠正措施,确保发展目标得以实现。

(五)发展战略的优化调整

1. 企业应当建立发展战略的评估制度,加强对战略制定与实施的事前、事中、事后的评估。对发展战略制定与实施过程中存在的问题和偏差,应当及时进行内部报告,并采取纠正措施。

2. 企业内外部经营管理发生较大变化时,需根据实际情况对战略规划进行调整优化。

五、监督评价

1. 企业是否制订中长期发展规划,中长期发展规划的编制是否按照审批权限进行审议和批复。

2. 企业是否依据中长期发展战略编制年度工作计划,将战略目标进行层层分解落实。

3. 企业是否建立了发展战略的评估制度,对战略制定与实施的事前、事中、事后进行评估。

4. 企业是否根据内外部环境的变化,进行战略调整。

第三节　人力资源

　　建筑施工企业没有固定的生产场地和生产部门,给企业的人力资源管理带来一定的困难。建筑施工企业人力资源显著的特点是人员结构复杂,体力劳动者占比较大、整体素质偏低、人员协调性差、流动性高、培训机制不健全、人力资源评价信息收集困难等。建筑施工企业人才使用管理上存在诸多问题,主要体现在:激励机制不健全、职工积极性难以调动;职工常年施工不能按时休假,夫妻常年两地分居;人力资本投资严重不足,人才队伍素质有待提高,人力资源优化配置不到位;企业文化建设范围狭窄、内容陈旧,对员工的凝聚力较弱;重使用轻培训,重经验轻潜力,影响企业新员工的士气与归属感,缺少员工成长与企业共同发展的良性互动机制。

一、控制目标

　　1. 优化建筑施工企业人力资源配置和布局,形成科学的人力资源管理机制,全面提升核心竞争力。

　　2. 强化激励机制,充分调动员工的积极性,发挥员工的潜能和创造力,持续不断地为企业创造价值,确保企业战略目标的实现。

　　3. 合理引进人才,储备人才队伍,留住人才,切实做到人尽其用。

二、主要风险

　　1. 人力资源缺乏或过剩、结构不合理、开发机制不健全,可能导致企业发展战略难以实现。

　　2. 人力资源激励约束机制不合理、关键岗位人员管理不完善,可能导致人才流失、经营效率低下或关键技术、商业秘密和国家机密泄露。

　　3. 人力资源退出机制不当,可能导致法律诉讼或企业声誉受损。

三、关注要点

（一）人力资源政策与程序

　　1. 完善人力资源管理的相关规章制度,人力资源政策需符合国家法律法规。

2. 建立人力资源招聘、培训、轮岗、晋升、考核、薪酬制定、退出的相关流程,工作程序清晰。

(二)人员招聘、晋升、使用与退出

1. 明确高管人员、专业技术人才、一般员工的招聘条件,建立公平公正的人才选拔机制。

2. 明确员工晋升路径,建立人力资源激励约束机制。

3. 建立关键岗位定期轮岗机制,注重培养人才,防止徇私舞弊。

4. 建立人力资源退出标准,明确退出程序,有效消除人力资源退出的不良影响。

(三)人力资源培训

1. 制订培训计划,对员工的知识技能进行评估与考核,确保员工的胜任能力。

2. 对员工的胜任能力进行综合评估,评估结果与绩效考核结果挂钩。

(四)薪酬福利

1. 薪酬福利设计合理有效,防止因薪酬导致人才流失、经营效率低下。

2. 薪酬发放经过有效审批,实现不相容岗位分离,防止舞弊风险。

(五)绩效考核

1. 建立符合企业实际的绩效考核指标,考核结果公平公正。

2. 对关键岗位的员工离职进行经济责任审计。

3. 绩效考核结果与薪酬挂钩,达到激励约束的作用。

四、管理措施

(一)人力资源政策与程序

1. 完善人力资源管理相关的规章制度,建立人力资源招聘、培训、轮岗、晋升、考核、薪酬制定、退出的流程,明确工作程序。

2. 人力资源组织架构设计应当精简高效,减少管理层级、控制管理幅度、提高决策效率,形成规范有序、信息沟通顺畅、运作协调高效的有机体。

3. 企业应当按照因需设岗、因事设岗的原则,结合企业实际情况,在岗位职责需求与分析的基础上,科学设置岗位。

4. 企业应当完善岗位职责,明确各岗位的工作内容、工作职责、工作标准、工作程序、任职条件、权利与义务等。

5. 树立"以人为本"的理念,实施柔性化管理,公平对待,尊重员工的个性发展,鼓励创新,关注员工社会生活,设计多系列的职业通道,创造人性化软硬环境等。

6. 企业应当本着平等自愿、协商一致的原则与员工签订劳动协议,并合理开展劳动合同变更、续签、终止、解除等工作,对于满足保密条款的应依法签订保密协议。

7. 企业的最低工资标准、保险保障标准等方面需符合按照国家或地区的要求,努力营造宽松的工作环境。

(二)人员招聘、晋升、使用与退出

1. 企业应当做好科学规范的人力资源规划,确保组织在适当的时间和不同岗位获得适当的人选(包括数量、质量、层次与结构),满足企业对人力资源的需求;同时最大限度地开发利用组织内现有的人员潜力,使组织及员工需要得到充分满足。根据人力资源总体规划编制年度人力资源需求计划。

2. 企业应当明确高级管理人员、专业技术人员、一般人员的聘任条件(包括学历、专业技术职称、任职资格、专业背景、工作经验和操作水平等),以公平、公正、公开为原则,采用多种途径选拔企业所需人才。

3. 明确员工的晋升路径,对员工进行职业生涯规划,使其对未来保持足够的热情与希望。

4. 梳理企业的关键岗位,并建立关键岗位定期轮岗机制,防止员工长期在其岗位滋生腐败。

5. 建立科学合理的人力资源退出标准,使人力资源退出机制程序化、公开化,有效消除人力资源退出可能造成的不良影响。在实施人力资源退出时,注意和劳动部门做好沟通,并按照《劳动法》的相关规定给予一定的经济补偿。

6. 定期对人力资源年度计划执行情况进行评估,总结管理经验,分析存在的缺陷和不足,及时改进和完善人力资源政策,为企业长远的战略和价值提升提供充足的人力资源保障。

(三)人力资源培训

1. 制订并下达年度培训计划,有针对性地组织业务和操作技能的培训,确保员工技术素质和业务能力达到岗位要求。

2. 对新员工进行岗前培训,包括知识和技能、安全常识、公司规章制度等要求,帮助其了解岗位职责并尽快达到基本技能的素质。

3. 企业按照不同的岗位要求,组织员工进行岗位培训,并随公司经营战略、运作方式的变化与发展,适时进行岗位培训。

4. 对高级管理人才的培训可通过针对性训练、轮岗交流、挂职锻炼等形式提高管理者的素质。

（四）薪酬福利

1. 企业薪酬福利发放应体现公平公正，以按劳分配为主，兼顾公平与效率。

2. 企业应当建立有效的薪酬管理机制，合理设计薪酬体系，采用多样的薪酬体系（可包括基本工资、绩效工资、分红、总奖金、知识工资、员工持股计划等），确保薪酬体系的激励效果，增强企业的竞争力。

3. 施工企业应当根据工作性质和职责不同制定有针对性的薪酬体系，例如高层管理人员采用年薪制、专业技术人才可采用薪点制工资结构、营销人员采用业绩提成工资制、项目经理采用项目提成工资制、对企业外聘专家和兼职人员采用协议工资制或谈判工资制等。

4. 薪酬福利的发放标准应当符合国家政策法规，禁止超标准或低标准发放薪酬福利费。

5. 薪酬发放要经过恰当的授权审批，实现薪资发放过程不相容岗位的分离，防止舞弊风险。

（五）绩效考核

1. 企业应当设置科学合理的绩效考核指标体系，对各级管理人员与全体员工进行严格考核与评价，并以此作为确定员工薪酬与奖金、职级调整、再教育、员工职业生涯规划以及解除劳动合同等的重要依据。

2. 企业可通过与高级管理人员签订绩效合同的方式，将高级管理人员应当完成的主要任务量化为关键业务指标，并严格执行业绩合同和依照考核规定进行考核。

3. 企业的绩效考核结果要与薪酬福利挂钩，切实做到薪酬安排与员工贡献相协调，既体现效率又兼顾公平，杜绝高管人员获得超越其实际贡献的薪酬。

五、案例解析

（一）案例简介

山东省某大型建筑企业，始建于 20 世纪 50 年代，作为一家已拥有半个多世纪发展历史的企业集团，是集工程建筑、勘察科研设计、房地产开发、工贸服务于一体的大型企业集团。该企业集团是由国有大型建筑施工集团改制的大型民营企业，国有背景实力加上民营企业的活力，为企业的进一步发展奠定了基础。国企的改制，使得产权明晰，有利于企业增大自主决策权，有利于管理效率逐步提高。但是，随着市场的不断扩大，经营体制改制的深入，对组织结构模式、人员统筹、内部管控要求等方面提出了一系列挑战;由于历史、体制的原因,企业管理的发展和创新远远滞后于市场与企业的发展,成为影响企业未来发展的严重桎梏,出现了企业内部或部门间职责分工不明确、部门间配合不顺畅、工作效率低下,人员忙闲不均现象严重、部门及人员配置不合理、企业激励机制不足等问题。企业具体遇到的问题如下:

1. 部门内部或部门间职责分工不明确,部门间配合不顺畅,工作效率低;

2. 人才未实现有效统筹,专业人才缺乏;

3. 人员忙闲不均现象严重,部门及人员配置不合理;

4. 制度执行力度不足,检查监督机制不健全,执行力差;

5. 薪酬考核机制不健全,干多干少一个样,无法体现内部公平,不能调动员工的积极性;

6. 工作流程中各关键点标准不够明确细化、工作效率低。

(二)案例分析

该企业集团在总部职能设置上是以行政管理为主要特色,没有进行科学合理的工作分析与统筹规划,难以适应灵活的管理模式;在改制的特殊时期,各职能部门普遍反映存在部门内部职责、职能部门之间,职能部门与子公司之间,管理协调、主办与协办职责不清的现象存在;另外,由于集团公司及各子公司业务特点,各项目地点分布全国各地,点多面广,人员分散,公司信息上传下达缺乏有效沟通手段,组织沟通成本高,信息不顺畅。

(三)案例启示

1. 打破传统的组织结构模式及改变母子公司间单一的用人模式,在子公司独立发展与集团管控方面达到平衡,实现统一的管理模式,保障各种资源有效分配与共享。同时,梳理各部门的职责、各部门间的配合事项,编写各岗位的说明书,对企业进行规范化和精细化的管理。

2. 结合组织结构模式形成以技术发展中心、财务中心、物流成本中心为一体的业务流程链,达到资源的有效整合,保证工作顺利开展。

3. 建立分层的考核体系和以业绩、责任、能力为导向的薪酬体系,建立完善的晋升与退出机制,引入动态绩效薪酬管理模式。

4. 企业文化在管理中的体现,主要包含三个层面的内容。一是经营者与所有者理念的一致性;二是管理制度执行的严谨性;三是员工行为与高层理念的一致性。从这三个层面实现企业自身特色的配套文化,在各管理层理念统一性上、在管理制度执行的严谨性上进一步完善。

5. 加强员工的能力培训,引导员工素质能力提升。对于中层干部可建立竞聘上岗机制,逐步培养中层干部的职业化素养,并进行有效的轮岗,在能力提升过程中,实现责任与能力的对等;对于基层员工而言,要加强理念与技能双重培养。

6. 企业发展靠核心人才,从发展的角度来看,企业需保障企业后备人才梯队的建设。

六、监督评价

1. 获取公司雇用、晋升、解雇的政策及程序,检查公司是否招聘并发展有能力、可信任的人员;检查公司是否建立了选人用人机制,以使管理人员的技能素质满足要求,具备执行其业务必备的知识、经验。

2. 公司是否根据需要对人力资源政策及时进行调整,人力资源政策调整是否根据相应的审批权限进行批复。

3. 获取公司员工花名册,检查公司是否按照相关规定与员工签订了劳动合同,对于公司保密人员是否与其签订了保密协议。

4. 获取部门职责表和岗位职责说明书,检查岗位职责说明书是否完整、准确,与岗位实际职责、能力要求是否相符。

5. 公司是否明确了哪些岗位属于关键岗位,形成关键岗位清单并对关键岗位定期进行轮岗。

6. 获取公司培训通知、培训材料、签到记录、考核记录等,检查公司是否建立了培训机制,是否对不同层级人员(包括普通员工与管理层)进行了定期培训。

7. 获取公司绩效考核相关资料,检查绩效考核指标设置是否完整、全面、合理,是否存在为了满足业绩指标而偏离道德准则、产生舞弊的情况。

第四节 社会责任

社会责任是指企业在发展过程中应当履行的社会职责与义务。建筑施工企业社会责任主要包括保障安全生产,保证工程质量和服务质量,推进自主创新和技术进步,节能减排、保护环境,促进就业、维护职工合法权益等。

一、控制目标

企业履行社会责任,促进社会稳定,提升企业形象,促进企业可持续发展。

二、主要风险

1. 安全生产措施不到位,责任不落实,可能导致企业发生安全事故。

2. 工程质量低劣,侵害消费者权益,可能导致企业巨额赔偿、形象受损,影响企业可持续发展。

3. 环境保护投入不足,资源消耗大,造成环境污染或资源枯竭,可能导致企业巨额赔偿,缺乏发展后劲。

4. 促进就业和员工权益保护不够,可能导致员工积极性受挫,影响企业发展和社会稳定。

三、关注要点

(一)安全生产

安全生产是建筑施工企业永恒的主题,只有做到安全生产,不发生安全事故,确保国家财产安全和员工生命安全,才能促进企业健康持续发展。企业应当加强安全生产的法制观念,规范安全生产的管理工作,落实各级人员的安全生产责任制和事故责任追究制,完善各项应急处置措施,有效防止重大恶性事故的发生,提高安全生产水平,防止安全事故的发生。

(二)工程和服务质量

建筑施工企业工程和服务质量管理是一项十分复杂且重要的工作,管理工作包括很多方面,施工质量管理作为整个建筑施工管理中心最重要的组成部分,质量管理工作水平将影响整个建筑工程质量和效率的提高。工程施工设计、施工材料和技术、施工现场质量管理水平严重影响工程和服务质量。企业应当建立完善质量管理和控制体系,提高工程和服务质量,满足社会需求。

(三)资源节约和环境保护

施工过程中的大气污染、施工粉尘污染、机械设备和车辆废气污染、水污染、噪声污染、固定废弃物污染、有毒有害化学品污染等是施工企业需要重点考虑的环境污染因素。环境保护投入不足,资源耗损大,容易造成环境污染和资源枯竭,可能导致企业巨额赔偿,缺乏发展后劲。建筑施工企业要与环境保护协调发展,坚持可持续发展的战略,实现环境保护和企业生产同步规划、同步实施、同步发展。企业须依法保护环境,遵守国家和地方环境保护法律法规,依靠科技进步,采用新技术推行文明生产,减少有害物质的排放,防止环境污染。

(四)促进就业和维护员工合法权益

建筑施工企业为促进农民工就业和社会稳定起到了重要作用,农民工已成为建筑施工领域的主要力量,成了建筑施工企业不可或缺的一部分。农民工由于没有城市户口,无法享受基本的社会保障,还有一些农民工为讨要工资和各类赔偿补贴付出了沉重的代价。对于企业来说,农民工的工作技能、工作态度、工作时间关系到一个项目的盈亏,甚至关系到企业的发展。企业应当严格执行国家劳动法律法规,维护员工合法权益,保持企业工作岗位稳定,促进充分就业。

(五)提高企业履行社会责任意识

企业履行社会责任即对企业前途命运负责,也是为社会、国家、人类负责。企业应当高度重视履行社会责任,积极采取措施促进社会责任的履行。

四、管理措施

(一)安全生产

1. 完善安全生产的组织保障体系,建立以企业主要负责人为核心的安全生产责任制,为工程项目配备专职的安全管理员。

2. 企业应当依据国家有关安全方面的法律法规,结合企业自身经营特点,建立健全安全生产方面的规章制度、操作规范和应急预案。规章制度应当覆盖管理与作业的各方面,并强化执行力度,促进安全生产管理规范化、标准化、制度化。

3. 为保障安全制度的有效实施,企业应当建立安全生产大检查、事故调查、定期安全活动、隐患整改、事故演练、违章作业检查等落实、检查、监督和评价体系。

4. 企业应当不断加大安全投入和经常性维护管理,重视安全生产投入,将员工的生命安全视为头等大事,加大安全生产技术更新,保障投入安全生产所需的资金、人力、财物及时和足额供应。

5. 企业应当按照源头识别、分级管理、分级负责的原则,建立工程项目的风险辨识和分级分类管控体系,规范重大风险项目的分级管理和动态跟踪监控工作。

6. 企业应当制订各级各类安全事故应急救助预案,并定期演练。

7. 企业应当开展安全生产教育,实行特殊岗位资格认证制度。加强对员工进行安全生产培训教育,通过培训让员工牢固树立"安全第一、预防为主"的思想。

(二)工程和服务质量

1. 建立质量管理体系,规范质量管理行为。企业应当建立和完善相关的建筑工程施工规章制度,建立各级运行管理的责任考核制度和安全监督管理制度,并组织和督促实施。

2. 制定相应的施工质量控制责任制,将质量控制责任落实到具体个人。

3. 企业应当加强各级管理人员的培训和考核,制定完善的奖惩激励机制,提高施工人员的工作积极性及责任感。

4. 企业应当加强建筑施工材料的质量控制,加强对建筑施工材料的审核和管理力度,做好材料采购工作。施工单位在进行建筑施工前对施工材料的选择要尤为重视,不仅要保障施工材料的质量,而且还要进行相应的材料试验检测工作,确保质量达到标准后才可进行施工。加强施工现场施工材料、施工设备等的验收,从而提高施工质量。

5. 为了降低建筑成本以及提高建筑施工工程质量,必须加强工程现场施工管理工作,施工中各项工作按照规定程序确保每一项工序都能达到要求。

(三)资源节约和环境保护

1. 企业应当宣传贯彻执行国家及地方环境保护法律法规、方针政策。

2. 企业应当建立健全环境保护管理和环境保护设施设备运行管理制度,确保各类环境保护设施安全、有效、正常地运行。防止作业过程中出现环境污染现象。在施工过程中,具体的环境污染主要体现在减排设施、物流运输、电力设施、运输工具、作业工具等方面,需要对建筑施工的各个环节进行完善。

3. 企业应当开展环保技术监督、污染源监测、环境统计、排污费缴纳等工作。

4. 建立完善的检测考核体系,强化日常监控,完善激励约束机制,明确职责,责任落实到岗位责任制,定期开展监督检查。发生重大、紧急污染事件,应当立即启动应急预案。

5. 企业应当着力开发利用可再生资源,不断增强自主创新和污染物排放,实现低投入、低消耗、低排放和高效率,有效实现资源节约和环境保护。

（四）促进就业和维护员工合法权益

1. 企业应当结合实际需求,转变陈旧功利的用人观念,在满足自身发展的情况下,公开招聘、公平竞争、公正录用,为社会提供尽可能多的就业岗位。

2. 企业应当建立科学的薪酬管理体系,并按规定为员工足额缴纳社会保险。

3. 企业应当不断提高员工的素质,维护员工的合法权益,尊重员工,关爱员工,维护员工权益,促进企业与员工的和谐稳定和共同发展。建立完善科学的员工培训和晋升机制,让员工得到快速发展。

4. 维护员工身心健康,企业应当关注员工的身心健康,保障员工的充分休息和休假权,广泛开展娱乐休闲活动。

5. 加强职工代表大会和工会组织建设,通过企业内部员工热线、信访接待、内部媒体、员工建议箱等渠道,保证员工与企业上层的信息沟通,帮助员工减压,不断提高员工的身体素质。

6. 要加强对职业病的防范、控制和消除,贯彻落实国家有关职业卫生的法律法规。

7. 定期对劳动者进行体检,建立职业健康档案,预防、控制和有效消除职业危害,确保员工身心健康。

8. 企业在生产中发生工伤、死亡事故应当及时报告有关主管部门,同时组织开展事故调查和处理工作。

9. 企业应严格执行《劳动法》有关规定,保障员工的劳动时间,确保员工合法权益。

（五）提高企业履行社会责任意识

1. 企业负责人应当高度重视企业履行社会责任,把履行社会责任提上企业重要议事日程,经常研究和部署社会责任工作,加强社会责任全员培训和普及教育,不断创新管理理念和工作方式,努力形成履行社会责任的企业价值观和企业文化。

2. 建立和完善履行社会责任的体制及运行机制,把履行社会责任融入企业发展战略、生产经营的各个环节。

3. 逐步建立和完善企业社会责任指标统计和考核体系,为企业履行社会责任提供坚实的基础和保障。

4. 发布企业社会责任报告,让股东、债权人、员工、客户、社会等各方面知晓企业在社会责任领域所做的工作、所取得的成就,增强企业的战略管理能力,使企业由外向内地深入审视与社会互动关系,全面提供企业的服务能力,提高企业的品牌和形象价值。

五、监督评价

1. 获取安全生产政策及程序,检查公司是否制定了安全生产的控制措施。获取安全生产大检查、事故调查、定期安全活动、隐患整改、事故演练、违章作业检查相关记录,检查公司是否遵照安全生产规范执行。

2. 获取年度质量管理计划、质量检查核验记录,检查公司质量管理办法落实情况。

3. 获取施工现场粉尘、废水废气、固定废弃物、噪声等处置记录,检查是否符合外部监管要求。

第五节　企业文化

　　建筑施工企业文化可表述为：企业与员工在生产经营和变革实践中逐渐形成的共同思想、作风、价值观和行为规范，是一种具有建筑企业个性和特色的信念及行为方式，包括价值观、道德、习惯习俗、规章制度和精神风貌等。建筑施工企业文化是一个多元、动态、综合的概念，它贯穿于建筑施工企业内外部因素中，贯穿于建筑企业生产经营活动的全过程。

　　建筑施工企业应当充分了解分析企业内外部因素，选择价值标准。价值标准是企业文化的核心，要根据企业的性质、功能、特点提倡和建设适当的价值标准，根据人的因素和企业经常变化的内外部环境进行价值标准宣传、教育、培训。以人为本是建筑施工企业最基本的价值标准，在企业文化建设中，要充分尊重施工队伍、团队的价值，加强感情投入，增强企业意识，增强职业精神和职业操守建设，使劳动者从根本上认同企业文化。此外，企业文化的建设要注重针对性、时效性，并预测反馈强化的效果，不断丰富升华企业文化内涵。

一、控制目标

　　营造积极向上、真实诚信、团结协作、公平公正、鼓励创新、以人为本、以客户为中心的优秀的企业文化，为企业发展提供精神支柱，提升企业核心竞争力。

二、主要风险

　　1. 缺乏优秀的企业文化，可能导致企业发展目光短浅，失去竞争力，最终被市场淘汰。

　　2. 企业文化未定期评估，可能导致现有的企业文化不能满足企业发展的需求，失去发展机遇。

三、关注要点

（一）企业文化的建立

　　建筑施工企业应当根据行业特点，从企业制度、企业目标、企业环境、企业继承与创新、企业物质和精神文明等方面进行建筑施工企业的文化建设。企业文化建设不能片面化、形式化、模式化、雷同化。

（二）企业文化的宣传贯彻

积极向上的企业文化建立后，需要进行有效的宣传推广，加强企业文化的教育与熏陶，关注企业文化在企业管理中的影响力。

（三）企业文化的创新

企业文化形成并用以指导全体员工行为后，应保持相对稳定，防止朝令夕改。企业文化的建设是一个系统工程，随着企业发展战略的改变，企业文化应当进行综合评估并推进企业文化创新，让持续优化的企业文化促进企业跨越发展。

四、管理措施

（一）企业文化的建立

1. 注重塑造企业的核心价值观。建筑施工企业的核心价值观应当遵循"以人为本"、"以信誉为基础"的原则。

2. 企业应当注重打造以主业为核心的品牌价值。企业应当将核心价值贯穿于自主创新、产品质量、生产安全、市场营销、售后服务等方面的文化建设，着力打造源于主业、能够让客户长久认可、在国内外市场彰显强大竞争优势的品牌。

3. 企业文化建设应从企业实际出发，既要广泛借鉴和吸收国内外优秀企业的精神及成果，又要立足企业自身的优良传统，确立适应自身的企业文化；既要具备战略眼光，树立长远目标，又要明确阶段目标，突出工作重点。

4. 企业文化建设需同企业两个文明建设结合起来，通过培养职工的共同价值观、职业道德观和良好的心理素质来提供职工的文明水平，进而调动员工工作生产的积极性，为企业创造盈利，促进企业健康有序发展，并不断改善员工物质文化生活，确保员工高涨的工作热情。

5. 企业应当重视并购重组后的企业文化建设，注重文化整合，保持企业文化内部的统一性，促进文化融合，减少文化冲突，求同存异，优势互补，实现企业文化的有效对接，促进企业文化的整合与互补，确保企业并购成功。

（二）企业文化的宣传贯彻

1. 企业应当加强企业文化的宣传贯彻及企业文化在内部各层级的有效沟通，确保全体员工共同遵守。企业文化建设应当融入生产经营的全过程，切实做到企业文化与发展战略的有机融合。

2. 强化企业文化建设中的领导责任，注重"高层管理基调"的建立。企业文化的构建和推行最有利的手段是领导者身体力行。领导者要信守企业价值观，坚定信念,经常与员工进行感情沟通。

3. 企业应当编制员工手册,应当让员工知晓哪些行为是可接受的,哪些是不可接受的,全面提升员工的素质与修养。

(三)企业文化的创新

1. 企业应当制定企业文化建设评价指标体系,明确评级指标、分值、评价程序与方法等。通过查阅相关资料、实地考察、专家意见、调查问卷等方法,实现定量评估与定性评估相结合、全面评估与重点评估相结合、内部评估与外部评估相结合,对现行的企业文化进行综合评估。

2. 根据综合评估结果推进企业文化的创新。对评估过程中发现的企业文化缺失,研究分析深层次原因,及时采取措施加以改进,推动企业文化创新。结合发展战略、企业内外部环境,着力在价值观、经营理念、制度管理、品牌建设、企业形象等方面推动企业文化创新。

五、监督评价

1. 获取企业文化宣传培训记录,检查公司是否定期组织积极向上的企业文化宣传教育。

2. 获取企业文化评价指标体系,检查指标体系是否完整、全面、合理。

3. 获取企业文化评价记录,检查评价方法、程序是否合理有效,是否根据评价结果进行企业文化创新。

第六节　反舞弊管理

舞弊是指使用欺诈等违法违规手段获取不当或非法利益的故意行为,主要表现为:虚假财务报表、资产不适当侵占(挪用)、不恰当的收入和支出、不当关联交易、税务欺诈、贪污以及收受贿赂和回扣等方面。建立有效的反舞弊机制,是企业防范、发现和处理舞弊行为、优化内部环境的重要制度安排,是企业建立和完善内部控制的重要组成部分。企业应当建立反舞弊机制,建立符合反舞弊要求的文化、平衡政策、人员和架构。明确反舞弊管理的重点领域、关键环节和职责权限,规范舞弊案件的举报、调查、处理和报告的补救程序。

一、控制目标

为了防治舞弊,加强企业治理和内部控制,降低公司运营的风险,确保经营目标的实现和企业持续健康、稳定发展。

二、主要风险

未建立有效的反舞弊机制,可能导致舞弊风险,给企业带来不必要的经济损失。

三、关注要点

(一)建立反舞弊机制

建立反舞弊机制,培养反舞弊意识,营造反舞弊控制环境。制定反舞弊管理的标准程序,对证实或怀疑的反舞弊行为进行跟踪、反馈、调查。建立反舞弊举报投诉和举报人保护制度,坚持惩治同抓、预防为主的原则。

(二)反舞弊风险评估

建立完善的内部舞弊风险评估机制,充分发挥内部审计在评估舞弊风险过程中的重要作用,运用科学的方法识别舞弊风险。

四、管理措施

(一)建立反舞弊机制

1. 企业各相关部门应当重视并加强反舞弊制度的建设,明确舞弊案件的举报、调查、处理、报告和补救程序。

2. 企业应当建立举报投诉通报制度,并对举报投诉人进行保护,确定举报责任主体,明确举报及投诉处理相关程序。

3. 企业应当定期召开反舞弊通报座谈会,通报反舞弊工作进展情况,分析反舞弊工作面临的重难点问题及严峻形势,评价当前实施反舞弊控制措施以及控制程序是否符合实际,以便于进行有效的调查和完善。

4. 建立员工投诉、举报渠道,设立廉政信箱、信访、董事长(总经理等)接待日等方式,鼓励企业员工及企业利益相关者举报和投诉本企业的违法违规、徇私舞弊及其他有损企业形象的行为。

5. 建立舞弊风险的内部审计、监督检查,重点监督、审查以下情形:

(1)未经授权或者采取其他不法方式侵占、挪用企业资产,谋取不正当利益。

(2)在财务会计报告和信息披露等方面存在虚假记载、误导性陈述或者重大遗漏等。

(3)董事、经理及其他高级管理人员滥用职权。

(4)相关机构或人员串通舞弊。

(二)反舞弊风险评估

1. 内部审计应综合考虑各种风险因素,通过评价企业的舞弊风险因素、识别可能存在的舞弊行为、确定舞弊风险优先级、建立舞弊风险控制措施等一系列活动,减少舞弊风险。

2. 建立反舞弊数据库,记录企业潜在的舞弊风险和发生的舞弊问题,并定期对舞弊风险、舞弊问题进行更新。

五、监督评价

1. 获取反舞弊相关政策文件及资料,确定公司是否设计并实施了反舞弊程序和控制。

2. 现场考察公司是否建立信访举报热线、信箱、邮箱等举报渠道,对于举报热线在受理时间是否有人接听。

3. 获取信访举报清单并抽取具体的信访举报案件,对其受理、调查和处理构成进行测试,确定公司是否对信访举报案件采取了相应的跟踪调查措施,并进行了恰当处理。

4. 了解内部审计部门和监察部门在反舞弊工作中的职责和分工。获取内部控制审计、专项审计、廉政检查相关报告文档,检查内部审计部门是否对审计检查问题进行及时有效的确认,被审计单位是否针对双方认可的问题制定了详细的整改措施和问责,内审、检查部门是否对业务部门整改情况进行后续的评估和跟踪检查。

第四章

风险评估

第一节　对风险和风险管理的认识

一、风险的定义

风险是指未来的不确定性对企业实现其经营目标的影响。

二、风险的特征

一般来说,风险具有以下特征。

客观性:风险的存在取决于决定风险的各种因素,完全消除或完全控制风险是不可能的,只有认识风险、承认风险,采取相应的管理措施,才能尽可能降低或化解风险。

突发性:风险的产生往往突如其来,因而也加剧了风险的破坏性。

多变性:风险会受到各种因素的影响,随着影响因素的变动,风险在性质、破坏程度等方面呈现动态变化的特征。

相对性:企业对风险的承受能力,因拥有资源和管理经验的差异而不同,造成相对损失及后续影响也不尽相同。

无形性:风险需要运用不同的概念和方法予以界定及估计,使用定性和定量方法综合分析。

三、风险分类

风险一般可分为战略风险、财务风险、市场风险、运营风险、法律风险等类别。结合建筑施工行业的特点,上述五类风险可以进一步细分。其中:

战略风险中较为典型的风险包括企业的战略管理风险、政策风险、宏观经济风险、产业结构风险、公司治理风险、投资管理风险、企业文化管理风险。

财务风险中较为典型的风险包括预算管理风险、工程款管理风险、税务管理风险、担保风险、垫资风险、融资风险、投标报价风险等。

市场风险较为典型的风险包括生产资料供应风险、产品或服务供需变化风险、投标报价风险、汇率及利率风险等。

运营风险中较为典型的风险包括施工资质风险、市场营销风险、人力资源风险、工程质量风险、安全风险、工程进度风险、业主资信风险、信息系统风险、品牌与舆情风险。

法律风险中较为典型的风险包括合同风险、法律纠纷风险、重大决策法律风险、外部机构监管风险、信息披露风险、分包商连带责任风险等。

四、全面风险管理

全面风险管理是指企业围绕总体经营目标,在企业管理的各个环节和经营过程中执行风险管理的基本流程,培育良好的风险管理文化,建立健全全面风险管理体系,包括风险管理策略、风险理财措施、风险管理的组织职能体系、风险管理信息系统和内部控制系统,从而为实现风险管理的总体目标提供合理保证的过程和方法。通常风险应对主要是针对风险级别采取措施。风险程度高或中等不可控的重大风险,应建立重大风险解决或危机与应急预案方案,落实责任部门的风险管理职责;风险程度低或风险程度高但可控的风险,应对照内控制度,评估是否已纳入日常管理范畴,判断制度与流程是否需要优化或修改。风险应对措施应融入业务流程,并在制度中固化。不同业务类型的单位可根据自身特点,科学设计风险应对的工作流程。

五、风险管理流程

风险管理流程主要包括信息收集、风险识别、风险分析、风险评估四个步骤。企业应根据实际情况,明确风险管理流程,确定风险识别、评估、应对的周期,原则上每年识别、评估风险至少一次。风险评估是指用规范的语言描述识别出的风险,依据风险度量标准(风险矩阵)进行定性或定量评价,确定风险发生的可能性和影响程度,形成风险分值,排序后初步确定风险等级,形成风险事件库,绘制风险图的过程。

(一)信息收集

在风险管理过程的所有阶段,应与内外部利益相关方沟通,制订沟通计划。该计划应阐明与风险本身、风险原因、风险后果有关的事项,以及对其所采取的应对措施。沟通的目的是得到实施风险管理过程的责任人和利益相关方的理解。风险管理须考虑内、外部环境。在明确环境因素时,可以从以下几方面入手。

1. 外部环境,如社会、政治、法律,自然环境和竞争环境,对组织目标有影响的关键驱动因素和发展趋势,外部利益相关方等。

2. 内部环境,如治理、组织结构、角色和责任,方针、目标与内部利益相关方的关系,组织的文化、信息系统、信息流和决策过程等。

3. 风险管理过程,包括确定风险管理活动的目的和目标,风险管理职责,开展风险管理的范围、深度和广度,风险评估方法,风险管理绩效考评等。

4. 风险准则,如风险的特性和发生原因的种类、可能出现的后果如何测量,如何确定风险发生的可能性、风险等级、风险可接受或可容忍的等级等。

(二)风险识别

风险识别是发现、辨识和表述风险的过程,包括对风险源、风险事件、风险原因和它们的潜在后果的识别。风险识别应重点关注风险识别的全面性、重要性及风险与风险源的关系。风险识别的基本内容包括:潜在的风险事件、风险源、风险原因、潜在的后果、影响范围、控制措施和风险清单等。

(三)风险分析

风险分析是理解风险特性和确定风险大小(定性或定量)的过程,它为风险评价和风险应对提供基础。风险分析的主要内容包括:分析潜在的风险事件、分析风险后果、分析风险发生的可能性、分析控制措施、确定风险等级。风险分析的方法主要有危险与可操作性分析法、危险分析与关键控制点法、因果分析法、事件树分析法、决策树分析法、风险矩阵法等。

(四)风险评估

风险评估是把风险分析的结果与风险准则相比较,以决定风险及其大小是否可以接受或可容忍的过程,风险评估的输出是风险应对的输入。风险评估的主要内容包括:组织的风险偏好、风险后果、可能性的测试指标、风险等级、风险带、风险的可接受性、风险的时间敞口、利益相关方的意见、风险是否需要应对等。风险评估的方法主要包括头脑风暴法、德尔菲法、情景分析法、因果分析法、事件树分析法等。

第二节 风险评估的方法与步骤

一、风险评估的组织管理

企业董事会或类似权力机构决定企业的风险管理体系。董事会或类似权力机构下设的公司风险委员会或审计委员会等类似机构,为董事会风险决策提供咨询、建议,对董事会负责,定期听取风险管理部门的汇报,解决风险评估中的重大事项。

企业管理层负责审核风险评估的方案,接受董事会或类似权力机构的授权,指导、协调风险评估工作,定期向董事会或类似权力机构汇报风险管理总体工作进展及重大事项。

企业风险管理部门负责制订并向管理层报告风险评估工作计划,负责审核各业务部门风险评估结果的质量,与业务部门建立并保持畅通的沟通机制,具体协调、组织、推进风险评估工作,定期向管理层汇报风险评估工作情况。

二、风险评估的基本方法

(一)确定风险度量标准

企业应根据自身特点,首先确定风险分类,进而明确风险度量标准,可采用定性的方式,也可以采用量化的方式。风险度量标准代表本单位的风险容忍度,其表现形式是风险矩阵。风险矩阵是围绕重要业务领域设定的指标,由风险发生的可能性、影响程度两个维度构成。风险矩阵确定后,企业应根据自身发展状况和外部环境变化定期修正。在对风险发生可能性的高低进行分析时,可采用定性和定量相结合的方法,将发生可能性分为"低、较低、中等、高、极高"五个级别,依次对应 1~5 分。

表 4-1 为评估风险发生可能性举例。

表 4 - 1 风险发生可能性评估表

风险发生可能性 评估方法		低	较低	中等	高	极高
定量 方法	分值	1	2	3	4	5
定性 方法	文字	未来 5 年内可能不发生	未来 3 ~ 5 年内,可能出现 1 次	未来 1 ~ 2 年内,可能出现 1 次	未来 1 年内,极可能出现 1 次	未来 1 年内,会出现至少 1 次

在分析风险发生后对目标的影响程度时,采用定性、定量相结合的方法,从企业关注的重点项目,如可以从"产出"、"资金"、"健康安全环保"、"成本"、"储量"等方面将风险影响严重程度分为"不重要、较小、中等、较大、重大"五个级别,依次对应 1~5 分。对于每一个影响程度的指标,都应设定定量标准。对应关系举例如表 4 - 2 所示。

表 4 - 2 风险影响程度定量标准示例表

评 分	影响程度	产出	资金	监控安全环保	成本	
		1	2	3	4	
1	未来 5 年不发生	对当年收入影响在1%以下	当年自有现金流量/当年资本支出额 >0.1	对员工健康(身体和心理)有轻微损害;在环保上极少部分没有达到国家和企业的要求	对当年总成本影响在1%以下	……
2	未来 3 ~ 5 年发生 1 次	对当年收入影响在1% ~ 5%	当年自有现金流量/当年资本支出额,在 0 ~ 0.1 之间	对员工健康已造成一定程度的伤害,如职业病,但未形成事故;环保上没有达到国家环保要求,但不会对环境造成显著影响	对当年总成本影响在1% ~ 5%	……
3	未来 1 ~ 2 年发生 1 次	……	……	……	……	……
4	未来 1 年内发生 1 次	……	……	……	……	……
5	未来 1 年内至少发生 1 次	……	……	……	……	……

(二)定性与定量评估

企业风险评估方法包括定量和定性两种方法。两种方法均需明确风险事件的概率和风险损失。定量评估法一般准确度较高，但比较复杂，通常需设定数学模型。定性方法相对简单，但对评估人员的知识、经验及风险事件的背景要求较高。

企业可同时选择一种或多种风险评估方法。常用的方法有：

1. 事件库法：详细列出同类型企业常见的潜在事件，以及本企业曾经发生过的事件，总结出按相关属性分类的风险事件列表。

2. 访谈法：风险管理机构制订详细的访谈计划，访谈熟悉业务流程、有经验的管理人员，讨论、评估风险情况，形成访谈记录。

3. 头脑风暴法：组成讨论小组，充分发挥集体智慧，对潜在事件提出各自的意见，通过自由、宽松的讨论，汇总、整理有价值的信息，从而正确、全面地识别风险及其相互关系。

4. 德尔菲法：又称专家调查法，针对某个风险同时咨询多个专家。专家们根据自己的经验做出各自的评估，再综合这些评估得出结果，专家据此修改，直至达成一致。

5. 风险临界法：将当前交易或事件对照预先定义的风险标准，并在风险达到临界时引起管理层的警觉。一旦发现事件达到临界值，企业则需进一步评估或做出反应。

6. 讨论会法：通过组织讨论，综合管理层、员工和其他利益相关者的知识、经验识别风险事项。讨论会主持人应引导与会者，讨论可能影响实现企业或某一业务单元目标的风险事项。

7. 流程分析法：通过综合考虑影响流程的内、外部因素，识别出影响实现流程目标的事件。

8. 故障树分析法：遵循从结果找原因的原则，通过分析可能造成项目失败的各种因素，画出逻辑框架图，从而确定可能导致项目失败的原因。该方法还可与其他定量分析方法结合使用。

9. 事件重要指标法：通过监测与事件相关的资料，识别是否存在引发风险事件的条件。

10. 损失事件数据法：结合以往各个损失事件的数据库，识别风险事件发生的原因或趋势。

11. 问卷调查法:通过事先设定的问卷,收集不同级别的人员对风险的态度、认识和经验,并收集风险事项。

三、风险评估实施步骤

(一)风险评估流程如图 4-1 所示

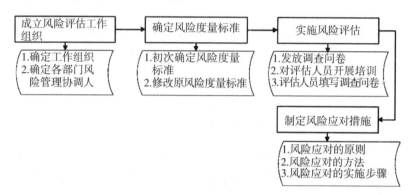

图 4-1 风险评估流程

(二)风险评估主要步骤

1. 成立风险评估工作组织。由企业风险管理机构牵头,各业务部门确定风险协调人,共同组成工作小组。

2. 确定风险度量标准。企业初次开展风险评估,尚无风险度量标准的,可向部门经理以上人员发放调查问卷(或访谈),拟订形成风险矩阵,交管理层审定。再次评估风险前,由风险管理部门审核原有的风险矩阵,提出修改方案。

3. 实施风险评估。

(1)风险管理机构向业务部门发放"风险评估调查问卷",内容一般包括风险编号、风险描述、风险事项发生可能性打分标准、风险评估指标的影响严重程度、打分标准及评估人、日期等。

(2)风险管理机构统一对各部门风险评估人员开展风险评估前的培训,培训内容一般包括风险分类、风险评估标准、风险模板、应对策略制定原则等。

(3)部门风险评估人员填写"风险评估调查问卷",分析风险源、制订初步的应对方案。具体工作程序如下:本部门评估人在经过相关培训后收到"风险评估调查问卷",按"风险矩阵"中对应的风险度量标准对识别的风险事项打分;评估人根据风险发生可能性评估表判断该风险发生的可能性,并将对应的风险级别分值填入"风险发生可能性"栏内;评估人根据风险发生影响程度评估表判断该风险对所列指标的影响程度,并将对应的风险级别分值填入相关的指标栏内,不影响该项指标的,该栏分值不填,影响多项指标的,应分别填列分值;对风险影响程度涉及多项指标的,最终分值的确定标准为取最大值作为最终分值;评分完成后,评估人应填写姓名、日期等内容,并将风险应对方案的具体建议填入备注栏中;对选定多个评估人评估的,应明确各评估人的分值在最终分值中的权重(可以按评估人的职务高低或专业职务设定不同的权重,也可以采用取平均值的方式);各业务部门风险协调人收集评估结果,按权重计算综合评估结果(不设权重的,也可采用集体讨论的方式确定最终评估结果),并在"风险评估调查问卷"上签字后,交由风险管理机构组织工作小组审查,对不合格的,应退回重新评估;"风险评估调查问卷"经审查合格后,由业务部门风险协调人汇总,报风险管理机构;风险管理机构应计算、汇总、排序各业务部门提交的风险评估结果,根据评估分值确定风险等级,汇总、整理出风险评估初步结果;根据整理出的风险评估结果,列入风险事件库,录入风险管理信息平台,自动生成风险坐标图;风险管理机构将问卷、汇总表等原始资料整理后归档。

4. 制定风险应对措施。根据风险评估结果,选择相应的风险应对策略和具体方法。

(1)风险应对的原则

一是成本效益原则。企业应充分利用并优化内控制度应对风险,对于评估为高、中、低级别但可控的风险点,按照"效益、效率、风险平衡"的原则,优化现有内控制度,在确保制度和流程的可操作性的同时,定期检查、持续改进以保证内控制度体系的有效性。

二是风险与回报平衡原则。企业应在充分考虑风险容忍度的基础上,分析风险带来的机遇因素。

三是谨慎性原则。对于评估为高、中级别但不可控的风险点,企业应建立风险解决方案或危机与应急预案,明确工作步骤、责任人、完成时限等,确保方案或预案的有效性。

(2)风险应对的方法

企业应根据自身条件和外部环境,围绕企业发展战略,确定风险偏好、风险承受度、风险管理有效性标准,选择风险承担、风险规避、风险转移、风险转换、风险对冲、风险补偿、风险控制等适合的风险管理工具的总体策略,并确定风险管理所需人力和财力资源的配置原则。在风险应对时,企业应根据不同业务特点统一确定风险偏好和风险承受度,即企业愿意承担哪些风险,明确风险的最低限度和不能超过的最高限度,并据此确定风险的预警线及相应采取的对策。确定风险偏好和风险承受度时,要正确认识和把握风险与收益的平衡,既要防止完全忽视风险、片面追求收益的不当做法,也要纠正单纯为规避风险而放弃发展机遇的错误观念。企业应根据风险与收益相平衡的原则以及各风险在风险坐标图上的位置,进一步确定风险管理的优先顺序,明确风险管理成本的资金预算和控制风险的组织体系、人力资源、应对措施等总体安排。另外,企业还应定期总结和分析已制定的风险管理策略的有效性及合理性,结合实际不断修订和完善。其中,应重点检查依据风险偏好、风险承受度和风险控制预警线实施的结果是否有效,并提出定性或定量的有效性标准。

（3）风险应对实施步骤

① 各部门根据风险评估的结果,对不可控风险建立风险解决方案或应急计划,落实责任部门,进行专项追踪。责任部门应拟订具体的实施方案并根据专项追踪的结果制定风险追踪表。

② 对于风险评估后高、中、低级别且可控的操作类风险,各部门可以通过持续优化内控制度来应对。

③ 风险管理机构负责风险应对的总体指导和协调,各业务部门完成应对策略及应对方案后,应汇总报风险管理机构。

④ 风险管理机构汇总形成风险库,并整理重大风险应对方案或应急计划,定期上报主管领导或风险管理委员会批准。

四、风险评估应当关注的问题

1. 在风险评估的实际运用中,定量方法和定性方法应结合使用。定量评估要求明确各变量之间的相关关系,并要求有高度可靠的数据。在定量评估所需的可信数据无法获得,或者获得可信数据不符合成本效益原则时,应采用定性评估的方法。

2. 企业风险大多不是孤立的,相互之间会存在较多的关联关系。对于这些存在高关联关系的风险事件组合,应综合考虑、综合评估。

五、风险管理报告

在深入开展风险管理工作的基础上,企业可以总结风险管理工作经验,编写风险管理年度报告,并报告企业管理层。风险管理报告的主要内容可以包括以下事项:一是上一年度企业全面风险管理工作回顾,具体包括企业全面风险管理工作计划完成情况、企业重大风险管理情况、风险管理体系建立运行情况、风险管理信息化有关情况等;二是本年度企业风险评估情况;三是下一年度全面风险管理工作安排。企业编制风险管理报告可以获得行业发展前景、产业结构、上中下游企业的投资机会、市场行情等方面的信息,提升企业风险识别、评估和应对能力,加强重大风险的全过程管理,将风险管理与日常经营管理有机融合,提高风险管理工作的制度化、规范化水平。

第三节　建筑施工行业主要风险

建筑行业是国民经济的支柱产业,在国民经济和社会发展中的地位和作用越来越重要,但作为劳动密集型企业,其盈利空间日渐减小,日趋苛刻的业主需求,垫资、大幅度的压价,工期、质量要求越来越高,导致建筑施工企业风险管理日趋重要。建筑施工行业所面临的风险有较多的共性,现阶段建筑施工行业面临的风险主要表现为政策风险、工程款管理风险、投标报价风险、工程质量风险、业主资信风险、分包商连带责任风险。

一、战略风险

战略风险在建筑施工行业中有多种表现形式,主要是政策风险、产业结构风险、公司治理风险、投资管理风险。这里主要对最具有行业特色的政策风险进行阐述。

政策风险:建筑行业对国家政策非常敏感,受政策调控的直接影响也最大,国家的货币政策、税收政策、财政政策、房地产相关政策等都将对建筑施工企业的发展造成重大影响。

应对策略参考:(1)积极与监管机构进行沟通,争取使建筑行业体制改革既能体现行业发展趋势,又能保护既有投资;(2)研究国外建筑施工体制改革先进成果,积极主动应对;(3)设立专门的政策研究机构,联合相关科研机构,主动研判未来改革趋势,确定应对策略。

二、财务风险

财务风险在建筑施工行业中有多种表现形式,主要是工程款管理风险、垫资风险、投标报价风险等。这里主要对最具有行业特色的工程款管理风险进行阐述。

工程款管理风险:建筑施工企业工程款主要包括挪用工程款、公款私存等,如工程款未进入公司银行账户而直接进入相关人员个人账户等,存在舞弊风险,造成企业利益损失。

应对策略参考:(1)强化对客户资信调研,多渠道了解业主的投资主体、注册资本、土地取得方式、建设资金渠道等情况;(2)加强对应收账款的时效监控,及时预报潜在的问题和可能的风险;(3)强化工程款拖欠的清收力度。针对不同工程拖欠款的特点,适时洽商或签订还款协议、诉讼或财产保全、债权债务转移和实物抵债等多种有效措施,回收工程款欠款,以控制工程款坏账风险。

三、市场风险

市场风险在建筑施工行业中有多种表现形式,主要是投标报价风险、汇率及利率风险等。这里主要对最具有行业特色的投标报价风险进行阐述。

投标报价风险:建筑施工行业市场竞争的激烈,导致在承揽项目时,为获得竞标机会,往往倾向于以低于成本的价格中标工程;一方面缩小了施工企业的利润空间,另一方面如果在施工项目过程中管理不当,很有可能导致亏本经营,影响工程质量,从而使企业信誉受损。

应对策略参考:(1)结合企业实际情况合理报价,且报价时应预留一部分风险费;(2)增加科技含量,努力降低施工成本,不断增强消化压价让利的能力,促进由规模效应型向质量效益型的转化;(3)建立工程项目风险评估机制,对于超出风险承受范围的工程,应采取回避态度,不参与该工程投标;(4)建立报价后评价机制,分析每次投标报价的优劣势。

四、运营风险

运营风险在建筑施工行业中有多种表现形式,主要是施工资质风险、工程质量风险、安全风险、工程进度风险、业主资信风险。这里主要对最具有行业特色的工程质量风险、业务资信风险进行阐述。

工程质量风险:建筑施工企业工程质量风险来源于招投标、签约、施工、竣工验收、保修各个环节,主要包括低于成本价投标,工程高质量承诺,未按图施工,建筑材料、设备的选择不符合质量要求,过度压缩工期,工程未经验收而同意提前使用,竣工验收后新增工程等。

应对策略参考:(1)施工前,严格把关施工方案的编制,施工方案应与承包合同要求、施工图设计规范、施工环境相符,并切合自身施工技术水平;(2)严格施工现场管理,建立健全质量管理体系,建立施工质量验收制度,包括材料、设备的进场检验验收、施工过程的试验检验、竣工后的抽查检测;(3)建立健全安全生产保证体系,层层落实安全生产责任,严格按照安全操作规程组织施工;(4)对施工过程中的隐蔽工程实施旁站监理制度。

业主资信风险：业主资信风险对于建筑施工企业来说非常重要,直接关系到企业在市场竞争中能否持续良好地运营。若企业未开展标前调查对拟投标项目进行分析评估,对业主的信誉实力了解不充分,一旦业主出现违约或其他不良行为,将导致建筑施工企业因业主资信原因而陷入绝境。

应对策略参考：(1)加强标前调查,对拟投标项目的风险进行充分的分析,了解业主的资金信用、经营作风和签订合同应当具备的相应条件;(2)要求业主提供工程款支付保函;(3)在施工合同中明确业主违约情形及违约责任条款;(4)密切关注业主支付工程进度款的能力,重视施工合同的履约管理;(5)工程竣工后尽快落实工程结算的编制;(6)建立逾期应收账款分析和清欠制度。

五、法律风险

法律风险在建筑施工行业中有多种表现形式,主要包括法律纠纷风险、合同风险、分包商连带责任风险等。这里主要对最具有行业特色的分包商连带责任风险进行阐述。

分包商连带责任风险：根据《建设工程质量管理条例》的规定,总承包单位与分包单位对分包工程的质量承担连带责任。当关联公司或分包单位无法完成工程,导致工程半途而废或出现质量问题,相应的后果都由总承包单位承担连带后果。在大型建筑施工企业中,因分包商而产生连带责任的事件屡次发生,给企业的正常经营造成严重的不利影响。

应对策略参考：(1)对分包单位实行全过程监管,严禁以包代管;(2)对分包单位施工资质进行审查,可通过项目合作考察逐步建立合格分包方名录;(3)加强对分包单位安全管理的监督,健全分包检查机制;(4)加强对分包单位相关人员的岗前培训,以进一步提高分包管理人员的管理水平和素质;(5)坚持先签合同后施工的原则。

第五章

控制活动

第一节　营销管理

建筑施工行业的营销管理是指为提升公司市场拓展能力,规范公司市场营销活动,统筹公司市场营销资源,促进公司经营良性发展,公司组织的对外招投标活动管理。

建筑施工企业需对市场环境进行研究和分析,掌握市场潜力,制订详细的市场开发计划,坚持依法经营,坚持品牌经营,注重营销队伍建设,坚持全过程营销,加强信息化管理及成本管理,提高企业投标水平,提高投标中标率。

一、控制目标

1. 建筑施工行业市场营销策略研究

(1)营销部门应不断地研究分析国家建筑施工行业的相关方针政策与发展趋势,分析预判改革的不同阶段对建筑施工行业市场运作情况与本企业收益的影响,及时调整企业的市场营销策略。

(2)营销部门营销管理人员应实时收集建筑施工行业动态,关注施工项目招标信息,分析施工项目市场价格趋势,进行建筑施工行业市场情况分析,调整相应的竞争价格策略。

(3)营销部门负责召集各有关职能部门研究讨论建筑项目市场方案、相应的市场规则及项目投标时可能出现的问题,积极向公司领导层提出开拓市场范围、提高项目投标中标率的建议与意见。

2. 建立市场经营开发体系和专业经营队伍

(1)建立由市场部经理、销售经理、市场信息分析员、合同管理员、造价工程师组成的市场经营开发队伍。

(2)经营体系中不同岗位各司其职,团结协作,共同开展企业市场开发工作。

3. 规范市场开发制度流程

(1)营销部门应融合工程项目管理、客户关系管理、施工技术管理、合同预算管理等为一体,建立一个整体的市场开发系统。

(2)营销部门应要求企业内各部门之间通力配合,规范建设工程项目投标及管理的相关制度流程,维持系统正常运转。

4. 优化客户关系管理

建筑施工企业营销贯穿于整个工程项目建设的全过程。客户关系的管理维护,对于建筑施工企业尤为重要。

(1)企业应该设立专门的客户、供应商、分包商、设计院、监理商和工程咨询单位的信息档案资料。在项目前期,通过客户拜访活动探求客户项目意向,在项目在建过程中协助项目管理人员进行协调沟通,及时反馈项目意见。

(2)当项目结束后,进行客户满意度调查,寻找新的工程项目合作的可能性。

(3)关注政府关系管理,及时、准确地了解政府对建设施工项目的需求,积极开展与政府间的项目合作。

5. 注重品牌推广

(1)营销部门应积极联系专业杂志、网站、企业内刊等,作为企业市场宣传的窗口。

(2)营销部门应通过多种渠道展示企业业务动态、员工精神风貌,增强客户对企业的信心,同时也为潜在客户认识企业打下良好的基础。

二、主要风险

1. 市场开发具有盲目性

许多建筑施工企业缺乏战略发展规划,市场开发具有盲目性,没有根据自身企业基本情况确定主营业务与业务开发区域、开发策略。

2. 市场开发缺少组织支撑

项目信息来源渠道贫乏,使得企业丧失许多市场机会。企业内部缺乏系统的市场部门、高素质专业的经营队伍。

3. 市场开发缺乏制度流程

企业内部没有进行业务总结及制定科学的制度流程。项目投标匆忙上阵,投标效果不尽理想。缺少市场开发相关的奖惩机制,员工热情没有得到充分调动。

4. 市场开发忽视客户关系管理

部分建筑施工企业,对于项目前期开发比较重视。一旦项目中标后,忽视客户关系管理,企业在项目施工过程中无法及时与客户沟通,了解客户需求变化,造成项目工期延误,甚至无法及时回收工程款项。

5. 缺乏市场宣传、品牌推广

某些建筑施工企业缺乏市场宣传和品牌推广,仅靠老客户口碑称颂,公司影响度远远不能达到市场开发要求。

三、营销管理业务流程

(一)业务图解

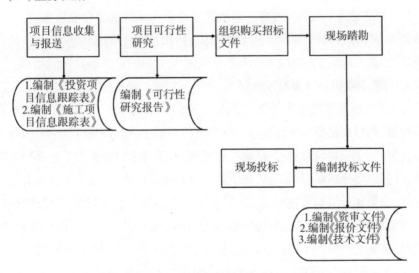

图 5 - 1　工程营销管理业务流程图

(二)关键节点及控制方法

1. 市场开发策略与战略发展规划相结合

(1)企业应制定市场开发经营策略,与企业战略发展规划相结合。企业战略不是一成不变的,而是随着时代进步和企业发展进行调整和重组。这就意味着企业的市场经营开发策略也要随着企业需求发生改变。

(2)企业制定市场开发策略首先要对公司自身实力进行整体把握。公司人员配置、技术力量、项目管理、材料设备情况都是应该考虑的因素。市场开发策略的制定还要建立在对竞争对手充分了解的基础上。要在日常工作中收集竞争对手的资料,认真分析它们的经营开发策略、背景关系、市场行为;了解它们的销售团队的人员构成、历史成绩,为将来同台竞技做好准备。

(3)企业应制定市场开发策略并对建筑市场进行分析判断。施工企业要对区域市场规模、企业集中度及拥有特级、一级资质企业数量进行了解分析。工业建筑、住宅、公共建筑等分支市场业务量、进入退出壁垒、未来市场需求变化,出现的工程项目新技术、新材料、新工艺都会影响企业市场开发决策。

2. 建立市场经营开发体系和专业经营队伍

(1)企业应将业务范围按照规划分成不同的区域,各区域根据业务量配置销售经理负责区域经营业务。在公司重点市场开拓区域,设置办事处。各区域销售经理除了提供可靠的市场信息外,还要掌握联营分包、劳动力市场资源以及一些其他社会资源。各区域与公司总部要做到信息和关系资源共享。

(2)注重对员工素质的考察。市场开发经营人员代表着企业形象,公司应定期开展培训,聘请内外部专家从专业知识、营销技巧上提高开发经营人员综合素质。

3. 规范企业市场开发制度流程

(1)企业经营开发应从获取市场信息开始,营销经理通过各种渠道进行信息探索挖掘,然后由信息分析员进行可行性分析判断:根据客户资信档案,判断业主信誉状况,防范项目风险;根据以往项目经验,看工程项目是否能够达到公司盈利要求;根据公司战略规划,看是否属于对公司开拓市场区域、业务方向具有重大意义的项目;信息分析员筛选信息后,撰写项目立项报告由市场部经理进行审批。由合同管理人员向业主单位申报资格预审文件,购买招标文件。市场部经理、营销经理、高级工程师参与标前会议和现场考察。在市场部经理的组织领导下,由造价工程师编写商务标书,工程技术人员编写技术标书,合成装订后向招标方递交。市场部经理、营销经理、高级工程师参与招标现场答疑。在收到业主单位的中标通知书,确认中标后,由市场部经理负责主持和业主的合同谈判。合同签订前,合同管理员进行严格的合同审查,就合同中存在的问题与业主进行沟通确认,为企业二次经营做好准备。总经理签署授权委托书,由被授权人与业主签订正式合同,利用流程来指导企业经营开发活动。

(2)企业应通过制定相应的营销管理制度,规范市场开发人员行为,制定市场协调管理制度,提高营销工作团队协作效率,制定营销奖惩制度,做到奖罚分明,激励市场开发人员为企业做出更大贡献。同时也要树立全员营销意识,使更多员工投入企业经营开发活动。

4. 开发维护客户关系,建立企业战略联盟

(1)企业应加强与政府部门信息沟通,使政府对企业业务动态加深了解,有助于提高办事效率,建立良好的企业形象。此外,企业还要关注新闻媒介的动态,收集政府部门下达的命令文件,根据政策法令的变化来及时调整企业的营销策略和营销活动。

(2)建筑施工企业应该与大业主建立战略联盟,进行长期项目合作。由总经理亲自出马,进行高层对接,探讨共同合作发展可能,达到共赢互利的效果。战略联盟可以从一项业务一个环节的合作开始,在合作中不断增强互动,开辟资源整合的更大范围和更深层次,进而发展相互合作的内容,丰富合作的形式。

5. 注重市场宣传,推广企业品牌

企业自身形象是企业品牌的最好体现。优质的工程项目是企业员工智慧和汗水的结晶,客户可以通过对企业竣工项目的观察了解,增强信心,为企业带来更多合作机会。在建工程施工现场醒目的标牌、宣传条幅、统一着装的施工队伍,都会为客户留下深刻印象。优秀的项目经理也是企业资本和实力的体现,拥有一批业内具有一定影响的项目经理,有助于企业品牌形象的树立。企业品牌塑造不能急于求成,它需要经过多年的积累、投入。一旦企业树立了良好的品牌形象,那将是对营销工作的最大支持。

四、监督评价

1. 市场开发策略制定监督检查

是否对当前建筑施工行业进行透彻分析,并编制分析报告;是否对市场开发情况进行了解,并提出市场经营开发策略;是否协调各相关部门对自身实力进行整体把握。

2. 市场经营开发队伍监督检查

是否组建由不同岗位职责人员组成的经营开发队伍;是否建立信息和关系资源共享平台,增加项目经理交流机会;是否对市场经营开发团队队伍人员进行素质考察,是否通过定期培训提高开发经营人员的综合素质。

3. 企业市场开发制度流程监督检查

是否建立市场开发管理制度;是否固化市场开发管理流程;是否明确市场开发相关人员职责权限;是否对市场开发过程中产生的资料进行恰当保存。

4. 客户关系维护监督检查

是否建立客户信息库,并且定期更新;是否定时评价客户信用,并建立客户信用评价等级;是否对客户项目意见进行及时记录和反馈;是否在项目结束后及时进行客户满意度调查。

五、案例分析

(一)案例简介

某建筑施工企业为了进一步强化市场营销管理工作,提高市场竞争力,制定并下发了《建筑施工行业市场管理建议》和《企业工程项目投标管理制度》,结合企业实际情况,及时明确市场营销管理相关人员的责任与义务,固化项目投标流程,将市场拓展、客户关系管理及项目投标工作的有关责任落实到个人,将市场开拓及投标成功率与部门业绩挂钩。每月进行项目投标情况分析,对未中标的项目分析原因,并与员工奖惩挂钩。

该建筑施工企业始终保持对市场营销的管理力度,并借鉴以前项目投标的成功经验及同行业成功案例,以规范的管理措施保证年度市场营销目标的实现。

一是提升市场营销管理水平,明确市场营销目标定位。该企业实时关注国家的宏观经济政策和投资方向的变化、重点规划的变化、重点区域和重点行业的变化,并据此不断调整企业的营销战略、调整区域和行业市场的发展目标,使企业在市场的不断变化中立于不败之地。

二是完善组织职能。要求全员在市场开发过程中共同参与和密切协作,全程管理和控制,采取全方位的营销手段。建立企业营销组织系统,完善以下六方面的职能:

1. 信息职能。对市场、业主、竞争对手、技术、产业宏观环境等相关信息的收集、整理和分析,并定期向决策层提供完整的报告。

2. 研究职能。对中标率、市场环境、投标策略、竞争对手情况等进行综合分析,并进行专题研究。

3. 计划职能。制订公司中、长期营销战略和年度营销计划,设定目标并进行目标分解,落实责任、编制预算并定期考核。

4. 公关职能。负责企业宣传、活动策划、协调关系、处理纠纷,塑造和维护企业的良好社会公众形象。

5. 客户关系管理。主要包括业主关系管理、协作者关系管理、供应商和分包商关系管理、金融及政府机构关系管理等内容。

6. 投标报价管理。包括资格预审、现场踏勘、方案论证、报价编制、投标文件递交等内容。

三是完善客户关系管理体系。该企业建立客户关系管理机构,设立有信誉的业主、供应商、分包商以及设计院、监理公司、中介咨询机构的客户档案,由专门机构负责对其信息进行跟踪收集,并通过满意度调查、邀请参观、定期拜访、举行活动等方式进行沟通和互动,与其建立长期持久的信任关系。

四是建立企业品牌,塑造企业文化。该企业着力打造自身品牌,树立质量优、成本合理、服务及时的专业化企业形象。在公司内部建立起"以推动社会建设和发展为己任,追求人类生活环境的改善和员工个人价值的实现"的企业文化。

(二)案例分析

1. 建筑行业生产与营销的一体化特性

建筑产品作为不动产,直接面对顾客的现场生产方式与其他商品的工厂化封闭生产方式明显不同,其生产的开放性和生产周期长的特点决定了生产与营销的一体化特点,即市场营销不仅存在于项目开工前的阶段,而且贯穿于现场生产的全过程。施工企业必须做好生产的组织与技术管理,严格要求、信守承诺,把生产环节视为营销工作的一部分,在工程质量、工期、文明施工、安全施工、控制成本等方面严格管理,树立和维护良好的企业形象。

2. 建筑施工企业全员化营销的特点

施工企业开放式的生产过程,决定了它全员化营销的特点,业主和潜在客户在检查或参观建筑施工企业的生产过程时,实际是在对每个员工和管理人员的工作质量、工作态度、技术水平进行检查和检验,同时每个员工的服务水平、精神风貌都体现着企业文化,都会给业主及潜在客户以不同的感知认识。因此,建筑施工企业的生产人员、管理人员也就自觉或被动地介入企业的营销工作,并不同程度地影响到企业的营销工作。

3. 竞争手段及竞争方式的多变性

由于我国的建筑市场是渐进性的市场经济体制,是不断成熟的,因此国家和建设部为使建筑市场的招投标活动能够做到公正、公开、公平,不断修改市场管理办法、招投标管理办法,从无形市场到有形市场,从施工图预算到清单报价,从综合评分到合理低价中标,每一项政策的出台,都直接影响到企业的市场营销工作和招投标活动。这就要求企业和经营人员要不断地学习,不断地适应和提高自己的业务水平,不断地调整自身的工作思路和工作方法,同时,要研究总结出在新的管理办法框架内,如何保证营销计划的顺利实施、保证既定目标的实现。这样才能在不断变化的市场环境中得以生存和发展。

（三）案例启示

要全面提高企业的市场营销能力,就要做好以下各项工作:根据国家宏观经济政策做好市场研究和市场分析,制定正确的营销和发展战略;加强成本管理,提高价格竞争能力;加强对市场规则和对手的研究,提高报价水平;搞好现场管理,提高产品的质量;严格履约、信守承诺,不断提高企业的信誉;加强公关工作、增加营销渠道和信息渠道;及时了解、研究国家、主管部委关于市场管理、招投标管理的新政策、新法规,制定新的投标报价策略;加强企业形象的塑造和宣传工作,提高社会影响力;实现技术进步,打造技术优势;加强营销队伍的建设,真正树立营销工作的"龙头地位",采取科学的考核和激励机制,提高营销人员的积极性和营销工作的效率;真正树立全员化、全过程营销的市场理念,做好企业的生产管理、成本管理、安全管理、财务管理、人力资源管理,提高企业的核心竞争力。

第二节 工程项目管理

工程项目前期管理

工程项目前期管理主要工作包括：施工文件准备、施工条件准备、施工开工准备、安全文明施工准备、施工过程控制准备、团队建设准备等。现场施工准备的充分与否,将影响未来施工的质量、安全、进度和费用,影响政府、业主、监理等相关方对项目的评价与验收;充分、全面的准备将避免很多潜在风险。

本小节适用于建筑施工行业工程前期管理。

一、控制目标

1. 建立工程项目前期准备的规章制度,保障该项工作有制度可依。

2. 明确工程前期准备事项具备可行性与必要性,符合工程项目后续开展实际需要。

3. 设计工程前期准备事项、准备文件等审核审批,确保建设项目的质量及进程。

4. 设计施工过程控制措施,确保施工工程中问题得以反馈。协调解决的及时有效性;确保现场材料设备有效管理。

二、主要风险

1. 缺乏工程技术管理的制度和流程,可能导致操作流程违规。

2. 缺乏对前期建设文件的审核,可能导致前期施工文件与实际不符,影响施工进度和质量。

3. 尚未对前期施工条件进行充分准备,可能会导致员工、设施设备存在安全隐患。

4. 缺乏对工程前期准备事项的审查,可能导致前期事项脱离工程项目实际,影响项目的质量或造价。

5. 缺乏对工程项目过程的审查控制,可能会造成项目施工安全、质量、进度、现场物资设备等方面的损失。

三、业务流程分解

(一)业务图解

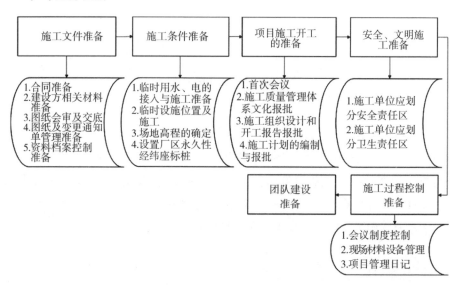

图5-2 工程项目前期管理业务流程图

(二)关键节点及控制方法

1. 施工文件准备

(1)合同准备。项目组管理人员应该熟悉与项目相关的总包及各类分包合同,主要了解内容包括:约定的工作范围、技术标准、变更管理、付款条件等。合同是进行工程施工、过程管理、工程验收及竣工结算的主要法律依据,只有充分了解合同中的各项约定,才能保证建设方、总包及其他相关方的利益,从而保证工程建设的顺利进行。

(2)建设方相关材料准备。项目施工团队进入现场后,应主动向建设方提供足以证明总承包方有效控制工程质量、安全和进度等文件资料,包括但不限于以下内容:项目组织机构及技术责任制度、进度计划管理制度、工程质量检查与验收制度、建筑材料检查验收制度、考勤考核制度、费用管理及核算制度、安全管理制度、工程信息及技术档案管理制度等,并且需要与建设方确定往来信息文件的组成、联系人、负责人、会议机制及文件传递机制等。

(3)图纸会审及交底。

①读图,项目组相关专业管理人员在施工前必须读懂图纸,主要关注点包括:

a. 设计总说明书、专业分说明书是否全面详尽,阅读掌握了解建设项目的技术条件、设计原则及上级主管部门的审批意见;

b. 相关标准图:设计文件中注明采用的标准图、通用图、参考图及相关规范与设计文件对照阅读;

c. 平面图:各部坐标(里程)、直曲线要素是否符合技术规范和采用的技术条件,结合纵、横断面图及各专业设计图有无改善设计的条件;

d. 纵断面图:是否符合设计规范和技术条件;设计标高与建筑物、与水位之间的关系;

e. 横断面图设计路肩(路面)标高与纵断面图对照,审核断面尺寸、挡护墙、桥涵等建筑物之间的关系;

f. 征地拆迁图设计地界及拆迁范围与纵横断面对照拆迁工程范围及数量;

g. 排水系统图:与横断面图对照,排水沟设置是否合理;排水是否流畅;

h. 土石方调配图:土石成分、取弃土场位置、改良土拌和站、级配碎石拌和站、运距运输条件和实际对照,以及对环境产生的影响;

i. 设计要求的施工方法、工艺,采用的新技术、新方法、新材料是否成熟、可靠;是否需要试验研究;施工方法是否恰当;与企业员工素质是否相适应;

j. 桥梁、立交桥、挡护结构、涵洞等设计图:审核总体布局;结构类型与地形、地质、水文等条件的符合性;结构尺寸及所用材料的合理性;基础类型的合理性;设计参数是否齐全、合理;是否满足抗震、防洪要求;影响建筑物的防护方案,审核是否正确有效,是否可以优化;

k. 既有铁路改造、高速公路和既有道路交叉等过渡性工程设计图:主要审核过渡性方案的可行性和合理性;是否有优化的可能;施工方案的安全保障措施等;

l. 给排水及电气工程设计图:审核各种管线位置关系;布置是否合理;是否存在平面交叉;是否与既有设备兼容;

m. 工程数量审核:对所有设计图进行全面复核,汇总工程数量与设计提供的数量进行对比,作为计量设计变更、索赔的依据。

②设计交底与会审,设计人员应向总承包方或施工单位详细讲解设计意图及施工注意事项;不明事项需要及时向设计方提出,凡需修改设计的必须由设计员发出修改通知单,以便施工检查及完工结算。

图纸会审达成协议后,要形成正式会审记录,同时参加图纸会审的设计、业主、监理、施工单位负责人必须在会审记录上签字并盖公章。

(4)图纸及变更通知单管理准备。项目组应及时根据建设单位下发的设计图纸及变更通知单,建立施工单位的设计图纸及变更通知单的保管、识别制度,保证变更通知单及相关材料与建设单位的一致性。

(5)资料档案控制准备。工程项目开始前期,取得当地建设主管部门发布的相关标准与指南,并认真研究,确定文件签署的要求。并设立专职的资料管理员,依据《建筑工程文件归档整理规范》(GB/T50328-2001)、《建筑工程施工质量验收统一标准》(GB/T50300-2001),对当地"建设工程技术文件的归档范围"的条目随时、逐一地检查,定期整理建档,记载工程施工活动的全过程。工程档案是工程竣工交付使用的必备文件,也是对工程检查、验收、移交、使用、维修、改建和扩建的原始依据。

2. 施工条件准备

(1)临时用水、电的接入与施工准备。项目组在工程开工前应仔细核算临时用水、用电量,根据总图及管网综合图确定水(电)接入点、用水(电)点、管路(线)走向、铺设方式;其水、电布置应避免与未来建筑物、地下地上管线、场地整平等干涉。临时用水管线施工前必须进行技术交底,确认坐标点后方可放线施工。管线施工完,必须检查验收合格后允许通水。

施工临时用电必须按指定回路,将电源接至各指定位置的配电箱。配电箱必须悬挂明显的指示牌,并派专业电工管理。当电缆埋地穿越道路时,要加保护管,以免造成漏电、伤人事故。

(2)临时设施位置及施工。项目组需要根据总图及管网综合图确定工地办公室、职工宿舍、卫生间、施工材料堆放、加工场地位置及必要的临时施工道路。临时设施的布置需要达到恰当合理、节约材料、减少交叉、便于施工的要求。特别应注意避免与未来建筑物(包括围墙)、地下地上管线的干涉而导致工期延误、设施迁移等问题及费用的发生。

(3)场地高程的确定。工程开工前,项目组结合总平面图和高程,绘制方格网;研究土方平衡措施,核定土方挖运、回填量,确定平整场地的施工方案,进行平整场地的工作。

(4)设置厂区永久性经纬坐标桩。厂区要设置永久性经纬坐标桩。坐标桩是施工放线定位、确定场地高程的原点。需要进行特别保护,定期检查、维护,必要时复测验证。

3. 项目施工开工准备

(1)首次会议。参与由建设单位、监理或总包单位主持的工地例会首次会议。会议主要内容包括:确认各方职责、分工,确定工作关系、沟通渠道,明确项目目标,获得各方承诺。

(2)施工质量管理体系文件报批。工程开工前,项目组需要项目建设单位、监理报审现场质量管理体系、技术管理体系和质量保证体系的有关资料,主要包括:

a. 现场质量管理制度,现场材料、设备存放与管理制度,原材料检验制度,自搅拌混凝土(砂浆)搅拌站管理制度,设备与计量仪器管理制度,施工过程自检、交接检、专检制度,质量例会制度、月底评比制度、质量与经济挂钩制度。

b. 质量岗位责任制、施工技术质量安全交底制、挂牌制。

c. 电焊工、电工、起重工等主要专业工种操作上岗证书和上岗证核查结果。

(3)施工组织设计和开工报告报批。项目开工前,项目组应向建设方、监理方报审施工组织设计(方案),并经审批合格后方可实施。对于技术复杂的工程(如大面积脚手架、深基坑支护等)、采用新技术的工程应提供专项施工方案。提交开工报告前,主要检查"四通一平"是否完成,设计交底是否完成,施工组织设计是否编制并审批完成,施工单位的劳动力、施工机具及工程材料是否已到达现场。具备以上条件后方可提交开工报告,申请开工。

(4)施工计划的编制与报批。项目组应该根据合同编制关键节点及分部工程的施工进度计划,并报建设单位批准,编制施工进度计划时,需要关注交叉施工的顺序、施工技术措施是否可行等。

4. 安全、文明施工准备

施工单位应划分安全责任区、卫生责任区并要求各分包单位明晰安全控制点(危险源识别点),制定动火安全管理规范、用电安全管理规定、保洁管理规定、成品保护管理规定、人员进出管理规定、现场管理状况检查、奖惩办法及应急预案等。项目团队每天要进行安全检查,发现安全隐患立即督促整改。总承包单位应与分包单位签订《工程安全责任书》,明确安全责任。

5. 施工过程控制准备

(1)会议制度,及时组织或参与工程各类例会,及时反馈、沟通、协调项目中产生的施工安全、质量、进度等方面的问题,保证问题反馈、协调解决的及时有效性。

(2)现场材料设备管理。设立库房,建立材料和设备的出入库管理制度。入库时主要关注是否有发货单位名称、发货人签字和接收人签字等;出库时主要关注是否有相关负责人签字、领用单位名称、领用人是否签字等。进场材料需要进行详细的进场验收记录及设备开箱检验记录。

(3)项目管理日记。建立项目管理人员日志填写机制,填写的具体内容按照当地建设主管部门发布的相关标准与指南执行。同时还需要建立管理人员现场巡视登记机制,编制问题汇总表,为工程中间验收、竣工验收、竣工结算、工程总结提供充分的依据。

6. 团队建设准备

组织成立优秀的项目团队,明确项目经理及各级管理人员的工作职责及权限,明确项目经理及各级专业人员的任职资格、任职条件等,确保能够配备足额、保质的项目团队,完成项目建设。

四、监督评价

1. 项目管理人员是否充分了解项目合同。

2. 建设方提供的材料是否完备。

3. 图纸及相关建设、会审文件是否完善;图纸是否符合技术要求。

4. 资料档案控制是否合理。

5. 施工条件,包含用水(电)、设施位置及施工、场地高程、厂区永久性经纬坐标桩等是否满足相关规定。

6. 项目是否通过会议、体系文件及开工报告报批等方式进行施工准备。

7. 施工计划的编制与报批流程是否规范。

8. 是否设置施工过程控制措施。

9. 是否划分安全、卫生责任区;总承包单位是否与分包单位签订《工程安全责任书》。

五、案例分析

1. 项目概况

北京某地铁项目,车站主体长 179.4m,面积为 12244m^2。区间线路长 808.638m,为标准单线区间;区间平均覆土厚度约 16m,采用浅埋暗挖法施工。有效合同价为 1.6 亿元。

2. 项目背景

本项目为一项政治工程,时间紧,招标仓促,设计图纸不完善。项目地处城市繁华区域,施工难度高,安全隐患大。

3. 工作效果

实现变更索赔额 2000 余万元。

4. 主要做法

(1)根据以往施工经验,主动进行整体策划,未雨绸缪,变不利为有利本单位先后参加过多个城市地铁工程的施工,具有较丰富的施工及变更索赔工作经验。在开工前,项目部组织对清单中的各子项目单价逐一进行分析研究,将潜在的预亏项目挑选出来,做到心中有数并尽量在施工前解决。如车站的大管棚,如按设计要求的工艺施工,大管棚投标报价与该工艺不相匹配,单价偏低。后经与业主反复协商,将φ108管棚改为φ159管棚,改变了施工工艺,消除了此项施工的严重亏损。

(2)针对招标图设计不完善,做好变更索赔的大文章

本项目是一项政治工程,时间紧,招标仓促,招标图纸设计不完善,施工时需重新设计出图。项目部利用这个机会,认真分析本工程的特点、难点,同时注意与设计院建立良好的合作关系,帮助设计院完善设计,尽可能将有利于施工、能提高效益的意图在设计图纸中体现出来,避免施工过程中再进行变更。如区间隧道仰拱原设计为临时钢支撑,钢支撑摊销成本太大,项目部通过设计院在设计施工图时将钢支撑改为格栅支撑,不仅追加了投资,而且减少了钢支撑的投入,形成一举多得的局面。通过这种途径实现的设计优化达1000多万元。

(3)针对工程量清单不完善,寻找变更索赔机会

项目部在审核工程量清单时,发现清单中遗漏了竖井结构围护桩、车站接地极、钢筋接驳器等项目,项目部积极利用此机会进行变更索赔工作,经过查遗补漏,项目部在遗漏项目、不足量的项目上索赔了200多万元。

(4)依据施工经验,根据现场实际及时办理变更索赔

例如,车站结构内原设计开挖为土方施工。场地开挖时发现地表以下是原拆迁建筑物附属地下室,为钢筋混凝土结构,与设计图不符,项目部立即向甲方代表、监理报告,请求办理因土质变化增加施工难度的费用并顺利获得了业主补偿。

(5)将5A级风险源作为变更索赔机会及效益增长点

本项目地处东三环,南北走向,左为三环路,右为住宅和高楼大厦,施工难点及施工风险十分大,区间开挖先后遇到过街人行天桥二座、暗河二处、民房一栋,稍有不慎就会造成无可挽回的损失。业主、监理都十分谨慎,将这些点定为5A级风险源,多次召开专家会讨论施工方案,最终确定利用缩短格栅间距、加强导管注浆的加固方案通过人行天桥和暗河,对于过住宅楼则将台阶法改为CRD法开挖。以上方案增加投资300万元。

5. 案例点评

本项目成功之处在于:第一,项目部能够主动策划,积极组织进行技术分析,并采取相应措施;第二,项目部能够抓住各种机会,如在设计不完善、重新设计出

图时,能够主动地将相关意图贯彻到施工图中;能够利用5A风险源的机会进行变更索赔;第三,项目部具有较丰富的类似项目施工经验;第四,项目部与设计院的良好沟通关系。

建筑工程技术管理

工程技术管理是指对工程的全部技术活动所进行的管理工作,是贯彻国家技术政策、执行标准、规范和规章制度,明确划分技术责任,保证工程质量,开发施工新技术,提高施工技术水平。本节适用于建筑施工行业工程技术管理工作。

建筑施工行业应建立健全的工程技术管理体系,明确各级机构的职责,并对所负责的技术管理、制度实施进行监督管理,促进技术工作的有序开展。

本小节适用于所有建筑施工行业。

一、控制目标

1. 建立健全工程技术管理相关制度程序,明确授权审批权限。

2. 建立工程技术管理原则和责任体系,确保每项工程项目均有明确的技术责任主体。

3. 明确施工准备阶段的技术管理要求,确保设计文件得到及时审核;确保工程开工前进行设计交底,有效指导工程项目开展。

4. 明确施工阶段的技术管理工作,确保技术交底及时,有效指导现场施工工作。

5. 明确竣工阶段的技术管理工作,确保技术资料和文件得到有效管理。

二、主要风险

1. 缺乏工程技术管理的制度和流程,可能导致操作流程违规。

2. 尚未对设计文件进行审核,可能导致设计文件与实际不符,影响施工进度和质量。

3. 尚未及时编制施工组织设计或施工组织设计缺乏超前性,可能难以有效指导施工工作。

4. 施工技术方案尚未对工程项目的技术难度和安全风险进行分析,可能导致施工过程应对不足,产生施工风险。

5. 尚未对危险性较大的分部分项工程编制专项施工技术方案,导致危险性较大的分部分项工程施工缺乏规范的指导,风险增大。

6. 尚未对专项施工技术方案进行专家评审,导致专项施工技术方案内容不足,难以有效指导工程施工工作。

7. 施工过程中尚未进行技术交底或交底覆盖不全,影响施工质量。

8. 交竣工验收技术文件资料尚未归档整理,影响资料的安全性。

9. 尚未开展施工技术总结工作,可能影响施工技术经验总结,难以对工程技术进行提炼、创新。

三、业务流程分解

(一)业务图解

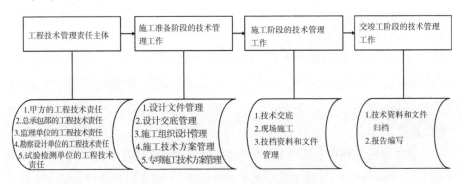

图 5 - 3　工程技术管理业务流程图

(二)关键节点及控制方法

1. 工程技术管理责任主体

(1)甲方的工程技术责任

a. 建立严格的工程技术管理制度,建立健全工程技术管理原则和责任体系,明确各级机构的管理职责,促进工程技术工作的有序开展。

b. 配备具有相应岗位胜任能力的工程技术管理人员,明确有关工程技术管理人员的责任及分工。

c. 建立工程技术管理原则,确保工程项目每一阶段或分项均有明确的技术负责人,并对该项工程技术负责到底。

d. 结合建筑施工行业的特点,针对工程项目进行工程技术管理工作规划,并对设计、监理、总承包等参建单位的工程技术管理工作进行检查与监督。

e. 工程技术日常管理工作包括但不限于:设计变更的管理、科技管理、工程量清单的管理和审查、收集整理与工程建设有关的技术信息资料、对工程项目的施工技术进行总结、组织设计技术交底、监督检查设计、监理、总承包等单位的工程技术管理工作、审查重大专项方案、工程技术资料管理等。

（2）总承包部的工程技术责任

a. 总承包部是工程施工管理的主体责任单位，依据国家及地方行业主管部门的相关技术标准、法规，结合工程建设实际情况，建立健全适用于工程项目的工程技术管理实施细则，对工程项目施工技术管理工作承担主体责任。

b. 总承包部工程技术管理工作包括但不限于：工程量的复核与工程量台账的管理、设计变更的管理及台账建立、开展科技项目攻关并申报、建立工程信息技术档案、编制总体施工组织设计、编制竣工材料、施工技术总结、组织施工图会审、审核施工技术方案、组织召开施工技术研讨会、施工技术交底、对各分部的工程技术管理工作进行指导检查等。

（3）监理单位的工程技术责任

a. 受甲方委托，监理单位进行工程建设监理活动。监理单位应依据国家及地方行业主管部门相关技术标准、法规，建立工程监理规范，按照招标文件及监理合同要求，编制工程建设监理规划及监理实施细则，对工程建设项目技术管理工作承担监理责任。

b. 监理单位工程技术管理工作应包括但不限于：编制监理大纲和监理实施细则、参与设计协调工作、审核主要材料和设备的清单、检查设计文件是否满足施工的需求、审核施工单位提交的实施性施工组织设计、分部分项工程施工组织设计、施工技术方案、参与设计单位向施工单位的技术交底、审核工程开工条件、审核施工单位提交的施工进度计划、核查施工单位对施工进度计划的调整、审核变更申请、审核工程量报表、编制和整理监理归档文件、参与竣工资料审查等。

（4）勘察设计单位的工程技术责任

a. 勘察设计单位是工程建设项目管理的重要参与方，涉及项目管理的各阶段。勘察设计单位须依据国家及地方行业主管部门相关技术标准、法规，根据建设项目实际情况，建立适用于工程项目管理的工程技术管理实施办法，并对工程建设项目的技术管理工作承担全部勘察设计责任。

b. 勘察设计单位工程建设项目技术管理的主要工作包括但不限于：提供完整的施工图设计文件、进行设计交底、对设计质量及设计进度的控制负责、提交工程量清单、对设计方案进行风险评估、对工程建设过程中易引起费用增加较多的工程进行专题研究、强化设计变更管理及时提交设计变更文件、定期的设计巡查强化过程指导、负责施工期间的现场服务及后续服务等工作，对设计中涉及的重大事项和科技进步规划情况及时向甲方报告等。

(5)试验检测单位的工程技术责任

试验检测单位应依据招标文件和合同的要求,结合工程建设项目的实际情况,建立试验检测工程技术管理实施办法,随工程进展开展验证试验、工艺试验、标准试验、抽样试验、验收试验等工作。试验检测单位必须及时向甲方提供真实可靠的试验检测成果,并接受行业主管单位、质量监督部门的检查,对检测试验结论负责。

2. 施工准备阶段的技术管理工作

(1)设计文件管理

a. 审核设计文件是工程建设程序中的重要环节。设计文件的有效性由勘察设计单位负责。

b. 工程项目各参建单位须认真对设计文件进行审核,充分了解设计意图,并在设计技术交底以前结合工程实际情况对设计图纸提出意见,以便设计单位在进行技术交底时有针对性地进行解答、处理,使设计方案更加完善合理。

c. 审核设计文件具体审查内容包括但不限于:核对图纸设计内容是否安全、可靠,图纸中是否有明显错误;核对设计图纸是否符合国家政策、法规、行业技术标准、施工规范的要求;结构设计、施工机械、施工方案之间是否矛盾,技术上有无困难,方案是否可行;核查图纸中是否有疑点、难点,是否有错、碰、漏问题;核算工程数量是否准确;核对设计与实际情况是否相符等。

(2)设计交底管理

a. 勘察设计单位应在工程正式开工前,组织甲方、监理和施工单位进行技术交底,交代工程情况和技术要求,避免发生指导和操作的失误。

b. 各方在进行技术交底时需充分研究并对各方会审工作中提出的问题进行解答,形成会议纪要。

(3)施工组织设计管理

a. 总承包部收到设计图纸后,应由总承包部及其分部负责人组织总工程师及相关部门及时编制施工组织设计。

b. 施工组织设计的编制应及时、超前,能够指导施工。

c. 施工组织设计须经过总承包部内部审核通过,确保施工技术方案的合法性、可操作性和技术先进性。

d. 施工组织设计编制内容包括但不限于:编制依据,工程范围,工程概况及主要工程数量表,施工准备,施工总体方案,一般与重点工程的施工方法、关键技术、工艺要求,施工中采用的新工艺和新技术及其工法整体安排,总工期及年、季(月)度的形象进度计划、完成投资计划。主要材料、设备使用计划及供应方案、保证措施,质量、安全、工期,文明施工、环境保护等。

e. 施工组织设计需要附的图表包括但不限于:施工总平面布置图,施工进度计划图,主要施工机械设备使用计划表,分年、季(月)度劳动力使用计划表,分年、季(月)度主要材料、工程设备使用计划表,分年、季(月)度完成工程数量计划表,分年、季(月)度完成投资计划表等。

(4)施工技术方案管理

a. 工程施工前应根据施工组织设计及工程需要单独编制施工技术方案。

b. 施工技术方案应由总承包部负责人主持编制。施工技术方案编制应包括工程概况、施工安排、施工准备、施工方法及主要施工保证措施等。

c. 施工技术方案应经过编制单位内部评审通过才可实施。

d. 施工技术方案按工程项目的技术难度和安全风险分为重大、重要、一般三类。

(5)专项施工技术方案管理

a. 对于超过一定规模的危险性较大的分部分项工程应编制专项施工技术方案。

b. 专项施工技术方案须经专家评审通过,并形成会议纪要。

c. 专项施工技术方案相关材料应根据需要报甲方或其他单位进行备案。

3. 施工阶段的技术管理工作

(1)技术交底

a. 总承包部及各分部总工程师应将工程项目的总体布置、施工安排、施工技术方案、工期、质量、环保要求等向相关单位进行交底,并严格按照交底要求进行逐级交底,确保交底全覆盖。

b. 技术交底应以相应的施工技术方案为主,进行详细讲解、培训和学习。

c. 技术交底采用书面形式,用文字记述,必要时附以图表说明,严禁将施工图复印代替技术交底。

d. 凡下发的技术交底资料,交接双方须认真履行签字手续,应对资料统一登记造册。

(2)现场施工

a. 现场施工应严格按照设计图纸、审批完成的施工组织设计、施工技术方案以及技术交底进行施工。

b. 现场施工管理人员应明确施工任务,熟悉施工技术,严格按照施工流程进行施工。

c. 总承包部及其分部必须加强专业、劳务分包工程施工过程中的检查与控制,不得采用以包代管、完工后再检验的做法。

d. 总承包部及其分部应对分包工程的施工技术管理和工程质量负责。

e. 施工过程中涉及设计变更的,施工单位无权擅自变更设计施工图纸。经确认属于紧急抢险工程的可立即实施,同时应做好现场影像记录,并在 24 小时内书面报告针对紧急情况所采取的应急方案,及时办理设计变更审批手续。除紧急抢险工程外,所有变更均应在变更方案成立后,方可施工。

(3)技术资料和文件管理

a. 技术资料及文件管理由总承包部及其分部工程技术部门具体负责,定人定岗,实行分级管理。

b. 各级工程管理部门须设专职资料员,负责所有技术资料和文件的分类、归档,凡需落实的事项在文件下发后,要跟踪落实结果并及时上报。

4. 交竣工阶段的技术管理工作

(1)技术资料和文件归档

a. 交竣工验收技术文件资料的收集整理工作应在施工准备阶段着手进行,并贯穿于施工全过程,在各分项工程施工完成后,即将有关资料收集、整理、分类装订归档、妥善保管。

b. 工程交竣工验收后,各参建单位应按档案管理部门相关要求,组织专人负责交竣工技术资料的整理,并经有关部门验收合格后,按相关规定报送相应部门存档或备案。

(2)报告编写

a. 工程项目施工完成后,必须对工程的质量、工期、成本目标控制情况、合同完成情况、工程所采用的施工技术、重大技术难题、质量事故等情况,进行全面分析和评价。

b. 项目综合性施工总结、专题施工技术总结由各参建单位负责组织编写,项目综合性施工总结应在工程交验后三个月内完成并报甲方审核;专题施工技术总结应在工程交验后两个月内完成并报甲方审核。

四、监督检查

1. 工程技术管理责任主体

(1)甲方的工程技术责任

a. 检查是否建立严格的工程技术管理制度,是否建立健全工程技术管理原则和责任体系。检查是否明确各级机构的管理职责。

b. 检查是否配备具有相应岗位胜任能力的工程技术管理人员,是否明确有关工程技术管理人员的责任及分工。

c. 检查是否建立工程技术管理原则,是否确保工程项目每一阶段或分项均有明确的技术负责人。

d. 检查是否对设计、监理、总承包等参建单位的工程技术管理工作进行检查与监督。

(2)总承包部的工程技术责任

检查总承包部是否及时建立健全适用于工程项目的工程技术管理实施细则,对工程项目施工技术管理工作承担主体责任。

(3)监理单位的工程技术责任

检查监理单位是否及时建立工程监理规范。是否按照招标文件及监理合同要求,编制工程建设监理规划及监理实施细则,对工程建设项目技术管理工作承担监理责任。

(4)勘察设计单位的工程技术责任

检查勘察设计单位是否及时建立适用于工程项目管理的工程技术管理实施办法,并对工程建设项目的技术管理工作承担全部勘察设计责任。

(5)试验检测单位的工程技术责任

检查试验检测单位是否及时建立试验检测工程技术管理实施办法。是否及时向甲方提供真实可靠的试验检测成果,并接受行业主管单位、质量监督部门的检查,对检测试验结论负责。

2. 施工准备阶段的技术管理工作

(1)设计文件管理

a. 检查设计文件是否由勘察设计单位出具并负责。

b. 检查工程项目各参建单位是否对设计文件进行审核。

(2)设计交底管理

a. 检查勘察设计单位是否在工程正式开工前,组织甲方、监理和施工单位进行技术交底。

b. 检查各方在进行技术交底时是否充分研究并对各方会审工作中提出的问题进行解答,形成会议纪要。

(3)施工组织设计管理

a. 检查总承包部是否在收到设计图纸后及时编制施工组织设计。

b. 检查施工组织设计的编制是否及时、超前。

c. 检查施工组织设计是否经过总承包部内部审核通过。

（4）施工技术方案管理

a. 检查施工技术方案是否由总承包部负责人主持编制。

b. 检查施工技术方案是否经过编制单位内部评审通过。

（5）专项施工技术方案管理

a. 检查对于超过一定规模的危险性较大的分部分项工程是否编制专项施工技术方案。

b. 检查专项施工技术方案是否经专家评审通过，并形成会议纪要。

c. 检查专项施工技术方案相关材料是否根据需要报甲方或其他单位进行备案。

3. 施工阶段的技术管理工作

（1）技术交底

a. 检查总承包部及各分部总工程师是否及时向相关单位进行交底。

b. 检查技术交底是否以相应的施工技术方案为主，是否进行详细讲解、培训和学习。

c. 检查技术交底是否采用书面形式，是否将施工图复印代替技术交底。

d. 检查下发的技术交底资料，交接双方是否履行签字手续，是否对资料统一登记造册。

（2）现场施工

a. 检查现场施工是否严格按照设计图纸、审批完成的施工组织设计、施工技术方案以及技术交底进行施工。

b. 检查施工过程中涉及的设计变更，施工单位是否擅自变更设计施工图纸。

c. 检查经确认属于紧急抢险工程，是否做好现场影像记录，并在 24 小时内书面报告针对紧急情况所采取的应急方案，是否及时办理设计变更审批手续。

（3）技术资料和文件管理

a. 技术资料及文件管理是否由总承包部及其分部工程技术部门具体负责，定人定岗。

b. 各级工程管理部门是否设专职资料员，负责所有技术资料和文件的分类、归档、传阅、上报。

4. 交竣工阶段的技术管理工作

（1）技术资料和文件归档

工程交竣工验收后，各参建单位是否按档案管理部门相关要求，组织专人负责交竣工技术资料的整理,并经有关部门验收合格后,按相关规定报送相应部门存档或备案。

(2)报告编写

a. 工程项目施工完成后,是否对工程的质量、工期、成本目标控制情况、合同完成情况、工程所采用的施工技术、重大技术难题、质量事故等情况,进行全面分析和评价。

b. 各参建单位是否组织项目综合性施工总结、专题施工技术总结的编写。项目综合性施工总结是否在工程交验后三个月内完成并报甲方审核;专题施工技术总结是否在工程交验后两个月内完成并报甲方审核。

五、案例分析

(一)案例简介

某商业住宅楼,底层为框架结构,2~6 层为砖混结构,总建筑面积 3000m²,楼板均为混凝土现浇板,板厚分为 100mm 和 140mm 两种,间隔布置。不同层间楼板结构形式相同。该商业楼于 2002 年 6 月结构封顶,7 月发现 4、5、6 层及层面板裂缝,各层裂缝位置基本相同,且每层裂缝呈对称分布,裂缝最大宽度 0.25mm,最长4.5m,裂缝贯穿楼板。

(二)案例分析

在建筑工程中,混凝土裂缝问题非常常见,混凝土裂缝属多成因的常见病,对这类裂缝问题一般以定性分析为主。工程技术人员使用排除法查找问题;用穷举法列出产生裂缝的主要原因,然后做有关调查,在调查基础上做对照分析,从而排除无关原因,筛选裂缝的主要原因。其一般步骤是:(1)根据已知产生裂缝的主要原因,用穷举法列表,列出类别和产生裂缝的原因,供调查对照之用;(2)裂缝产生后,需进行相应的资料收集工作;(3)根据调查情况,对照上述所说,逐条排除,对最终未能排除的因素,归纳整理,得出结论。经排除法分析后,得出结论如下:裂缝处现浇板内埋设的穿线管降低了现浇板的截面高度,而出现裂缝的 100mm 板两侧均为 140mm 板,140mm 板干缩变形较大,在干缩拉应力下,造成较薄弱的100mm 板穿线管处裂缝。出于安全考虑,采用偏于保守的处理方案,决定待其裂缝发展稳定后做化学灌浆处理。经过一年多的观察与测试,证明该裂缝判断及处理正确。

(三)案例启示

实际上,在日常的工程技术应用与管理过程中,在碰到此类问题时要将其系统化,并形成严谨的分析体系。对于存在的工程技术问题,重点是要查明裂缝的原因,坚持用理论分析的方法寻找结论,在查明裂缝产生的原因后,制订合理的处理方案,既避免了返工而造成的巨大经济损失,也维护了施工方的良好形象。

项目工程进度管理

工程进度控制管理是指在项目的工程建设过程中实施经审核批准的工程进度计划,采用适当的方法定期跟踪、检查工程实际进度状况,与计划进度对照、比较找出二者之间的偏差,对产生偏差的各种因素及影响工程目标的程度进行分析与评估,并组织、指导、协调、监督监理单位、承包商及相关单位及时采取有效措施,调整工程进度计划。在工程进度计划执行中不断循环往复,直至按设定的工期目标(项目竣工)也即是按合同约定的工期如期完成,或在保证工程质量和不增加工程造价的条件下提前完成。

工程项目进度控制是工程项目管理的重要组成部分,是保证工程项目目标控制是否实现的前提,是保证工程工期合理推进、提高整个工程项目管理效益的重要保障。进度控制得好坏,直接影响到工程的工期、工作量、资源的消耗量等。

本小节适用于建筑施工行业工程项目进度管理。

一、控制目标

1. 建立健全工程进度管理相关的制度程序,明确授权审批权限。

2. 工程进度计划编制内容完整,编制说明清晰明确,对资源需求及使用计划的提出有充分依据,明确工程建设节点及主要里程碑,对工程施工建设进度有明确的指示作用。

3. 明确工程进度计划审核审批流程及相关人员职责。

4. 进度计划交底及时,责任落实清晰,对人力、机具、材料、资金、技术等要素的组织起到积极的促进作用。

5. 定期对工程施工进度进行检查与调整,提高进度计划执行效率,及时制定协调措施,保证工程进度计划的执行。

6. 及时对工程进度执行情况进行总结与报告,分析工程进度实施过程中出现的问题及原因,提出整改措施,提高对未来进度计划预测的准确度。

二、主要风险

1. 缺乏工程进度管理的制度与流程,导致工程进度管理工作无据可依,缺乏规范性。

2. 工程进度计划编制内容不完整,不详细,对资源需求及工程质量考虑不周全,导致工程进度计划缺乏可行性与指导性。

3. 工程进度计划审核审批流程不清晰,人员职责不明确,导致进度计划审批拖延,出现问题,责任不清,互相推诿,导致项目进度计划无法执行。

4. 工程进度计划交底不及时,程序不规范,交底内容不完整,导致工程进度管理缺乏依据,资源调配混乱,影响项目工期及项目质量。

5. 对工程施工进度检查不及时,未能及时发现项目进度执行偏差,协调措施不及时,工程进度脱离预定计划,严重影响项目完工时间,导致项目进度失控。

6. 工程进度执行情况缺少总结与报告,进度管理中出现的问题未进行汇总与总结,不利于对未来进度计划的预测及提升项目进度管理水平。

三、工程进度管理流程

(一)业务图解

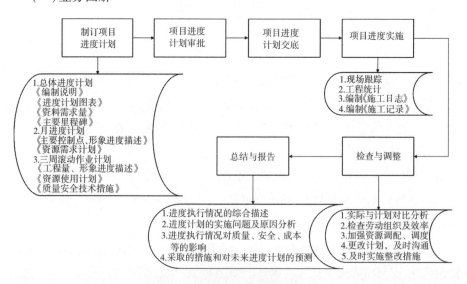

图 5-4　工程进度管理业务流程图

（二）关键节点及控制方法

1. 制订项目进度计划

在工程建设阶段,工程项目管理人员需要根据项目总目标的要求,结合项目实施技术方案对项目的实施做出详尽的时间进度安排及资源费用安排来指导项目的实施,并且要规划工程信息交流方式等,编制一个切实可行的足够细化的进度计划,通过进度计划分析对各个工序从时间、空间、资源、强度上进行协调和平衡,优化进度计划,进而建立目标计划。

进度计划的编制,涉及建设工程投资、设备材料供应、施工场地布置、主要施工机械、劳动组合、各附属设施的施工、各施工安装单位的配合及建设项目投产的时间要求。对这些综合因素要全面考虑、科学组织、合理安排、统筹兼顾,才能有一个很好的进度规划。

2. 项目进度计划审批及交底

进度计划控制管理规划工程项目的进度控制贯穿于整个工程项目的生命周期,也就是说,从工程可行性研究、规划设计、工程建设到竣工移交的每个阶段都需要对进度、资源、费用进行管理和控制。对于整个项目来说,规划设计和工程建设施工阶段的管理与进度控制显得尤为重要。在进行项目的进度管理之前,要根据工程的规模和实际情况制订进度计划管理的总体规划,选择合适的进度计划管理软件,进行恰当、严格的审核审批,主要关注业主、监理控制性进度计划的层次,承包商执行性计划的层次详尽程度,进度计划的更新周期,进度计划应包含的内容,进度计划的表现形式,进度计划信息反馈系统,统一的编码方案等做出明确的规定等,确保在以后的进度管理中有章可循。

3. 项目进度实施与检查

进度计划的检查在项目实施过程中是非常重要与严肃的事情,因为批准的进度计划是工程实施与工程协调的依据,根据进度计划审查的权限及时间要求应及时审查批复进度计划。审查时应注意作业各工序在时间、空间上的安排是否合理,人、材、机资源计划及工程量施工强度是否满足要求,并根据实际情况确定进度计划是否可行。施工时对详细进度计划的审批要根据具体情况采取分段检查。

要对进度进行控制,必须对建设项目进展的全过程、对计划进度与实际进度进行比较。在施工工程的实际进度与计划进度发生偏离,无论是进度加快还是进度滞后都会对施工组织设计产生影响,都会对施工工序带来问题,都要及时采取有效措施加以调整,对偏离控制目标的要找出原因,坚决纠正。

4. 项目进度实施总结

项目结束后应对项目进度执行情况进行综合描述,总结项目进度完成情况,关注进度计划实施过程中遇到的问题,对问题产生的原因进行详细分析,列示解决方案。关注进度执行情况对工程质量、安全、成本的影响,总结项目进度执行过程中采取的措施,为未来的项目进度管理提供参考。

四、监督评价

1. 工程进度计划编写、审查、批准程序是否符合要求。

2. 施工进度计划内容是否全面;是否满足合同及业主对主要时间控制点的要求;施工进度计划是否与施工方案一致;工序分解粗细程度是否满足指导施工的要求;施工进度计划中工序间的逻辑关系是否合理;各工期确定是否合理。

3. 进度计划是否经过恰当人员审核审批;是否明确了相关人员的责任与义务。

4. 是否定期进行工程进度检查;进度保证措施是否合理;进度改进方案是否有效;进度计划是否与参与项目的材料、设备供应、进度计划相协调。

5. 是否建立了良好的信息沟通机制,对项目进度情况进行实时沟通了解;是否及时了解掌握工程项目进度管理新技术,及时提升工程进度管理水平。

五、案例分析

(一)案例简介

吉林石化矿区服务事业部(以下简称"事业部")是吉林石化矿区服务业务的管理机构,成立于2007年,分公司建制。事业部有从业人员9422人。事业部机关设八处一室,下设7个直(附)属部门和8个二级单位。事业部主要为中国石油吉林石化公司等驻矿单位提供物业及公用事业服务、社会公益服务、离退休及医疗卫生三大类服务。服务总人口70万人,其中矿区常住人口20余万人。

事业部成立以来,不折不扣地贯彻落实集团公司决策部署,认真践行"献至诚服务,建和谐矿区"的宗旨,牢固树立"四个不等于"发展理念和"尽职尽责比什么都重要"的工作理念,构建了独具特色的以"四个不等于"理念为核心的发展体系、以"心系万家"为主题的服务体系、以建管并举为方针的运行体系、以规范受控为目标的管理体系,紧紧抓住和用好集团公司实施矿区服务系统改革的重要历史机遇,围绕科学发展、构建和谐目标使命,稳健实施了发展规划与企业定位、结构调整与资源优化、功能完善与能力提升等业务发展部署,全面落实了矿区环境整治、棚户区翻建、公用工程修缮、安全隐患治理、总医院疗养院社区医疗点和老年活动站改造、民宅防水保温等惠民利民举措,创造性地开展了"心系万家"主题工程,办妥了许多实事、好事、难事,发挥了将改革发展成果惠及广大员工的平台作用、安置再就业人员和解决后勤历史遗留问题的主渠道作用、矿区服务业务市场化社会化的推手作用,模范履行"保障生产、服务生活、维护稳定"三项职责,勾画并实现着环境优美、服务完善、管理有序、关系和谐、文化繁荣、员工幸福的和谐示范矿区美好愿景。

发生的问题如下:

1. 业主管理影响

业主是物业的所有者,绝对有其主导权,但常因使用需求,直接或间接影响了工程进行;工程进度表能实时看出工程进度的落后或超前,大部分业主较不愿看到进度落后的情况,常会以各种方式干预工程进度执行,如预付或超支工程款来提升进度,造成进度可能失真的情况。而对工程要求程度往往因人而异,过于严苛的要求,亦会延迟施工速度造成工程落后。

2. 变更设计

工程进行中常会因政策性改变、使用需求变更、现场施工环境差异或设计错误瑕疵等因素,导致工程必须进行设计变更;一般工程变更设计为项目增减或者材料使用改变,整个进度表及要径都得随时调整,势必会造成作业安排及施工时间的增加;一般公共工程往往有执行预算及完成时间的压力,在规划设计及招标程序上往往很紧迫,因变更设计造成各作业项目时程改变的情况很普遍。

3. 各种界面配合

在进度表编排时,除需调配本身重要工序项目的时程,也需考量水电、空调等其他接口,在施工上当一项工序完成,常有必须配合其他接口完成的情况,在编制进度表时就须加以考量与规划。一个工程若承包商及其接口间冲突多或配合关系不好,其施工速度必定受到相当大的影响。

4. 单价、工期合理性

工程预算及工期编列方式也会影响真实进度状况,如设计者在编列预算时把结构体项目单价编得很低,而集中在后面装修工程上,致使再怎么赶工进度总是落后,而无法反映实际进度。在不合理工期下,会有无论怎么赶工进度依然落后的情况,对成本及施工质量也会造成很大影响。

5. 进度管制执行是否确实

一般进度表编制是由编制者依个人经验制作,不同人编出来的进度表不尽相同,经验丰富的承包商其工程进度表在掌控上较为精确,反则漏洞百出,有赖于各种专业训练及经验积累来改进。而国内公共工程是以计价反映在工程进度上,承包商常会因为请领工程款而浮报其工程进度,造成进度表失真,所以在进度管控上应加以防范及落实。

6. 权责区分不明

工程施工生产力是决定施工进度的主要因素,而进度管理者执行能力若不佳,或彼此推卸责任,会使整个工程进度大受影响;因此施工团队每个成员任务分配与权责区分是相当重要的。而参与进度控管人员若因个人因素如经验不足、经济、感情等,也会使整个工程管理失序、进度偏差。

7. 突发事件

工程施工中,常因意外、人力不可抗拒天灾如地震等突发事件,而造成严重的损失及工程停摆;除了得加强各种防灾计划、预防措施等,平时对于防灾的教育倡导与应变训练也应落实,以避免、减轻灾害带来的损失。

8. 天气的影响

在国内天气一直是影响工程进度相当大的因素,尤其是下雨的关系。许多工作遇到下雨便无法进行,如灌浆、防水等工程,过大的雨量更会造成工程的停摆或施工障碍,尤其是地下室开挖及结构体未完成这段时间。以往公共工程在雨天展延工期的标准相当严苛,是工程逾期的重要因素,因此在进度的规划上对雨季应特别留意。

(二)案例分析

1. 落实工程进度表管控进度

工程进度表为最直接掌控进度提供依据,进度管理者需要确实利用各种管制图表的特点去做进度管理,如杆状进度图表可看出各分项工程作业进度是提前或落后;工程网图则可帮忙分析工程各分项工程先后关系;工程进度曲线可了解工程的总工程进度是否正常进行。在进度表的编制上应力求正确妥当,秉持提早完成的心态,确实执行各种进度表。

2. 定期工务会议

作为一个工程管理者,最主要的任务即掌控施工成本与掌握施工进度,如何在二者中取得平衡点,有效地管理成本与控制进度,则有赖于工程经验的积累及新信息与方法的学习。一般工地最常用也最直接的讨论工程进度的方式就是定期召开工务会议,其参与人员通常有承包商、监理、顾问公司等人员,设计单位或业主会视需要参加,可以说是集整个工程团队经验与信息于一堂。工务会议的功能包括有实际进度的掌控、问题状况的提出与讨论、改进或解决方案的决议等,都有助于施工进度顺利推动。

3. 建立代理制度

工作人员休假在所难免,不过工期仍需持续进行;不管企业单位或施工单位,常有人员请假或不足的状况,在没有代理人制度的情况下,往往会造成工作的停止,影响工程进度。而代理人也务必了解项目负责人的职务与工作状况,否则于事无补。在施工管理人员方面,不应只局限于固定工作如品管、劳动安全等,应对彼此工作及内容有相当程度的认识及了解,以避免此类情况延误工程进度。

4. 掌握发包送审时程

如果有分项工程发包与送审状况,是影响工程是否顺利进行的重大因素之一;制作材料送审时程管制表,备妥送审资料并且掌握送审情形及程序,避免因送审时间过长造成项目及工期延误;利用工程发包控制表作为各项发包时程控管,了解各分包商的执行能力与状况,并建立完善分项进度管制以控管各分包商施工。

5. 确实管理控制各分项工程作业进度

工程的顺利进行有赖于每一阶段的实施及各个分项工程的配合,其施工都有一定先后顺序及合理安排,其中一个阶段如有延误,无法及时赶工追回进度,整个工程将大受影响,其方式有:材料进(退)场确实掌控;图说现场尺寸校核;各工种间相互配合;自主检查系统的建立。

(三)案例启示

进度管理主要是在有限工期内,有效掌握工程各分项作业进行,避免工程延误,确保如期完工;虽然国内进度管理技术已普遍进步成熟,而我国建筑工程却不乏工期宽裕但进度仍然落后的特殊状况,在工程进度管理上仍存在着许多问题,值得探讨。综合前述各章节内容整理与探讨,归纳出以下结论。

1. 工程团队须密切配合,减少埋怨

由于国内建筑工程要求的工程团队日益繁杂,分工及组织较以往多,各种接口整合亦较复杂,而导致工程延误的人员间相互埋怨;一般而言,配合度好或权责区分佳的工程团队,所产生的问题较少,遇到困难不会彼此推拖,一般不会延误工期;在良好的建筑管理与团队配合下,才能确保工程顺利完成。

2. 整理公共建筑工程进度管理一般性原则

在工程的管理上,进度、成本、质量、安全四大要项都需兼顾,缺一不可;施工阶段,唯有在适当且正常的进度下,才能维持成本的稳定,也是质量及安全的最佳

保障。因此,完善进度管理计划与管控,可以说是现阶段一般工程管理者最基本且最重要的原则。

3. 进度管理方法为善用各种进度报表及工程会议功能

管控进度可由方法或工具帮忙,使进度依照计划和目标顺利进行,其主要工具为进度报表,但问题若无法有效解决将影响工作进度,进度管理者可善用各种定期或非定期的工程会议,来达成决议或协商以解决问题,并借此掌控及了解实际工程状况。

4. 归纳公共建筑工程重大影响进度因子

国内公共建筑工程重大影响进度因子主要有变更设计、财务资金控管、配合政策或活动、材料送审、环安卫问题、天气影响六大因素。

5. 建构影响工程进度因子及相关对策研拟

研究建构影响工程进度因子及相关解决对策汇整表,将影响进度因子依业主、项目管理、设计、监造、承包商、下包等各角色列举;此外,由于影响程度常因工程而不同,又将其影响因子依人、事、地、物加以分类,并研拟相关解决对策;以此可清楚明了各角色对工程进度的影响,希望对工程管理者及后续研究有所帮助。

工程变更管理

在工程项目实施过程中,按照合同约定的程序,项目相关方根据工程需要,下达指令对招标文件中的原设计或经监理人批准的施工方案进行的在材料、工艺、功能、功效、尺寸、技术指标、工程数量及施工方法等任一方面的改变,统称为工程变更。变更内容可能包括设计变更、施工措施变更、计划变更、条件变更、新增工程等。

本小节适用于建筑施工行业工程项目工程变更管理。

一、控制目标

1. 建立工程变更的规章制度,保障该项工作有制度可依。

2. 工程变更事项具备可行性与必要性,符合工程项目实际需要。

3. 工程变更结论经所有项目参与方掌握,便于后续监理及成本结算。

4. 工程变更的不同预算金额经过恰当层级领导审核审批,保证工程变更预算审批的规范性。

二、主要风险

(一)建设方面临的主要风险

1. 工程变更的规章制度缺失或不完善,导致该项工作缺乏制度依据。

2. 缺乏对工程变更事项的审查,可能导致变更事项不具备可行性或必要性,脱离工程项目实际,影响项目的质量或造价。

3. 工程变更结论未及时通知项目参与方,可能导致后续施工、监理存在差异或者成本结算过程中出现遗漏。

4. 工程变更金额超出预算或不同预算金额未经过恰当层级领导审核,影响工程变更预算审核的规范性,给建设方带来经济损失。

(二)施工方面临的主要风险

1. 工程变更施工技术难度大,质量要求高,增加工程项目施工成本。

2. 工程变更受到现场空间限制,导致工程进度拖延,影响工期。

3. 工程变更受到施工条件干扰因素较多,影响工程施工进度及质量。

4. 受自然环境影响,导致工程变更进度拖延,增加额外开销,拖延工期。

三、工程变更管理流程

(一)业务图解

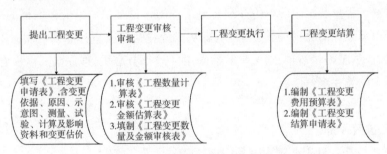

图5-5 工程变更管理业务流程图

(二)关键节点及控制方法

1. 提出工程变更

参与工程建设任何一方提出的工程变更要求和建议,必须首先交由监理单位审查,分析研究工程变更经济、技术上的合理性与必要性后,提出工程变更建议的审查意见,并报业主。业主在审查中应审定变更工程量清单,对变更项目的单价与总价进行估价,分析因变更引起的该项工程费用增加或减少的数额。另外,监理单位还应充分与业主、设计单位、承包人进行协商,做好组织协调工作。

2. 工程变更审核审批

变更的批准按其类别分别确定。一般工程变更,在业主授权范围内由监理单位审查批准,报业主备案,属业主授权范围外的,由监理单位组织审查,业主单位批准。重大工程变更由国家指定的机构批准。

3. 工程变更执行

经审查批准的变更,仍由原设计单位负责完成具体的工程变更工作,并应发出正式的工程变更(含修改)通知书(包括施工图纸)。或由施工单位提出技术核定单,监理单位对设计(修改)变更通知书和技术核定单审查后予以签发。在组织业主与承包人就工程变更的报价及其他有关问题协商达成一致意见后,由监理单位正式下达工程变更指令,承包人组织实施。

4. 工程变更结算

《建设工程施工合同》规定,清单中已有适用于变更工程的价格,按合同已有的价格变更合同价款;清单中只有类似于变更工程的价格,可以参照类似价格变更合同价款;合同中没有适用或类似变更工程的价格,由承包人提出适当的变更价格,经业主确认后执行。当合同中有相应的计价项目时,原则上采用合同中工程量清单的单价和价格,即按其相应项目的合同单价作为变更工程的计价依据。此时,可将变更工程分解成若干项与合同工程量清单对应的计价项目,然后根据其完成的工程量及相应的单价办理变更工程的计量支付。单价和价格的采用具体分为以下几种情况:(1)直接套用,即从工程量清单上直接拿来使用;(2)间接套用,即依据工程量清单,通过换算后采用;(3)部分套用,即依据工程量清单,取其价格中的某一部分使用。

四、监督评价

1. 工程变更是否真实发生,是否客观存在。

2. 工程变更的内容是否真实,有无弄虚作假。

3. 工程变更理由是否充分、合理,是否因原设计存在遗漏和错误以及与现场不符无法施工。

4. 工程变更是否因清单编制漏项缺项、项目特征描述错误以及措施方案考虑不周等原因而发生,是否是非变更不可的。

5. 工程变更是否按规定程序进行办理,各项手续是否完备、资料是否齐全,申报是否及时,对重大工程变更是否报相关部门进行会审、审批。

6. 重大的施工措施、设计方案变更是否经过专家论证评审。

7. 工程变更的工程量是否计算准确、有清单单价的是否参照原清单单价,没有清单单价需重新组价的子项目收费是否符合相关文件规定、材料价格及人工的调整是否合理。

五、案例解析

(一)案例简介

广东全球通作为广东省最大的通信运营商,在促进当地经济发展、信息高科技手段运用以及人们生活质量的提高等方面起着举足轻重的作用。在新的时期、新的环境下,广东移动新枢纽楼的建设是迫切需要的。首先,广东移动的发展和区域经济发展方向和目标相吻合。该项目的建设有利于企业参与泛珠三角经济一体化区域合作,为泛珠区域实现共同发展提供强力信息化支持。其次,借亚运会的契机,配合广州市政府提出的建设国际大都市的宏伟目标,本项目的建设有利于推进城市信息化建设,打造一个高效、透明、信息化程度高的新型政府机构。最后,本项目的建设有利于广东移动提高自身竞争力,不断发展和壮大,在激烈的市场竞争中立于不败之地。本项目整体由基建工程、网络工程与配套设施组成,其中基建工程为项目整体建设的一期工程,为项目提供建筑基本空间、基础设施与物理条件,完成至满足政府规定的基建建设项目综合验收要求为止,然后进行网络工程与配套设施等后续工程建设。基建工程拟建内容主要有综合管理办公区、会议展览中心、通信设备区、员工活动区、后勤服务及物业管理区、地下车库及主要设备区等。

在项目管理中,逐步建立"小业主,大协调"的建设思路。主要实施办法如下。"小业主"就是根据筹建办正式编制有限的情况,成立精干有效的核心管理架构,实施重点环节的精细化管理。主要包括咨询设计、造价和施工质量三大部分以及信息化集成,细化招标和施工现场各项规章制度,使业主的各项管理职责清晰,流程规范化、科学化和廉政化。另外,按照项目的总体计划和年度计划,编制总体和分阶段的招标与施工控制进度计划,下达给总包和监理单位,并定期检查监管计划执行情况和听取相关单位的反馈意见或建议,适时进行计划纠偏和调整,从而形成一个循序渐进的控制闭合回路。在全球通大厦新址项目工程建设阶段,为确保建设工程顺利实施,在工程实施阶段建立了工程变更组织。同时,为了使管理标准化、流程化,编制了《工程变更管理办法》。对于变更工程量大、变更费用高的额外工程,可采用邀请招标确定中标单位,承担额外工程施工团队。

施工条件变更要区分情况进行控制,当招标描述的现场条件与实际现场条件不同或存在差异时,工程师应识别此项变化是否构成变更,识别的依据是此项改变是"一个有经验的承包商预先能否合理预料到"。如果此项改变是一个有经验的承包商报价时能预料到的,认为此项改变不构成变更,工程师不需发布变更令;如果此项改变是有经验承包商投标报价时无法预料到的,则认为此项改变构成工程变更,工程师发布变更令实施工程变更。

在施工前或施工过程中,对设计图纸任何部分的修改或补充都属于工程变更。业主、工程师、设计单位、施工单位均可提出工程变更。主要包括两点。工程变更责任分析。工程变更事件发生后,工程师应仔细分析工程变更产生的原因。工程变更图纸控制。工程变更涉及设计图纸的修改,工程变更的图纸必须由原设计单位提供,或由承包商提供设计图纸,但必须由设计单位审查并签字确认,除设计单位,任何项目参与者提供的图纸均为无效。

施工变更主要是在施工作业过程中由于业主要求加速施工,工程师现场指令的施工顺序改变和施工顺序调整,或承包商进行价值工程分析后提出的有利于工程目标实现的施工建议等。

施工变更的内容及产生原因为:

1. 加速施工。监理工程师应业主要求指令对某些工作加速施工;由于承包商自身原因造成某些工作工期延误,需加速施工。

2. 施工顺序的改变与调整。由于工程变更,造成变更相关的工作施工顺序调整与改变;监理工程师指令某些工作的施工顺序改变与调整。

3. 施工技术方案的改变。由于工程变更,造成与变更相关工作施工技术方案的改变、监理工程师指令改变,某些工作施工技术方案承包商原因造成施工技术方案的改变。

施工变更责任分析:

在施工变更发生后,工程师在分析变更原因后,进一步分析施工变更的责任。

1. 对于加速施工原因,应由业主承担工程变更的责任,即承担加速施工的费用;对于加速施工第二种原因,应由承包商承担工程变更的责任,即承担加速施工的费用。

2. 对于施工顺序改变原因,应由业主承担变更责任。在全球通大厦新址项目工程建设阶段,为确保建设工程顺利实施,在工程实施阶段建立了《工程变更管理办法》,根据本项目的特点,根据项目变更的来源及提出方,将工程变更分为以下几类进行工程变更的管理。

由于国家建设法规、技术标准变更,或业主的建设需求变更引起需进行城市规划、卫生、环保等重新进行外部报建的变更。首先,依据工程变更内容将工程变更划分为工作范围变更、施工条件变更、设计变更、施工变更和技术标准变更,对不同内容的变更区别情况并提出不同的控制方法。其次,依据工程变更性质将工程变更划分为重大变更、重要变更和一般变更,通过建立不同变更审批权限控制工程变更。最后,依据工程变更的迫切性将工程变更划分为紧急情况下的变更和非紧急情况下的变更,通过设定不同的变更处理程序进行控制。

工程变更依据变更内容,可划分为工作范围变更、施工条件变更、设计变更、施工变更和技术标准变更等。

1. 工作范围变更

工作范围变更是在建筑工程实施过程中,承包商按照业主或工程师指令,完成的工作超出或小于原合同约定的工作范围的情况。工作范围的变更是最为普遍的工程变更现象,通常表现为工作量的增加或减少。工作范围变更是变更控制的主要对象,工作范围变更主要表现为两种形式即附加工程和额外工程。对于工程规模小、费用低的额外工程,建议工程师通过发布变更令实施。承包商往往考虑与业主的关系同意实施,但会提出重新商定额外工程单价,因变更工程量较小,工程师通过协商认可新的价格,实施额外工程。对于变更工程量适中、变更费用不高的额外工程,建议工程师尽量避免采用变更令,可以采用施工顺序改变第二种原因,应由承包商承担变更责任。

2. 技术标准变更的产生

在工程实施的过程中,业主出于造价、进度等考虑会要求承包商提高或降低工程质量的技术标准和改变材料质量或类型选择,或者由于工程质量、技术标准的改变和施工、设计法规的改变所引起的设计和施工修改。这种改变是在合同有效的条件下进行的对合同状态的修改,目的是实现合同的预期目的。

根据项目特点,为了保障广东全球通大厦新址项目建设的整体目标,共建相对和谐的有利项目参与主体和相关组织的沟通平台,制定适合本项目工程变更风险管理的工程变更管理流程,减少合同纠纷,特颁布《项目变更管理办法》。并建立了严格的工程变更控制流程及审批权限,为了提高项目建设效率,本项目变更根据基建办制定的项目变更管理办法设定了特定的变更级别及审批权限。

广东全球通大厦新址项目,总投资 18 亿元,经过历时六年的工程建设管理,今年项目进入收尾及结算阶段。经过全过程的变更管理风险管理,目前经过保守估计,应节余投资约万元,没有出现超投资的现象,管理效果很好。

(二)案例分析

通过对广东全球通大厦新址项目在整个实施阶段进行了工程变更的风险控制后,我们得到了以下几点预期及收获:在建设项目工程变更的管理与控制过程中引入风险控制的原理是可行的;整个建设项目在实施阶段应用了工程变更的风险控制后,使整个投资节约了近万元,管理效果是好的,对其他类似建设项目的工程变更管理、成本管理起到了良好的借鉴作用。

(三)案例启示

基于风险管理的建设项目工程变更管理理论的构建是一种全新的管理思想。作为一种管理理念,建设项目风险管理已经存在于我们的工程项目管理实践中,我们每天都在进行风险管理。而在以往的工程变更管理中,人们在实践中,也或多或少体现出了风险管理的思想。如过去的纸质文档的总结、技术管理会议的交流、招标文件的审查、施工图纸的会审、工程量清单的编审校对等,因此可以说,基于风险管理的建设项目工程变更管理是工程项目管理发展的自然产物。

基于风险管理的建设项目工程变更管理理论的构建作为项目管理理念和方法的补充和完善,将不断地会有创新,使之逐步走向成熟,并能够得到越来越广泛的应用,降低传统项目管理中的滞后性、被动性及模糊性,对社会经济的发展将会起到重要作用。随着国家科学技术的发展、施工技术水平的逐渐提高、施工工艺的进一步改善,以及新技术新材料的合理利用,如何提高我国建设单位和施工单位的工程变更管理水平、提高投资效率将是一个永无止境的研究工作,这也是笔者今后将要研究的主要内容。只有发扬与时俱进的精神和不断地积累经验、总结教训,才能在竞争中立于不败之地。

工程设备管理

设备管理是以工程管理目标为依据,运用各种技术、经济和组织措施,对设备的规划、设计、制造、购置、安装、使用、维修、改造直至报废整个生命周期进行的全过程管理,它是工程管理的重要组成部分。设备管理的主要目的是使用技术上先进、经济上合理的装备,采取有效措施,保证设备长时间、安全有效地运行。

本小节适用于建筑施工行业工程设备管理。

一、控制目标

1. 机械设备需用计划依据充分、科学合理,能有效适应工期要求。

2. 选择正确的设备配备方式,优化企业资源。

3. 设备物资验收及时准确,符合合同约定及相关验收规范。

4. 设备物资管理科学、合理、高效,故障排除及时准确。

二、主要风险

1. 机械设备需用计划依据不充分,可能造成计划不能与工程进度进行匹配,从而造成工程进度滞后。

2. 未能选择正确的设备配置方式,可能造成企业资源浪费。

3. 设备验收不及时或不符合相关验收标准,可能造成设备质量不符合项目要求。

4. 设备管理不科学,可能造成设备使用效率低下或设备损坏;设备出现故障未能及时排除,可能造成设备故障进一步加剧,影响施工进度。

三、工程设备管理业务流程

1. 业务图解

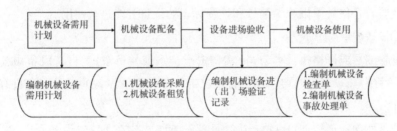

图 5-6 工程设备管理业务流程图

2. 关键节点及控制方法

(1)机械设备需用计划

项目各专业技术人员通过施工组织设计确定机械设备的规格、型号、功能、数量要求及时间节点要求等,编制机械设备需用计划。

(2)机械设备配备

机械设备购置:项目部无设备购置权限,需要新购设备应先提出购置申请报上级设备主管部门,由上级设备主管部门完成报批手续后进行招标采购,详细操作参见本章第四节"采购业务"。

机械设备租赁:项目部应及时编制机械设备租赁计划,计划主要依据施工生产需要及详细的施工节点。设备租赁应优先考虑公司自有设备,在自有设备满足不了的情况下才能进行外部租赁。大型机械设备外部租赁应由上级设备主管部门负责组织招(议)标、签订租赁合同,项目部全程参与并负责具体实施。

(3)设备进场验收

项目部根据现场实际需要,在保证运输、场地、配套设施的基础上有计划地组织设备进(退)场。

项目设备管理员应及时组织使用单位、安装单位以及项目部相关人员对入场所有设备(包括自有设备、分包队伍自带设备和租赁设备)的完好状态、安全及环保性能逐台进行验收,并做好中小型施工机具进场验收记录表,参与验收人员要签字确认,不合格设备不予入场安装使用,确保进场设备的完好率为100%。

设备验收进场的基本要求:设备外观应完好整洁,无零配件缺失和老化现象;禁止使用倒顺开关;交流焊机必须安装二次空载压降保护器;皮带轮、齿轮等机械传动部分必须有防护措施;主要机械设备应有产品合格证和使用说明书等技术资料。

(4)机械设备使用

经验收合格并予以统一编号和挂牌标识的设备方能进行使用。

①设备统一编号管理

设备编号应严格执行本公司《实物资产类别编号目录》。自有设备由公司予以唯一性编号,项目部直接引用。分包自带设备和租赁设备的编号应和自有设备区别开。

设备挂牌标识管理:挂牌标识必须齐全、明显、有效,即有"设备资产编号牌"和"完好设备标识牌"。"完好设备标识牌"根据每月检查情况进行更换,以便于识别。检查不合格的设备应贴"待修设备标识牌"。为保证标识的标准规范,标识由公司统一印制,各单位及项目部领用。

②设备操作规程管理

a. 主要机械设备使用应悬挂安全技术操作规程。项目设备管理员应根据设备进场验收情况及时建立项目机械设备台账,包括自有设备台账、分包队伍自带设备台账和租赁设备台账,并保持其动态有效性,同时建立项目主要机械设备操作、维修保养人员台账,每季度填写主要机械设备动态管理情况,报上级设备主管部门。

b. 主要机械设备使用执行"三定"(定人、定机、定岗位)责任制,操作人员要严格遵守《机械设备安全技术操作规程》,达到"四懂"(懂原理、懂构造、懂性能、懂用途)、"三会"(会操作、会保养、会排除故障),并经专业培训,持证上岗,实习人员在取得上岗证前不得独立操作。

c. 施工用电动机具、设备,应严格执行"三相五线制"和"一机一闸一保护"的制度规定,并应按规定进行绝缘防护、接地(接零)保护或安装防雷装置。

d. 主要机械设备操作人员应每日如实填写主要机械设备运转消耗记录,项目设备管理员月底收集整理。

e. 机械设备用完要及时退场,办理相关手续,避免闲置浪费。

③机械设备检查

a. 项目设备管理员应定期组织使用单位、安装单位以及项目部相关人员对机械设备使用和维修保养情况进行检查,并做好中小型施工机具定期检查记录表,参与检查人员应签字确认。检查的范围包括自有设备、分包设备和外部租赁设备;检查频次根据设备状况和对工程项目的影响程度确定,但每月不得少于一次。

b. 对检查中发现的问题,检查人员应下达整改通知单,定人定措施限期整改并对整改情况进行跟踪验证。不能满足安全、使用功能和环境要求的,应责令暂停使用,直至整改完毕验收合格。

c. 设备检查的主要内容包括:设备外观应完好整洁,无零配件缺失和老化现象;皮带轮、齿轮等机械传动部分的防护措施应齐全有效;各电气设备的接地接零应安全牢固;设备润滑适度,运转正常,无异常声音;设备无漏油、漏水、漏气、漏电等现象;室外施工设备应有防雨、防潮、防晒等防护措施;设备标识和操作规程应齐全。

④机械设备的保养和维修

a. 项目设备管理员应监督设备所属单位,编制主要机械设备维修保养计划,定期检查维修保养计划的实施情况,并做好机械设备维修/保养记录的收集整理。

b. 自有机械设备的维修保养,由设备所属分公司负责组织实施。

c. 分包和租赁设备的维修保养,由设备所属单位负责组织实施。

⑤机械事故的处理

a. 由于使用、维修、管理不当等原因造成机械设备非正常损坏均属于机械设备事故。

b. 发生机械事故后,项目部应立即停止机械运转,保护现场,主动上报。对事故迟报和隐瞒不报者要追究责任,并视情节轻重予以处分。

c. 对各类机械事故,要按"四不放过"(事故原因不清楚不放过,责任者未经处理不放过,群众未受到教育不放过,没有防范措施不放过)原则,严肃处理。

四、监督评价

1. 机械设备需用计划是否科学合理,是否能与施工进度进行匹配,关键节点是否明确。

2. 机械设备配备是否科学、合理,是否能够满足施工进度需要。

3. 机械设备进场验收标准是否明确,验收程序是否合理,验收档案是否有效保存。

4. 各类设备操作是否按照操作规程进行,各类机械设备是否定期保养维护,设备维修是否及时合理。

五、案例解析

1. 案例一:××公司在施工过程中水泥磨主电机烧毁。

事故原因:水泥磨主电机在安装调试时水电阻有一相为串接到电动机绕组,引起局部绝缘老化,点击安装初期已经受到损坏。并且电机频繁启动,每月40次。在改设备首次引起跳闸后,未及时进行排查,最终导致由上级变电所出口开关越级跳闸,导致长时间故障最终烧毁电机,发生重大事故。

案例点评:设备安装过程中缺少专业的检查验收;同时,在问题出现后,该公司未开展有效的控制措施,未及时停止生产进行故障排查,最终导致重大事故发生。

2. 案例二:××公司二线破碎机皮带机破损

事故原因:二线破碎机皮带机带原本就存在跑偏、边缘刮坏现象,但由于一直未进行检查更换,最终造成跑偏突然加重,导致边缘严重刮坏。

案例点评:该公司在设备使用过程中,未进行应有的定期检查,也未对设备采取必要的保养维护,最终造成设备损坏。

工程物资管理

工程物资管理是工程管理的重要组成部分,主要包括采购信息、采购过程、采购物资的验证等方面的物资供应过程管理与存储、发放、调配等使用过程的管理。对供应商活动实施控制,确保采购的物资符合质量、环境、职业健康安全的要求;对物资使用过程中进、销、存等各环节严格管理,对于保证生产经营活动的顺利进行、提高物资产品的质量、节约企业资金、减少资源浪费、降低材料成本、增加企业效益和增强企业竞争力都发挥着不可或缺的作用。

本小节适用于建筑施工行业工程物资管理。

一、控制目标

1. 物资采购申请计划依据充分、科学合理,能有效指导项目采购工作;物资采购计划分解准确,能够有效适应工期要求。

2. 物资采购方式选择既高效便捷又符合相关法律法规的要求。

3. 采购合同签订符合公司及项目规范,保证合同签订合规高效。

4. 物资验收及时准确,符合合同约定及相关验收规范。

5. 物资保管合理科学,物资严格进行分类管理,保证物资安全性及使用效率。

6. 剩余物资回收、物资调拨及物资处置科学合理,符合公司及项目程序,防止相关舞弊行为产生。

二、主要风险

1. 物资采购申请计划依据不充分,可能造成物资申请计划不能与工程进度进行匹配,从而造成工程进度滞后。

2. 采购方式选择不合理,一方面可能降低采购效率,另一方面可能造成采购行为不符合相关法律规定,受到相应的行政处罚。

3. 采购合同签订不及时、合同条款审核不严谨,可能造成相关的法律纠纷。

4. 物资验收不及时或不符合相关验收标准,可能造成物资质量不符合项目要求。

5. 物资保管不到位,可能导致物资损坏或丢失,造成相关的资源损失。

6. 剩余物资回收不及时、处置不科学,可能造成剩余物资遗失、处置有失公允或相关舞弊行为产生。

三、工程物资管理业务流程

1. 业务图解

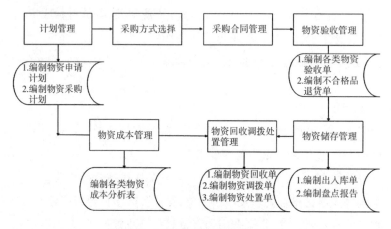

图 5－7　工程物资管理业务流程图

2. 关键节点及控制方法

（1）计划管理

①编制物资申请计划

a. 项目部组建后,项目部根据《施工组织设计》、《专项施工方案》、工程策划书等要求,编制项目物资需用总计划,并根据月度施工计划编制月度物资申请计划,由总工或商务经理审核,并经项目经理批准后,报公司物资设备部审核后实施。

b. 物资申请计划作为制订采购计划和向供应商订货的依据,应注明产品的名称、规格型号、单位、数量、主要技术要求(含质量)、进场日期、提交样品时间等,并填好编号建立台账。

②编制物资采购计划

a. 项目部物资设备部采购人员应根据物资申请计划及经批准的物资采购方案,编制物资采购(招标)计划并报物资设备部经理审批。

b. 经公司授权由项目自行采购的物资采购计划,由项目物资部管理人员编制,项目经理审核,公司物资设备部经理审批。

c. 采购物资应根据申请计划和项目策划书中的方案,编制采购计划,采购计划中应确定采购方式、主办人员、候选供应商/分包商名单和时间等。

d. 物资采购计划应注明产品的名称、规格型号、单位、数量、金额、进场日期、提交样品时间等,并填好编号建立台账。注意:内容要和申请计划相对应。

（2）采购方式选择

①采购方式分类

根据不同物资的技术复杂程度、市场竞争情况、金额、数量等主要分为公开招标、邀请招标、竞争性谈判、询比价及单一来源采购五种方式。具体内容请参照本章第四节"采购业务"执行。

②供应商管理

供应商管理内容包括:供应商准入管理、供应商评价管理、供应商考察、供应商退出及供应商名录管理等内容,详细操作步骤请参照本章第四节"采购业务"执行。

（3）采购合同管理

采购合同管理遵循本章第十二节"合同管理"板块执行。

（4）物资验收管理

工程物资验收是根据合同(计划)及相关技术标准对运达的物资进行检验和收货,所有物资验收必须通过物资检验和试验工作,确保物资质量符合规定要求,项目物资部必须按照采购文件(计划、合同)验收。

①验收依据主要包括:经主管领导审批后的采购计划及供需双方签订的合同。

②验收标准主要包括:国家及地方现行材料标准、行业标准、超过国家及行业的企业标准以及合同中的特殊约定等。

③物资验收类型与方法包括:

a. 供应商进场验证

供应商进场后,项目应依据工程招投标文件及合同,对供应商进行验证,验证主要关注点包括:实际进场情况与供应商承诺是否一致。验证完后收集和保存验证内容的复印件,编制供应商入场验证表。当供应商进场实际情况与其承诺不符时,项目应要求供应商进行纠正或采取其他弥补措施。对不进行纠正也未采取其他弥补措施的供应商,应及时上报至物资设备部,物资设备部经理根据实际情况取消其合格供应商资格。

b. 物资进场验证

项目物资管理人员针对到达项目施工现场的主要工程物资需进行以下验证:

检查物资名称、规格型号及标识铭牌所列内容等是否与采购合同要求相符;计量或点验物资数量,是否与发货单据所注数量相符;物资外观及测量或度量几何尺寸,是否符合相应技术标准及质量等级要求;质量证明文件应全面、清晰地反映工程物资的品种、规格、数量、性能指标等,并与实际进场物资相符;进场(库)建材属于涉及安全、卫生、环保的物资应有相应资质等级检测单位的检测报告,如压力容器、消防设备、生活供水设备、卫生洁具等;是否符合环保相关标准要求;是否满足建设方或工程监理提出的特殊要求。

c. 甲供材料验收管理

甲供材料的验收管理主要包括对货物的质量验收、数量核对等。甲供材料到达使用项目后,项目部应根据合同规定,按照物资检验和试验的相应规定,组织项目材料员等有关人员按照相应材料验收标准会同监理单位、供应商共同对材料进行检验和试验。甲供材料属于直接调拨给施工单位的,还应由施工单位的人员一并进行验收,共同在物资采购入库单上签字确认,保证未经检验或试验的产品不投入使用。对重要的进口物资,必须有相关专业技术人员和建设方代表共同检测、验证,必要时由专业接收单位或项目总工负责,按规定报送法定检验单位(包括国家商检局)进行检测和验证,以保证产品的质量和使用功能。

④不合格物资退换货管理

不合格物资退货条件:物资验收阶段,经查与订单不符或物资资料、外观检查不符的,由项目材料员当场退货给供应商,如复检后不合格的物资,由项目材料员执行不合格品退换程序执行,在产品标识上注明不合格,物资严禁使用。

退货手续:报告商务经理通知供应商迅速将该批物资退场,填写不合格物资记录评审处置表,交项目商务部、公司物资设备部各一份,作为商务索赔和供应商评价的依据。

退货物资出场:需退货的物资出场时应提前做好安排准备工作,按照门卫管理制度,认真填写料具出场申报放行单,注明退场物资的名称、规格、数量、料具所属单位、经办人、车号,必要时可另附材料明细表。无特殊情况夜间不允许材料出场。执行项目材料人员、保卫人员联名会签制度,签字审批不全的料具一律不得放行。项目材料管理人员应和现场保卫人员紧密合作,认真执行现场门卫制度,与相关部门积极配合,做好料具退场的工作。

退货货款回收:退货物资的货款应及时交由项目财务部门审核入账。

(5)物资储存管理

①现场物资存放要求

所有物资均应按施工现场平面布置图的限定位置存放,并按规定进行完整、准确、醒目的物资标识。

料具分区管理:现场各种料具应按照施工平面图统一布置和设置仓库。施工现场的材料存放区必须平整夯实,有排水措施。

钢材管理:钢材堆放应选择地势较高而又平坦的地面,经过平整夯实,并设排水沟道确保无积水。型钢、带肋钢筋、直条圆钢等按类别、规格型号、材质、产地、长度不同,分开存放,一般可采用一头齐的直叠顺码方式。

水泥管理:水泥应在水泥库房内存放,库房采取防雨防潮措施。入库水泥按品种、标号、生产厂家、出厂批号、进场时间不同分别堆放,分别堆放的垛间应留通道,堆放高度为 10 袋,距墙不少于 20 厘米。水泥发放使用要坚持"先进先出"的原则。

砖管理:砖堆放时,要选择地基坚实、平坦、干净的地面,四周设排水沟,垛与垛之间留有通道,以利搬运。砖的堆放,要求一是稳固,二是便于计数,垛法以交错重叠为宜,将砖侧放,每四块顶顺交叉。

轻体砌块管理:轻体砌块内部多孔,吸水后耐冻性差,强度显著降低,存放场地要排水通畅。

砂石管理:砂石应堆放在地势较高并经过硬化的地面上,以防混入泥土或雨水冲失,砂石的堆放高度应不低于 1 米。

石材管理:石材应在库内或棚内堆放,临时性露天堆放应下垫上盖。散置板材一般应直立码垛,光面相对,顺序倾斜设置,倾斜度不大于 15 度,底层与每层之间以弹性材料支垫。

防水卷材管理:应按不同品种、型号和规格的卷材分别堆放,卷材及卷材胶粘剂和胶粘带应贮存在阴凉通风的室内,避免雨淋、日晒和受潮,严禁接近火源。不同品种、规格的卷材胶粘剂和胶粘带,应分别用密封桶或纸箱包装。沥青防水卷材贮存环境温度不得高于 45℃,宜直立堆放,其高度不宜超过两层,并不得倾斜或横压,短途运输平放不宜超过四层。卷材应避免与化学介质及有机溶剂等有害物质接触。

特殊材料的贮存管理:对易燃、易爆、油品、化学危险品及贵重物品应设专库存放,明确专人负责保管,做好标识;对有防潮、防雨和防晒要求的物资,进场后要做好上苫下垫防护工作;对易损坏的物品要保护好外包装,防止损坏;对于有保质期要求的物资,要做到定期检查,防止过期报废;工程设备贮存、保管要防止零部件(配件)丢失,零配件应入库保管。

②现场库房管理

库房物资的保管和发放由各单位的材料员或仓库保管员负责。材料员或保管员应对贮存的库存物资定期组织清点,保持账物相符。在检查中发现的次品、损坏品或过期物资,应当及时予以确认、分离和保护。

③物资标识管理

a. 标识的种类:原材料及其检验状态标识;施工过程的状态标识;施工过程产品的状态及技术资料标识;环境标识;职业健康安全标识。

b. 原材料和施工过程产品的检验状态标识分为以下四类:未经检验;检验待定;检验合格;不合格。

c. 物资标识要求。

④料具出场管理

施工现场的各分承包方,将自有料具带进场时应由项目保卫人员责成项目检验,并将进场料具单送项目物资部备案。料具退场时应提前做好安排准备工作,按照门卫管理制度,认真填写料具出场申报放行单,注明退场材料名称、规格、数量、料具所属单位、经办人、车号,必要时可另附材料明细表。无特殊情况夜间不允许材料出场。料具出场执行项目材料人员、保卫人员联名会签制度,签字审批不全的料具一律不得放行。项目材料管理人员应和现场保卫人员紧密合作,认真执行现场门卫制度,与相关部门积极配合,做好料具退场的工作。

⑤物资盘点管理

项目物资部应按规定按时进行物资库存盘点工作,保证账物相符。物资盘点工作须坚持"岗位不相容"原则和监盘制度,即由项目物资部经理和材料保管人员一起进行实物盘点,同时必须由项目财务等不相关业务人员负责监盘工作。盘点人员应根据盘点结果编制物资盘点报表并签名,材料保管人员、监盘人员复核并签名。项目物资部经理应根据盘点损益情况如实向商务经理出具盘点报告,需做账面调整的由商务经理、项目经理审批同意后方可按规定处置。

⑥物资发放管理

项目材料使用单位应以书面形式指定该单位负责日常材料领用的人员。项目物资部材料员不得将材料发放给其他非指定人员。为控制项目材料成本,减少领用材料的浪费,项目部各相关部门应按施工预算和施工计划编制并审核物资限额领料计划,实行限额领料制度。

(6)物资回收调拨处置管理

①物资回收管理

项目部应设专人负责收集整理工程各施工阶段的剩余材料,并将剩余材料清单按月上报公司物资设备部。对需要回收的剩余物资,由公司物资设备部负责牵头组织落实回收或调拨事宜,项目部配合实施。工程完工后,所有剩余物资都必须回收到周转仓库保管或直接调拨到其他项目使用。回收到周转仓库的物资由物资部负责调配,周转仓库负责回收物资的保管和维修。项目部承担剩余物资回收到公司周转仓库所发生的运费和装卸费。

②物资调拨管理

公司物资设备部根据各项目部的物资申请计划及物资设备的使用情况,在各项目部间或仓库与各项目间互相调拨。由需用调拨物资的项目部向公司物资主管部门提出《物资调拨申请表》,经公司物资主管部门核实、主管领导批准后方可办理调拨。从周转仓库到项目部或从项目部到项目部的物资调拨双方应在物资调拨的同时,根据物资类别的不同分别办理《实体资产调拨单》、《非实体资产调拨单》及《固定资产调拨单》,并将调拨物资的材质证明、采购文件等资料原件或复印件办理书面移交。

③物资处置管理

对项目部具有调拨使用价值的剩余物资严禁作为废旧物资处理。废旧物资处理前,项目部应向公司物资设备部提交《物资处置申请表》,对需要进行变卖处置的工程剩余物资,项目部应将其整理码放,并将《物资处置申请表》、物资处置报告和剩余物资清单上报公司审批。《物资处置申请表》需经项目部相关部门评审,报公司物资设备部审批后方可按程序处理,处置完成后将《物资处置记录》报公司物资设备部,将回收的处置款交财务部。

(7)物资成本管理

项目每月应进行材料成本测算,填写《主材料成本对比分析表》与《周转架料成本分析表》,成本分析要与工程实际进度紧密相关,具有针对性,并制定下一步改进措施。负责指导项目材料组进行风险化解,并报公司物资部备案。

四、监督评价

1. 物资采购计划是否与项目进度计划及资金计划相匹配,是否能够体现经济效益最大化原则。

2. 采购方式选择是否符合国家相关法律规范,未按照相关规范进行的采购活动是否具有充分、可信的事实与理由。

3. 采购合同是否经过有效评审,是否进行有效登记、归档及跟踪。

4. 物资验收标准是否明确、验收程序是否合理、不合格品退回程序是否科学等。

5. 物资现场保管是否得当,是否按照规范进行保存。

6. 物资回收、调拨、处置是否经过相关审批,程序是否合理。

五、案例解析

1. 项目概括

××公司承接某电力短缺、电网分散岛国的跨国电站建设工程项目。该项目在实施过程中,项目组发现由于路途遥远、政策不同等原因,跨国物资采购、运输为项目组带来极大压力,工程物资管理显得极为重要。该项目在物资管理中存在的主要问题有:

物资散,该项目工程物资存在种类多、规格多、数量多的特点,项目组在评审、采购、验收、保存等各环节常常出现记录不清晰、领用无序、管理混乱的问题。

时间散,国际工程项目多数存在边设计、边施工的情况,使得物资流程轨迹从国内的图纸量单核对、计划提交、采购招标、包装运输起,到施工现场的接收储管、开箱查验与安装调试止,整个过程漫长曲折,对项目整体进程存在不利影响。

空间散,由于物资发运源头的分散,也导致其到港集中时间的不一致性与多变性,给集港发运的准备工作带来大量的协调困难。

2. 主要风险

针对上述项目物资管理的问题,其主要风险包括:

成本风险,在项目投标初期,往往由于参与投标支持的设计院经验不足,无法给出相对可参考的材料量单,多需要由投标单位自行估算,且从项目投标到项目执行,又有较长的时间跨度,经常出现因数量、标准、价格变化而造成的成本波动,而 EPC 项目多采用 FIDIC 合同条款,其最重要的要求之一,即为一价全包,所以一旦发生材料费用超出投标价格的情况,则会给整个项目的成本产生巨大的压力。

效率风险,在项目执行过程中,由于物资的计划提交时间、采购储运时间零散,供货范围区域分散等原因,使得在国内做采购支持时,即出现了见单即买、有货即运的情况,而到场后,极易与工程进度需求不一致,导致出现现场施工无法按合同时间截点完成。此外,又给现场的物资管理平添了许多困难。循环往复,由此给整个项目的效率带来一定程度的负面作用,不仅降低了现场的生产效率,而且还会降低资金使用效率,对按期完工造成消极影响。

3. 主要做法

针对该项目在物资管理中存在的风险,项目组采取以下改进方法,以实现工程物资的管控：

从项目设计开始管理。

众所周知，任何工程项目的开始，都是以设计为起点，如果设计准确，变动量小，则会为项目提供强有力的支持。那么，寻找经验丰富的专业设计院，就成了提高项目物资管控水平的第一要素。此外，就我国目前所承接的国际项目而言，以 EPC 项目及 FIDIC 合同为主，不断提高国际项目物资管控部分的模块化、标准化业务水平，适应项目合同规范，也显得十分必要。这样，在项目投标阶段，尽量完成主要物资相对准确的量单核对，在项目执行伊始，基本完成各专业主要物资的招标采购预案，即明确了标准，同时锁定了数量与价格，最终形成了以设计为起点，以项目公司模块化、标准化为基础的专业国际工程承包商物资管控体系。

用集中采购解决"散"的问题。

如何解决单一项目的此类问题，确实非常困难，但目前国内的国际工程承包商，多数执行着多个并行项目，将一个国际项目的"散"，规整为多个并行项目的集中，既可以解决物资、时间、空间的分散问题，又可以有效降低成本，提高工作效率。

建立集中采购制度，又需要同步完成两项配套任务：一是供应链管理。将物资管控作为一个系统进行集成管理，以实现跨越组织流程的重组，通过更加完善的供需关系将供应链上的活动整合起来，实现物资管控整体效率最高，从而获得持续的竞争优势。

二是建集中采购名录。集中采购，并不意味着全部物资都必须通过此方式执行，而是根据工程行业的特点有针对性地对大宗、通用物资进行集中采购管理。限定范围、明确标准，编制可操作的集中采购名录，再依据名录有选择性地建立供应商短名单，最终实现名录内物资的集中采购。

4. 案例点评

为提高国际工程项目物资管理的效率，并控制项目物资成本，减少因物资散、时间散、空间散而造成的潜在风险，还需要切实做到环节改善与人员专业水平的提高。

此外，国际项目由于周期长、技术要求高、施工难度大，必然会出现各种难以预料的困难，希望完美解决材料管控问题是十分困难的。但国际工程企业可以总结以往经验，做到大方向正确、小问题随机应变的理想解决途径。

工程安全管理

工程安全涵盖了在工程作业过程中所有的安全问题并且涉及管理、财务及后勤保障等相关内容。

本小节适用于所有建筑施工行业。

一、控制目标

1. 建立健全工程安全管理相关制度,明确工程安全管理程序。

2. 建立工程安全管理原则和责任体系,确保每项工程项目均有明确的安全责任主体。

3. 明确工程安全目标,制定实现安全目标的相关制度与程序,确保工程安全目标的顺利实现。

4. 建立安全生产责任制,制定"谁主管、谁负责"、"安全生产、人人有责"的原则,明确规定各级领导、职能部门和各类人员在施工活动中应负的安全职责。

5. 明确安全技术措施计划,确保安全技术措施计划得到有效执行。

6. 加强安全教育培训,提高安全意识。

7. 强化安全检查力度,促进安全生产目标的实现。

8. 建立伤亡事故应急处理机制,提高应急处置能力。

二、主要风险

1. 缺乏工程安全管理的制度和流程,可能导致不安全事件的发生。

2. 尚未建立工程安全管理责任体系,难以充分发挥工程安全管理责任。

3. 尚未及时制定安全生产目标,可能导致安全生产工作缺乏目标性。

4. 安全技术措施计划尚未经过审批,可能导致安全技术措施应对不足,产生安全风险。

5. 尚未对广大职工开展安全教育,可能导致职工安全意识薄弱,影响安全生产。

6. 尚未定期对安全生产进行监督检查,尚未形成安全生产有效威慑机制,可能导致不安全事件的发生。

7. 发生安全伤亡事故后,存在瞒报情形。

8. 未重视安全伤亡事故的总结教训,难以弥补工程安全隐患。

三、业务流程分解

(一)业务图解

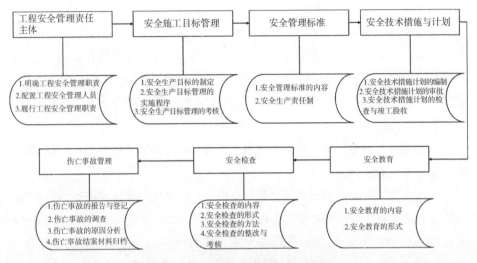

图5-8 工程安全管理业务流程图

(二)关键节点及控制方法

1. 工程安全管理责任主体

(1)明确工程安全管理职责

建立严格的工程安全管理制度,建立健全工程安全管理原则和责任体系,明确各级机构的安全管理职责,促进工程安全工作的有序开展。

(2)配置工程安全管理人员

a. 配备具有相应岗位胜任能力的工程安全管理人员,明确有关工程安全管理人员的责任及分工。

b. 建立工程安全管理原则,确保工程项目每一阶段或分项均有明确的安全负责人,并对该项工程安全负责到底。

c. 结合建筑施工行业特点,针对工程项目进行工程安全管理工作规划,并对设计、监理、总承包等参建单位的工程安全管理工作进行检查与监督。

(3)履行工程安全管理职责

工程安全管理人员需严格履行安全管理职责,全面负责并指导监督现场的施工安全管理工作,其主要关注职责包括但不限于制定安全管理工作程序;制定安全工作管理办法;负责现场安全教育与培训;负责现场的安全检查,发现隐患,查明原因,提出解决措施并督促实施;负责组织现场的安全事故的调查、登记、上报、处理等工作。

2. 安全施工目标管理

(1)安全生产目标的制定

a. 安全施工的目标包括:一是安全生产所要达到的量化目标,二是安全管理水平目标。安全生产所要达到的量化目标包括事故指标、安全教育指标、安全检查整改指标、工业卫生及环境保护指标等;安全管理水平目标是为完成安全生产量化指标所进行的安全管理活动,包括安全教育的手段、方法及安全检查的次数、安全措施计划的实施、现代安全管理手段的实施等。

b. 安全量化目标一般需包括杜绝死亡事故、重伤不超过多少人次、工伤事故平均月频率低于多少。

c. 安全生产目标的制定必须坚持自上而下、先进性、科学性和可行性的原则,包括以上级有关部门提出的安全目标为依据;分析项目的安全生产情况,确定安全目标;拟定目标的完成措施,根据安全施工薄弱环节、关键部位,确定安全管理点;拟定目标完成时间、考核办法,同时考虑阶段目标的设置。

(2)安全生产目标管理的实施程序

a. 安全生产目标确定以后必须按照目标体系展开,把目标展开到相关部门,以便落实目标责任。

b. 按照安全生产总目标的要求,制定目标实施措施,即制订年、季、月安全生产工作计划。

c. 对目标实施情况按不同实施阶段进行检查。

d. 对目标实施中的问题提出整改措施,定期或不定期地讲评整改情况。

e. 对遗留问题转入下一年度目标的确立。

(3)安全生产目标管理的考核

安全生产目标的实施经过检查后,应对实施情况、取得的成果进行评价,并把成果评价与奖惩结合起来,激励目标执行者的自觉性。

3. 安全管理标准

(1)安全管理标准的内容

建筑施工企业应根据相关法律规范,制定安全管理标准。安全管理标准的主要内容包括:

a. 国外项目施工,应遵守所在国的有关安全、环保等标准及其法规。

b. 国内项目施工,应遵守国家有关施工安全规程和安全工作条例。

c. 建筑施工企业安全管理部门应编制施工安全手册和管理计划,规定通用的施工安全管理程序和安全操作规程。在组织具体项目的施工时,应编制施工安全管理计划。

（2）安全生产责任制

a. 建筑施工企业应将安全生产责任制作为安全生产管理中最基本的一项制度。

b. 建筑施工企业应根据"谁主管、谁负责"、"安全生产、人人有责"的原则,以标准或制度的形式明确规定各级领导、职能部门和各类人员在施工活动中应负的安全职责。

c. 建筑施工企业应把安全和施工统一起来,做到层层有分工,事事有人管,人人有专责,切实做好施工安全管理工作。

4. 安全技术措施与计划

（1）安全技术措施计划的编制

a. 建筑施工企业应根据施工特点和施工过程的问题,在编制施工计划或施工方案时考虑安全技术措施。

b. 安全技术措施计划的编制,应与生产经营计划的编制同时进行,并纳入生产经营计划。

c. 安全技术措施计划的编制,应纳入施工管理的重要议事日程,并由施工经理负责组织实施。

d. 安全技术措施计划编制的范围应涵盖安全技术、工业卫生、辅助房屋及设施、安全生产宣传教育等内容。

e. 安全技术措施计划由各基层单位提出,建筑施工企业安全管理部门汇总。安全技术措施计划内容包括:项目名称、项目位置、安全技术措施的使用、操作程序或流程,所需机具、材料、设备,所需人工、费用,预计实现时间、项目负责人等。安全技术措施计划编制完成后应提供项目可行性报告一份。

f. 建筑施工企业安全管理部门应根据各基层单位提出的安全技术措施计划内容,编制项目年度安全技术措施计划。

（2）安全技术措施计划的审批

a. 项目年度安全技术措施计划应经过项目有关经营计划平衡会议审核确定、批准。

b. 经批准的项目年度安全技术措施计划应在建筑施工企业年度固定资产更新改造计划中列项发布执行。

(3)安全技术措施计划的检查与竣工验收

a. 建筑施工企业安全管理部门在检查施工计划的同时,应检查项目年度安全技术措施计划的落实执行情况。

b. 实施安全技术措施计划项目竣工后应由安全管理部门会同其他有关部门对项目竣工进行检查验收。

c. 实施安全技术措施计划项目竣工投入使用三个月后由使用单位提出技术总结报告,对其经济效果和存在问题提出书面评价。

5. 安全教育

(1)安全教育的内容

a. 建筑施工企业应加强安全教育,提高广大职工的安全技术水平,强化安全意识。

b. 建筑施工企业安全教育内容应包括思想教育、劳动保护方针政策教育、安全技术知识教育、先进典型经验和事故教训教育等。

(2)安全教育的形式

a. 建筑施工企业应对特种作业人员加强安全教育。

b. 建筑施工企业应对工伤伤愈人员复工前进行复工教育。

c. 对于内部岗位调动的,如不涉及工种改变的,由调入基层单位进行安全教育;如涉及工种改变的,由安全管理部门进行正式安全培训,考试合格后方可上岗操作。

d. 凡在施工中违章作业、违章指挥的人员,必须按违章情节接受口头或培训人员的安全教育。违章情节严重的应停止工作并由安全管理部门进行不少于24小时的违章教育,接受违章处罚后回岗工作。

e. 施工现场所有职工每年应按照实际施工生产情况接受不少于16小时的本专业、工种的安全教育,并经安全考试合格。

6. 安全检查

(1)安全检查的内容

a. 建筑施工企业应对照有关安全生产方针、政策、法令,检查施工人员的安全意识。

b. 建筑施工企业应重点检查项目施工现场的安全管理状况。

c. 建筑施工企业应检查施工现场各种不安全因素、隐患存在情况和施工操作者的作业状况等。

d. 建筑施工企业应检查各类事故的调查、分析、上报等是否准确及时;是否做到了事故原因不清不放过、事故责任者和群众没有受到教育不放过、没有防范措施不放过。

（2）安全检查的形式

建筑施工企业应根据实际情况，选用不同的安全检查方式，如联合检查组、自检、专业性检查等。

（3）安全检查的方法

建筑施工企业应综合使用检查表法、专业项目测定法、抽检法、考试法、综合评价法等进行安全检查工作。

（4）安全检查的整改与考核

a. 建筑施工企业在安全检查中发现的不安全因素和隐患，应逐级整改和反馈，并限期提出整改措施。

b. 对于没有按时整改的事项，发生事故后追查整改负责人及领导的责任。

c. 对迟迟不整改的部门提出警告，严重者给予处罚并追究责任。

7. 伤亡事故管理

（1）伤亡事故的报告与登记

建筑施工企业在职工发生伤亡事故时必须根据有关规定，按要求及时层层上报、认真登记，施工项目有关领导对事故报告的准确性、及时性负责。

（2）伤亡事故的调查

a. 建筑施工企业在安全事故发生后，应根据事故严重程序，分级组成事故调查组，负责事故调查工作。

b. 事故发生后，应立即救护受害者，并采取措施防止事故蔓延扩大。为抢救受伤者需移动现场某些物体时，必须做好标记。

c. 在事故现场收集到的物件都应贴上标签，注明地点、空间，所有物证应保持原样，不准冲洗擦拭。

d. 事故调查组应重视事故事实材料的收集。向事故直接、间接当事人取证。对事故现场进行拍照或录像。绘制事故现场示意图、流程图、平面图，标定受伤者位置和事故发生原点。

（3）伤亡事故的原因分析

a. 事故分析必须坚持实事求是。

b. 对事故原因进行分析，需依据相关法律法规及建筑施工企业规章制度。

c. 伤亡事故原因确定结论应由事故调查组成员签字确认。

（4）伤亡事故结案材料归档

a. 伤亡事故结案后，应归档事故的所有资料，任何人不能因任何理由损毁、遗弃伤亡事故相关材料。

b. 伤亡事故结案材料未有相应的审批程序外，任何人不准查询借阅。

四、监督检查

1. 工程安全管理责任主体

（1）明确工程安全管理职责

a. 检查建筑施工企业是否建立了工程安全管理制度。

b. 检查建筑施工企业是否建立了工程安全管理原则和责任体系，是否明确各级机构的安全管理职责。

（2）配置工程安全管理人员

a. 检查建筑施工企业是否已足额配备具有相应岗位胜任能力的工程安全管理人员。

b. 检查是否已经明确了工程安全管理人员的责任及分工。

c. 检查是否对设计、监理、总承包等参建单位的工程安全管理工作进行检查与监督。

（3）履行工程安全管理职责

抽样检查工程安全管理人员是否履行安全管理职责。检查内容包括但不限于：是否制定安全管理工作程序；是否制定安全工作管理办法；是否负责现场安全教育与培训；是否负责现场的安全检查；是否负责组织现场的安全事故的调查、登记、上报、处理等工作。

2. 安全施工目标管理

（1）安全生产目标的制定

a. 检查建筑施工企业是否制定了量化的安全目标。

b. 检查建筑施工企业是否制定了安全生产目标。

（2）安全生产目标管理的实施程序

a. 检查安全生产目标是否进行了分级，是否把目标展开到相关部门。

b. 检查是否制订年度、季度、月度安全生产工作计划且经过相应审批程序。

c. 检查是否对目标实施中的问题整改情况进行评价。

（3）安全生产目标管理的考核

检查是否将安全生产目标的实施成果、评价结果与奖惩结合起来。

3. 安全管理标准

(1)安全管理标准的内容

a. 检查建筑施工企业安全管理部门是否已编制施工安全手册和管理计划。

b. 检查建筑施工企业在组织具体项目的施工时,是否编制施工安全管理计划。

(2)安全生产责任制

a. 检查建筑施工企业是否明确安全生产责任原则。

b. 检查建筑施工企业是否以标准或制度的形式明确规定各级领导、职能部门和各类人员在施工活动中应负的安全职责。

4. 安全技术措施与计划

(1)安全技术措施计划的编制

a. 检查建筑施工企业是否在编制施工计划或施工方案时考虑安全技术措施。

b. 检查安全技术措施计划的编制是否与生产经营计划的编制同时进行,并纳入生产经营计划。

c. 检查安全技术措施计划编制的范围是否涵盖安全技术、工业卫生、辅助房屋及设施、安全生产宣传教育等内容。

d. 检查安全技术措施计划编制时是否提供项目可行性报告。

(2)安全技术措施计划的审批

a. 检查项目年度安全技术措施计划是否经过项目有关经营计划平衡会议审核确定、批准。

b. 检查经批准的项目年度安全技术措施计划是否及时发布执行。

(3)安全技术措施计划的检查与竣工验收

a. 检查建筑施工企业安全管理部门是否对项目竣工进行检查验收。

b. 检查实施安全技术措施计划项目是否在竣工投入使用三个月后由使用单位提出技术总结报告,对其经济效果和存在问题提出书面评价。

5. 安全教育

(1)安全教育的内容

检查建筑施工企业是否定期对广大职工进行安全教育。

(2)安全教育的形式

a. 检查建筑施工企业是否对特种作业人员进行安全教育。

b. 检查建筑施工企业是否对工伤伤愈人员复工前进行复工教育。

c. 对于内部岗位调动的,如不涉及工种改变的,检查是否由调入基层单位进行安全教育;如涉及工种改变的,检查是否由安全管理部门进行正式安全培训,检查是否考试合格后安排上岗操作。

d. 检查是否存在施工中违章作业、违章指挥的人员情况出现。

e. 检查施工现场所有职工每年是否接受不少于16小时的本专业、工种的安全教育且经安全考试合格。

6. 安全检查

(1)安全检查的内容

a. 检查评价建筑施工企业施工人员的安全意识是否满足要求。

b. 检查建筑施工企业施工现场的安全管理状况是否符合规定。

c. 检查建筑施工企业对各类事故的调查、分析、上报等是否准确及时;是否做到事故原因不清不放过、事故责任者和群众没有受到教育不放过、没有防范措施不放过。

(2)安全检查的形式

检查评价建筑施工企业不同的安全检查方式的适用性。

(3)安全检查的方法

检查评价建筑施工企业安全检查方法的适用性。

(4)安全检查的整改与考核

检查评价建筑施工企业安全检查整改的完成情况。

7. 伤亡事故管理

(1)伤亡事故的报告与登记

检查建筑施工企业在职工发生伤亡事故时是否及时上报并登记。

(2)伤亡事故的调查

检查建筑施工企业伤亡事故调查程序及结论是否客观。

(3)伤亡事故的原因分析

检查伤亡事故原因分析是否实事求是,证据是否充分。

(4)伤亡事故结案材料归档

检查已结案的伤亡事故相关材料是否齐全,归档是否及时。

五、案例分析

(一)案例简介

2007年5月30日,安徽省合肥市某市政道路排水工程在施工过程中,发生一起边坡坍塌事故,造成4人死亡,2人重伤,直接经济损失约160万元。

该排水工程造价约 400 万元,沟槽深度约 7m,上部宽 7m,沟底宽 1.45m。事发当日在浇筑沟槽混凝土垫层作业中,东侧边坡发生坍塌,将一名工人掩埋。正在附近作业的其余几名施工人员立即下到沟槽底部,从南、东、北三个方向围成半月形扒土施救,并用挖掘机将塌落的大块土清出,然后用挖掘机斗抵住东侧沟壁,保护沟槽底部的救援人员。经过约半小时的救援,被埋人员的双腿已露出。此时,挖掘机司机发现沟槽东侧边坡又开始掉土,立即向沟底的人喊叫,沟底的人听到后,立即向南撤离,但仍有 6 人被塌落的土方掩埋。

根据事故调查和责任认定,对有关责任方做出以下处理:施工单位负责人、项目负责人、监理单位项目总监等 4 名责任人移交司法机关依法追究刑事责任;施工单位董事长、施工带班班长、监理单位法人等 13 名责任人分别受到罚款、吊销执业资格证书、记过等行政处罚;施工、监理等单位受到相应经济处罚。

(二)案例分析

1. 直接原因

沟槽开挖未按施工方案确定的比例放坡(方案要求 1:0.67,实际放坡仅为 1:0.4),同时在边坡临边堆土加大了边坡荷载,且没有采取任何安全防护措施,导致沟槽边坡土方坍塌。

2. 间接原因

(1)施工单位以包代管,未按规定对施工人员进行安全培训教育及安全技术交底,施工人员缺乏土方施工安全生产的基本知识。

(2)监理单位不具备承担市政工程监理的资质,违规承揽业务并安排不具备执业资格的监理人员从事监理活动。

(3)施工、监理单位对施工现场存在的违规行为未及时发现并予以制止,对施工中存在的事故隐患未督促整改。

(4)未制订事故应急救援预案,在第一次边坡坍塌将一人掩埋后盲目施救,发生二次塌方导致死亡人数增加。

(三)案例启示

这是一起由于违反施工方案、现场安全管理工作缺失而引起的生产安全责任事故。事故的发生暴露出施工单位以包代管、监理单位不认真履行职责等问题。我们应从事故中吸取教训,认真做好以下几方面工作。

1. 沟槽施工采取自然放坡是土方施工保证边坡稳定的技术措施之一,必须根据土质和沟槽深度进行放坡。深度为 7m 的沟槽施工属于危险性较大的分项工程,不但要编制安全专项施工方案,而且还应进行专家论证,并建立保证安全措施落实的监督机制。

2. 按规定对土方施工人员进行安全培训教育及安全技术措施交底,提高其应急抢险能力。总包单位应按照规定制订"土方施工专项应急救援预案",发生事故时,统一指挥、科学施救,才能避免事故扩大。

3. 落实工程总包、分包、监理单位的安全监督管理责任。严格按照相应资质等级,从事施工、监理活动。

施工质量管理

工程施工质量就是按照项目质量计划(或施工质量计划)的要求,对施工中各个阶段(施工准备阶段、技术准备阶段、施工阶段、竣工阶段)影响工程施工质量的五大要素(人、材料、机械、方法、环境)进行有效的控制。

一、控制目标

1. 建立健全施工质量管理相关制度,明确施工质量管理程序。

2. 明确施工质量与检验标准,提高施工质量检验的可操作性。

3. 明确施工质量责任人员岗位职责,建立可量化的岗位责任体系。

4. 加强施工准备阶段质量管理,确保工程项目稳步推进。

5. 加强技术准备阶段质量管理,提高技术质量。

6. 加强施工阶段质量管控,确保工程质量。

7. 加强竣工阶段质量验收,确保工程质量。

8. 加强施工质量教育培训,增强质量意识。

9. 强化施工质量检查力度,提高工程项目质量。

二、主要风险

1. 缺乏施工质量管理的制度和流程,可能会导致工程质量事故的发生。

2. 尚未明确施工质量责任人员岗位质量,难以充分发挥施工质量管理责任。

3. 尚未对施工准备阶段进行质量控制,可能导致施工标准、施工人员、施工机械、施工场地等难以满足施工质量要求。

4. 尚未对施工技术准备阶段进行质量控制,可能导致施工技术水平不符合施工质量要求,影响后续施工阶段的顺利进行。

5. 尚未对施工阶段进行质量控制,可能难以识别施工过程中的质量风险因素,发生质量事故。

6. 尚未对竣工阶段进行质量控制,可能导致工程质量不符合要求,导致成本增加。

三、业务流程分解

（一）业务图解

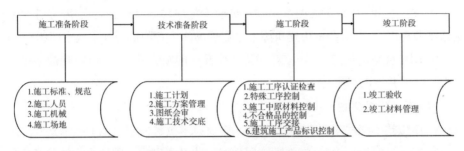

图 5-9　施工质量管理业务流程图

（二）关键节点及控制方法

1. 施工准备阶段

（1）施工标准、规范

建筑施工企业应根据与用户签订的工程承包合同,结合工程项目的具体特点,确定、收集本项目施工与检验所依据的标准、规范,报用户确认后,作为工程项目在实施过程中工程施工质量与检验的标准。

（2）施工人员

建筑施工企业应根据项目所需施工人员,结合人员素质以及项目的施工复杂程度,确定人员培训计划。

（3）施工机械

建筑施工企业应根据承包项目的工作范围、项目的施工复杂程度、项目采用的主要施工技术方案和实际机具装备情况,进行项目所需施工机具动员计划。

（4）施工场地

工程施工前,施工现场应确保符合相应施工条件,临时设施应满足生产需要。

2. 技术准备阶段

（1）施工计划

项目开工应具有经批准的施工计划。施工计划内容应涉及项目机构设置、管理办法、施工部署和施工技术等。施工计划编写好后完成有关签字手续,在项目中严格按其实施执行。

（2）施工方案管理

各工程施工前,必须编制施工技术方案。在施工过程中,加强施工技术方案的管理,各方案应按其审批程序进行审批。凡是已经批准的施工方案在施工中必须严格执行,不得随意修改,修改时应按有关程序执行。

（3）图纸会审

a. 图纸会审组织,工程图纸须按图纸会审程序对施工图进行会审,专业会审由施工公司组织,综合会审由建筑施工企业现场施工管理部门技术人员组织。

b. 图纸会审的内容,主要核对有关部分设计的吻合性和一致性,使问题暴露在施工之前并加以解决。

（4）施工技术交底

a. 施工技术交底组织:应由建筑施工企业技术负责人组织施工技术交底。

b. 施工技术交底内容:在技术交底中对一些经常出现的质量通病提前做好预防措施,要求施工人员严格按照操作规程施工,同时应对施工中的原材料进行材料合格检查,严禁不合格材料在施工中使用。

3. 施工阶段

（1）施工工序认证检查

a. 各施工工序根据质量控制点明细表确定其控制级别,并按质量控制程序的要求,经过规定级别的检查。确认符合质量检验标准要求的,予以认证,继续进行下一工序的作业,并报施工进度。未经认证检查的,不得进行下一工序作业。

b. 检查前所有控制点均先由施工班组进行自检,发现问题不但要及时处理,而且要认真填写自检记录。

c. 在施工中施工人员不仅要立足于本工序的质量控制,同时还要监督保护上工序,优质服务下工序。

d. 在认证检查中,对发现的质量问题和质量隐患,应向基层施工单位发放书面的工程质量整改通知,促使其整改,消除质量问题和质量隐患。

（2）特殊工序控制

建筑施工企业在施工阶段应加强对特殊工序的质量控制。

（3）施工中原材料控制

建筑施工企业在施工项目和施工工序作业前,应对工程使用的原材料进行质量检查和控制,防止不合格原材料流入施工现场。

a. 建筑施工企业应对业主提供的产品进行控制,确保承包项目的施工质量,防止不合格产品流入施工现场。

b. 建筑施工企业采购部门应组织对业主提供的产品进行控制。按照产品清单及有关文件进行验证,如发现缺件、待修复件、不合格件等应做出记录,并向业主报告,跟踪解决措施。

c. 业主提供的产品一经验收,即纳入建筑施工企业的管理和控制范围,按有关程序和规定进行管理与控制。

d. 建筑施工企业应对业主提供的产品及时做出标识,以便在加工或使用中进行追溯。

e. 建筑施工企业负责现场材料的质量控制。基层施工单位采购的材料由基层施工单位负责其质量控制,建筑施工企业对其材料质量进行监控。

f. 建筑施工企业材料部门负责采购的原材料质量和原材料出厂合格证或质检证明书原件的索取、数据判定,确保采购合格的原材料。

g. 建筑施工企业材料部门对发放的施工原材料认真负责,无材料合格证或与实物不符的材料不得发放。

h. 建筑施工企业材料部门发出的材料合格证或质检证明书抄件,应注明发出数量,并由负责人签字,加盖公章。

i. 建筑施工企业质量监督部门应对采购的原材料的质量指标、外观质量进行抽检。若发现不合格原材料流入施工现场或用于工程项目,有权提出退货或禁止该批原材料使用。

(4) 不合格品控制

a. 建筑施工企业应及时处理原材料和施工过程中出现的不合格品,并对施工中可能出现的不合格品进行预防,防止不合格品的产生。

b. 建筑施工企业应明确原材料不合格品和施工过程中出现的不合格品的管理职责。

c. 对于不合格品,应由检查人员填写不合格品报告。

d. 在施工过程中发现不合格品,应立即中止施工,并由发现人员及时报送质量监督部门对该不合格品进行标识。

e. 原材料或设备等出现不合格品应单独存放、专人保管。

(5) 施工工序交接

a. 建筑施工企业在施工过程中,应做好施工工序交接工作,保证每道工序的工作质量。

b. 工序交接前,依据合同规定或国家、部等颁布的施工规范、规程及设计图纸对已完工工序进行自检、互检和专检。

c. 工序交接前,交接单位应填好工序交接记录。

(6)建筑施工产品标识控制

a. 在施工过程中,建筑施工企业应对施工原材料和施工过程进行适当的标识,防止施工中错用,并保证对建设施工产品的形成过程进行追溯。

b. 设备材料入库标识由建筑施工企业材料管理部门进行建立并负责日常管理工作。

c. 设备材料出库标识由领用单位在设备材料出库单上注明设备材料具体单位,并在出库单上签字,库房管理人员核实后方可发货,同时交付合格证、质量证明书等。

d. 施工过程中标识由材料管理人员填写有关设备质量记录或将原材料标识转移到余料上。

e. 现场堆放保管的材料,材料管理人员负责悬挂明显的材料牌,材料牌上的内容应与材料出库单一致,所标识的材料用完后材料牌应妥善处理,以免误用材料。

f. 在施工中发现标识消失或损坏时,责任部门应根据原始记录及时补设。

4. 竣工阶段

(1)竣工验收

工程竣工验收是施工的最后一道工序,是全面考核项目建设成果,检查设计、施工质量的重要环节。具体内容请见"工程交(竣)管理"。

(2)竣工资料管理

施工项目完工后,建筑施工企业应及时整理竣工资料,并在有关资料中一定要加盖"竣工资料"印章。

四、监督检查

1. 施工准备阶段

(1)施工标准、规范

检查建筑施工企业是否建立了项目施工与检验所依据的标准、规范,并报用户确认后,作为工程项目在实施过程中工程施工质量与检验的标准。

(2)施工人员

检查建筑施工企业是否根据项目所需施工人员,确定人员培训计划。

(3)施工机械

检查建筑施工企业是否进行项目所需施工机具动员计划。

2. 技术准备阶段

(1)施工计划

检查已开工项目是否具有施工计划,检查该施工计划是否经过相关权力机构批准。

(2)施工方案管理

检查已开工工程是否编制施工技术方案,检查该施工技术方案是否按其审批程序进行审批。

(3)图纸会审

检查工程图纸是否进行会审,是否由会审人员签字确认。

(4)施工技术交底

检查建筑施工企业负责人是否组织进行施工技术交底工作。

3. 施工阶段

(1)施工工序认证检查

a. 检查施工工序是否符合质量检验标准要求,是否获得认证。

b. 检查前所有控制点是否均由施工班组进行自检,并保留自检记录。

(2)特殊工序控制

检查建筑施工企业在施工阶段是否加强对特殊工序的质量控制。

(3)施工中原材料控制

检查建筑施工企业在施工项目和施工工序作业前,是否对工程使用的原材料进行质量检查和控制。

a. 检查建筑施工企业采购部门是否对业主提供的产品进行控制。

b. 检查建筑施工企业是否对业主提供的产品做出标识,以便在加工或使用中进行追溯。

c. 检查建筑施工企业现场材料的质量控制情况是否符合要求。

d. 检查建筑施工企业是否存在无材料合格证或与实物不符的材料被发放的情况。

e. 检查建筑施工企业发出的材料合格证或质检证明书抄件是否注明发出数量,并由负责人签字,加盖公章。

(4)不合格品控制

a. 检查建筑施工企业是否明确原材料不合格品和施工过程中出现的不合格品的管理职责。

b. 对于不合格品,检查是否是检查人员填写不合格品报告。

c. 检查原材料或设备等出现不合格品时是否单独存放、专人保管。

（5）施工工序交接

a. 工序交接前，是否对已完工工序进行自检、互检和专检。

b. 工序交接前，交接单位是否做好工序交接记录。

（6）建筑施工产品标识控制

a. 检查建筑施工企业在施工过程中是否对施工原材料和施工过程进行适当的标识。

b. 检查是否建立设备材料入库标识。

c. 检查是否建立设备材料出库标识。检查出库单是否由相关责任人员签字确认。

d. 检查现场堆放保管的材料是否悬挂明显的材料牌。

e. 对施工现场进行检查，检查是否存在标识消失或损坏的情况。

4. 竣工阶段

（1）竣工验收

具体内容请见"工程交（竣）管理"。

（2）竣工资料管理

检查已完工施工项目，是否及时整理竣工资料，并在有关资料中加盖"竣工资料"印章。

五、案例分析

（一）案例简介

某单位科研楼工程，框架结构，地上 2 层，建筑面积 10266 ㎡，2008 年 7 月 20 日开工，2010 年 5 月 20 日竣工。本工程屋面采用卷材防水，防水保护层采用水泥预制砖。在连续潮湿高温的天气下，防水卷材和屋面砖发生了鼓起和变形。

（二）案例分析

经过现场勘探和屋面构造做法分析，可能有以下几方面原因所致：

（1）本屋面工程保温材料的施工采用正置式保温方法，即把保温层置于屋面防水层与结构层之间。保温材料被密闭在屋面防水层内部，由于天气潮湿防水层下面的湿气不能得到及时的排出，气体膨胀从而造成防水卷材鼓起。

（2）屋面构造比较复杂，施工人员在施工过程中未按要求检查排气管道是否通畅，部分排气管道堵塞，致使防水层下部空间湿气膨胀又不能及时排出，造成防水层和屋面砖鼓起开裂。

（3）由于屋面砖的鼓起对屋面防水卷材产生拉力（屋面砖和防水卷材之间通

过水泥砂浆粘接)严重,造成屋面防水卷材被拉裂,导致屋面渗漏的现象发生,同时也造成防水卷材的使用年限大大降低及经济上的重大损失。

(三)案例启示

在施工过程中,施工人员未及时发现排气管道被堵塞,防水层下部湿气无法及时排出,导致保温层内部水气膨胀,防水层被拉裂和屋面砖鼓起开裂。

屋面排气管道应按照《屋面工程质量验收规范》(GB50207-2002)中第4.3.20条的规定执行:"排气屋面排气道应纵横贯通,不得堵塞。排气管应安装牢固,位置正确,封闭严密。"

该工程在施工中设置的分格面积不标准,为了防止上述问题的发生,应按照《屋面工程质量验收规范》(GB50207-2002)中第4.3.14条的规定执行:"块体材料保护层应留设分格缝,分格面积不宜大于 $100m^2$,分格缝宽度不宜小于20mm。刚性保护层与女儿墙、山墙之间应预留宽度为30mm 的缝隙,并用密封材料嵌填严密。"

加强对施工人员的培训,提高施工人员的质量意识,落实施工作业的技术、质量、安全等方面的交底。

施工管理人员应尽到其管理责任,严格施工程序的检查和验收,不能把不合格质量带入下道工序,尽职尽责才能有好的质量效果。

工程环保管理

工程环保管理是根据国家"全面规划、合理布局、综合利用、化害为利、依靠群众,大家动手、保护环境、造福人民"的环境保护工作方针,施工期间必须遵守国家和地方所有关于控制环境污染的法律和法规,采取有效的措施防止施工中的燃料、油、沥青、化学物质、污水、废料、垃圾以及弃方等有害物质对河流、水库的污染,防止扬尘、噪声、汽油及有害气体等物质对大气的污染,在居民生活区的施工,一般情况下把作业时间限定在7:00—20:00,避免深夜作业。

加强对施工人员的教育与管理,施工期间,应保护野生动物,严禁捕猎;保护自然资源、树木、花草及农作物。

一、控制目标

1. 建立健全工程环保管理相关制度,明确工程环保管理程序。

2. 建立工程环保管理原则和责任体系,确保工程项目具有明确的安全责任主体。

3. 加强环保教育培训,提高环保意识。

4. 强化环保检查力度,促进可持续发展。

二、主要风险

1. 缺乏工程环保管理的制度和流程,可能会突发环境事件。

2. 尚未建立工程环保管理责任体系,可能难以强化相关责任岗位的环保意识。

3. 尚未对广大职工开展环保教育,可能导致职工环保意识薄弱,影响企业可持续发展。

4. 环境保护投入不足,资源耗费大,造成环境污染或资源枯竭,可能导致企业巨额赔偿、缺乏发展后劲,甚至停业。

三、业务流程分解

(一)业务图解

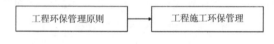

图 5 - 10　工程环保管理业务流程图

(二)关键节点及控制方法

1. 工程环保管理原则

(1)建筑施工企业应当按照国家有关环境保护的规定,建立环境保护相关制度,降低污染物排放水平,提高资源综合利用效率。

(2)建筑施工企业应当通过宣传教育等有效形式,不断提高员工的环境保护意识。

(3)建筑施工企业应当重视生态保护,加大对环保工作的人力、物力、财力的投入和技术支持,不断改进工艺流程,降低能耗和污染物排放水平,实现清洁生产。

(4)建筑施工企业应当加强对废气、废水、废渣的综合治理,建立废料回收和循环利用制度。

(5)建筑施工企业应当建立环境保护和资源节约的监控制度,定期开展监督检查,发现问题,及时采取措施予以纠正。污染物排放超过国家有关规定的,企业应当承担治理或相关法律责任。

(6)发生紧急、重大环境污染事件时,应当启动应急机制,及时报告和处理,并依法追究相关责任人的责任。

(7)建筑施工企业实行环境保护岗位责任制度,依据谁在岗谁负责、谁主管谁负责的原则,依据责任明确、落实到人、分工负责、齐抓共管的原则,依据分级管理、各负其责、逐级监督管理的原则,依据"一岗双责"的原则,开展环境保护管理工作。

2. 工程施工环保管理

(1)建筑施工企业在施工过程中,应严格执行国家的现行环境保护法律法规标准及相关的环境保护设计文件要求,采取有效措施防止、减轻对施工场地和周围环境的影响,防治污染的设施应当符合经批准的环境影响评价文件的要求,不得擅自拆除或者闲置。

(2)建筑施工企业须严格按照合同中的环保条款进行施工,使用低耗能、低污染的施工设备及材料,并优化施工方法,秉承工程施工与环境保护相结合的理念,杜绝破坏环境的野蛮施工。

四、监督检查

1. 工程环保管理原则

(1)检查建筑施工企业是否建立环境保护相关制度。

(2)检查建筑施工企业是否通过宣传教育等有效形式,不断提高员工的环境保护意识。

(3)检查建筑施工企业是否对环保工作的人力、物力、财力和技术支持进行投入。

(4)检查建筑施工企业是否对废气、废水、废渣进行综合治理,是否建立废料回收和循环利用制度。

(5)检查建筑施工企业是否建立环境保护和资源节约的监控制度。

(6)检查是否制定突发环境应急预案机制,检查在发生紧急、重大环境污染事件时,是否及时启动应急机制。

(7)检查建筑施工企业是否落实环境保护岗位责任制度。

2. 工程施工环保管理

（1）检查建筑施工企业在施工过程中，是否重视环境保护工作，是否存在污染环境的情况。

（2）检查建筑施工企业是否严格按照合同中的环保条款进行施工。

五、案例分析

（一）案例简介

连云港市某化工有限公司的前身是区属化工企业，生产多种化工及其他产品，拥有专用劳动保护手套生产线。这条生产线因产成本高，市场销售不景气，已停产一年多。连云港市天润化工有限公司是一家民营高科技企业，董事长是原连云港市某化工研究所所长。该公司新近开发的氨纶丝废料综合利用项目，即开发废料氨纶丝代替 PVC 树脂原料技术，生产浸塑劳保手套，经过多次尝试取得了成功。天润化工有限公司为了尽快将技术转化为生产力，选择了连云港某化工有限公司为合作伙伴。经过商洽，天润公司自带配方原料，利用连云港某化工有限公司停产一年多的劳动保护手套生产线进行试验，准备投入生产。按照约定时间，连云港某化工公司副总经理组织工人在乳胶车间已做好了各项试验准备工作。天润公司几位高级工程技术人员将试验材料带到乳胶车间，由连云港某化工公司副总经理把一个大桶内的 DMF 倒入一个小塑料桶，试验人员何某将其倒入水浴槽试验桶，并将一部分氨纶丝加入试验桶，接着在试验桶里搅拌。经过一段时间试验，没有明显的气味产生。这时，在场的高工汪某某认为温度上不来，副总经理随手把进气阀拧大，不一会儿室外大量蒸汽被北风吹入车间内，影响生产视线。汪某某提出将排气阀门留一点松动，于是副总经理找来一闸阀安装到排气管上，将阀门拧小，使少量蒸汽排出。有人提出不行，需要加疏水阀，汪某某说以前他们都没有使用疏水阀，只要阀门松动就行。时间临近中午，乳胶车间试验槽发生了爆炸，造成四名高级知识分子先后死亡。

（二）案例分析

造成这起事故的主要原因，是这一试验的项目指导人、高级工程师汪某某，在不了解设备性能的情况下，将非承压容器当作承压容器使用，指使他人在试验设备上增设阀门，使槽内水升温升压并导致爆炸。用于试验的水浴槽试验桶，是原浸塑车间用于手套挂塑或挂胶物料保温的全封闭长形设备。槽内水经蒸汽加热至 70℃ ~80℃ 后，模具上纱手套放置桶内完成挂胶或挂塑。正常使用时，因水浴槽试验桶上部设有一根排气管直通室外大气，槽内 40℃ ~80℃ 的热水不会汽化升压。而在试验过程中,这根通向室外的排气管被安装上了阀门,把非承压容器当作承压容器使用,又没有采取相应的减压措施,为事故发生创造了条件。

造成事故的重要原因,是几位高级知识分子安全意识淡薄,双方在洽谈试验的过程中,项目负责人对一年多来未使用的生产线不做详细了解,对产品试验所需的设备要求也没有向参与试验人介绍。连云港某化工公司副总经理虽然对生产设备熟悉,但心中毫无安全意识,在试验过程中,汪某某要求加装阀门,他竟然没有提出任何异议。当现场有人提出加装阀门需要加疏水阀时,副总经理也没有采纳,错过了避免事故发生的时机。

(三)案例启示

这起事故,造成连云港某化工有限公司分管生产设备的副总经理、原连云港市某化工研究所退休所长成某、原连云港市某化工研究所退休所长汪某、市某化工研究中心主任何某四人死亡,令人痛心。事故的教训也是非常深刻的。这起事故中的死者都是高级知识分子,他们虽然掌握着先进的科学技术,但在现场试验过程中缺乏具体操作经验,而且也缺乏安全意识。在安全生产中,不能有一丝麻痹和懈怠,事故并不因为操作者的身份不同而避免,在某些情况下也不能盲目相信专家,更应该相信操作规程,因为操作规程越严谨、越周密,才越具有可靠性。不按操作规程办事,不讲安全,事故就难以避免,就要付出生命的代价。

工程创优管理

工程质量是建筑施工企业的生命,代表着企业的形象,与企业的兴衰发展紧密相连。优质工程是企业实力和综合素质的集中反映,创建优质工程活动是建筑施工企业占领市场的最佳之路,是企业创新发展的动力。要创建优质工程只有口头承诺和管理者的决心是不够的,还必须有相应的科学管理和技术手段等保证措施,通过严谨的策划,变经验管理为科学管理,变被动执行为主动改进,实现创优工作标准化、制度化、程序化。

建筑行业主要的优质工程奖项有:中国建筑工程鲁班奖(国家优质工程),国家优质工程金质奖、银质奖,中国土木工程(詹天佑)大奖,中国市政工程金杯奖,中国建筑装饰工程金奖,国务院各部委设立的部级优质工程奖,以及省(市)级优质工程奖等。各类优质工程代表了不同时期不同行业的最高质量水平。随着科技的进步、社会的发展,对优质工程的要求也在不断提高。

一、控制目标

1. 及时组织恰当人员组建创优领导小组,制订项目创优规划,并将项目经理等逐级审批作为工程监控及优质工程申报的主要依据。

2. 创优规划内容完整,包括工程项目概况、创优目标、编制依据、引用的标准和文件、项目创优组织机构及职责、工程质量保证措施、资源配置、文件和资料及合同环境等内容。

3. 创优规划实施过程中,明确全体员工职责,定期检查创优规划执行情况,根据检查发现的问题不断修改补充,使质量得到持续改进,实现创优目标。

4. 优质工程应逐级申报,申报前应确保工程的质量、完成进度、完成时间等满足优质工程奖项要求。

5. 优质工程申报资料完整,内容翔实,有助于项目工程创优评定。

二、主要风险

1. 未及时组建项目创优领导小组,领导小组成员配备不完善,未及时制订项目创优规划,或创优规划未及时经过项目经理等恰当层级逐级审批,可能导致项目质量创优工作无人负责,工程监控及优质工程申报工作无据可依。

2. 创优规划内容不完整,或内容缺失,缺乏指导性及可操作性。

3. 创优规划实施过程中,人员职责不明确,工作内容缺乏要求,对创优规划的执行情况检查不到位、不及时,出现的问题得不到及时修改,可能影响工程质量及创优目标的实现。

4. 工程不满足所申报奖项的工程质量、完成进度或完成时间的要求,增大了项目创优工程评定风险。

5. 优质工程申报资料不完整,内容缺失,不利于项目工程创优评定。

三、工程创优管理流程

(一)业务图解

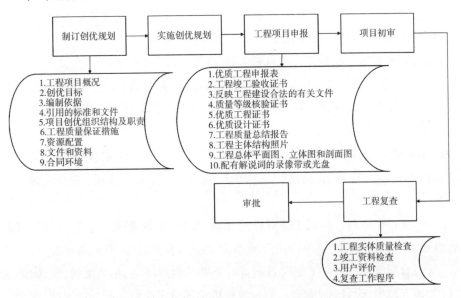

图 5-11 工程创优管理业务流程图

(二)关键节点及控制方法

1. 制订创优规划

应由项目经理、总工程师、相关技术人员及其他部门有关人员组成创优领导小组,项目部总工程师主持,安质部、工程部等部门参加编制创优规划,各方人员要明确职责,分工合作。创优规划经项目经理审批后,逐级上报,作为创优工程的监控依据和申报依据,便于上级随时指导帮助工程创优工作,确保创优目标的实现。创优规划应在工程项目开工前完成上报工作。

创优规划的基本内容包括:

(1)工程项目概况。工程规模要符合相应级别优质工程的条件。

(2)创优目标。根据优质工程评选办法、合同要求和企业质量目标,结合工程实际确定。

(3)编制依据。

(4)引用的标准和文件。

(5)项目创优组织结构及职责。领导挂帅,职责分工明确。

(6)工程质量保证措施。创优规划要和企业贯彻执行 ISO9000 质量标准密切结合,注重过程控制。一般常规作业过程可直接引用企业通用的工艺或工法,严格执行文件控制、质量记录控制、不合格品控制、纠正措施控制、预防措施控制等程序。关键、特殊过程或有新技术的作业过程应制定作业指导书或施工工艺,规定特定的监控方法和程序,确定作业标准,规范作业过程,明确质量控制点、质量检查和工序验收的时机与方法,以确保创优目标的实现。

(7)资源配置。根据工程项目特点和合同要求,提出资源配置要求。

人员配备:管理、技术和验证人员数量适度,职责明确;用新的或修改后的作业标准时,要对人员进行培训;对特种作业人员需持证上岗,经培训、考核合格后发给上岗证书。

设备配备:施工设备品种、规格、数量适度,对工程项目关键、特殊设备要有法定单位的检验合格证书,由法定机构认定的安装队伍现场安装,安全保障装置齐全。

(8)文件和资料。应对文件资料的标识、获取、传递、保管、归档、评审和修改做出规定,并及时收集、整理内业资料,保证内业资料的完整、准确和有效。

(9)合同环境。对与工程项目质量有影响的自然环境、相关工程、顾客、第三方(如地方政府、设计、监理等)、行业领导机关等情况应做出必要的说明,明确与各方的接口及职责分工,为工程创优打下基础。

2. 实施创优规划

(1)组织项目部全体员工进行学习,明确职责,提出要求。

(2)作为安全质量监督检查的一项内容,定期组织检查创优规划的执行情况。

(3)按照创优规划、结合实施创优组制订摄像计划,对施工难度大、技术含量高的隐蔽工程要及时录下施工过程和质量情况。

(4)工程竣工后,项目部应对创优规划执行情况进行专题总结评价。

(5)创优规划应是动态的,根据工程特点和施工进度,根据检查发现的问题不断地修改补充,修正规划,使质量得到持续改进,实现创优目标。

企业应每年统计创优目标的兑现率,对于未达到目标的项目,要认真进行分析,总结经验教训,对以后的工程创优起借鉴和指导作用,提高创优规划的兑现率。

3. 工程项目申报

(1)申报工程的基本要求

优质工程应逐级申报。优质工程项目的申报应具备一定的基础条件,也就是说在申报工程符合规模要求的情况下,申报国家级优质工程应取得部、省(市)级优质工程称号;申报部、省(市)级优质工程需为局(集团公司)级评定的优质工程。同时应取得相应级别的优秀勘察设计奖。可以说优质工程是干出来的,更是设计出来的。

工程项目建成后,应经过全面竣工验收,至少须经过一个冬雨季的考验,没有出现质量问题,方可申报。在申报工程项目中,虽承担部分设计、施工任务,但质量达不到优良率规定标准的单位不能受奖;承担的任务达不到规定份额也不能受奖。例如,铁道部优质工程要求完成工作量不少于工程造价15%,鲁班奖要求完成的工作量占工程总量的10%以上,且完成的单位工程或分部工程的质量全部达到优良。

(2)申报优质工程需要提交的资料要求

◆优质工程申报表。

填写申报理由必须充分,按申报条件逐一说明。工程概况应突出工程特色、技术含量和质量成绩,突出工程的先进性,以显示申报工程的身份、意义和施工难度,写出提高质量、保证工期、采用的新技术和科学管理方法。

申报表需要建设单位、设计单位、监理单位、质监单位、使用单位、上级主管单位及申报推荐单位签认具体意见及盖章。这是一个关键而必需的工作,应引起足够的重视,以保证工程申报工作的顺利进行。

◆工程竣工验收证书。

◆反映工程建设合法的有关文件。例如,项目立项批件、规划许可证、土地使用证、施工许可证、承包合同等。

◆质量监督机构对工程项目的监督记录及工程质量等级核验证书。

◆优质工程证书,申报国家级优质工程需部、省(市)级优质工程证书,申报部、省(市)级优质工程需局级优质工程证书。

◆证明工程先进合理的优秀设计证书。

◆工程质量总结报告。

◆工程主要部位(必须有主体结构部分)照片10张左右,并且附文字说明。申报鲁班奖时,还需制成反转片(幻灯片)。

◆工程的总体平面图、立面图和剖面图。

◆配有解说词的工程录像带或光盘。鲁班奖要求播放长度为5min;詹天佑大奖为10min;国家优质工程一般为15min,住宅小区30min。录像的主要观众是复查小组的专家和评审委员会的评委,其主要内容包括:工程概况(工程地理位置、规模、数量及造价,展示工程平、立、剖面图);工程特点(工程设计原则、指标,工程主要和重要结构等),工程复杂性、施工难度,工程各主要部位的过程控制和质量状况,所采取的新技术、新工艺、新材料、新设备等,工程验收时间及结论等。要充分反映出工程设计的先进性、新颖性、质量水平以及工程的科技含量。要体现出在施工全过程中贯穿的一条清晰的强化质量管理的主线。

4. 项目初审

由评选的主办单位进行。主要是审查工程项目申报资料的真实性、完整性和符合性,以证实申报项目符合优质工程的申报范围、规模和条件。根据初审的结果,编制工程复查计划。

5. 工程复查

据主办单位制订的工程复查计划,对申报工程逐项进行复查。复查采用抽检方式,不重新对工程质量进行检验评定。工程复查的主要内容有三方面:一是工程实体质量检查;二是用户评价;三是内业资料检查。工程复查是创优的关键环节,必须高度重视。

6. 审批

召开评审会议,由评审委员会根据申报材料和工程复查意见,投票评选出获奖工程。报行政主管部门批准后,行文公布。国家级的奖项在批准前,一般还会登报公示,听取社会各界对拟获奖工程的反映,尽量使评选做到公平、公正。

四、监督评价

1. 制订创优规划

(1)检查是否组建创优领导小组,创优小组人员组成是否恰当,检查各方人员是否明确职责、分工合作。

(2)检查是否制订创优规划,创优规划是否逐级上报,是否能够得到上级随时指导帮助。

(3)检查创优规划的基本内容是否完整,要求是否明确,是否贯彻执行了ISO9000 质量标准。

(4)检查工程创优资源配置是否合理,检查是否对文件及资料的收集整理做出明确要求。

2. 实施创优规划

(1)检查是否及时组织项目部全体员工进行学习,是否明确全体人员职责。

(2)检查是否定期组织检查创优规划的执行情况,检查是否对施工难度大、技术含量高的隐蔽工程进行及时录像。

(3)检查是否对检查发现的问题进行及时修改补充,检查工程竣工后,项目部是否对创优规划情况进行总结评价。

(4)检查企业是否每年统计创优目标兑现率,是否对未达到目标的项目进行经验总结。

3. 工程项目申报

(1)检查工程是否通过逐级申报,检查优质工程项目申报是否具备一定的基础条件。

(2)检查工程建成后,是否经过全面的竣工验收,检查工程质量、工程完成进度、工程完成时间等是否满足申报条件。

(3)检查申报优质工程资料是否完整,申报理由是否充分,检查申报表是否经过恰当签认及盖章。

4. 项目初审

(1)检查工程申报资料的完整性、真实性及符合性。

(2)检查申报项目是否符合优质工程的申报范围、规模和条件。

5. 工程复查

(1)检查工程实体质量是否符合要求。

(2)检查竣工资料是否完整。

(3)检查建设单位(业主)对工程质量的满意程度。

五、案例解析

(一)案例简介

绥北公路海北段建设里程 137.449 公里,其主线建设里程 117.161 公里,7 条支线及终点连接线建设里程 20.288 公里,为一般二级公路。沿线设大桥 3 座,中桥 6 座,小桥 10 座,公铁立交桥 2 座。

绥北公路海北段建设指挥部从组建以来,就本着精心组织、科学施工、严格管理、热情服务的指导思想,坚持严、细、实、勤、俭、廉的工作作风。以质量第一,责任重于泰山,创造同时期、同等级公路最好水平的重大任务和高度责任感,在工作中,克服了重重困难,团结一致向前看,使绥北公路海北段建设圆满完成任务,在竣工验收中本项目被评为优良工程,向沿线地方政府和人民交了一份合格的答卷。

(二)案例分析

工程实施了以下创优管理措施:

1. 加强管理工作,健全管理制度

按省局的统一要求,以"加强管理、严格监督、奖优惩劣、防微杜渐"为宗旨,做到了建设单位有章可循,监理单位有法可依,施工单位有利可奔。先后制定了一系列切实可行的规章制度和管理方法,下发了《施工作业指导书》、《路面施工作业指南》、《施工单位月综合质量检查评比办法》、《监理工作质量检查评分细则》、《计量支付管理办法》、《工程变更程序》、《质量控制程序》等制度文本,从而对整个工程管理实现了系统化、规范化和科学化的控制。

2. 工程质量、进度保证措施

(1)强化质量管理

从工程开工伊始,指挥部就把质量作为重中之重全力抓好。建立规章制度完善管理机制,做到"三个强化、三个结合、三个统一,并把好三关"。三个强化,即强化质量目标管理、强化工程进度管理、强化技术指标控制。三个结合,即工程建设与质量目标相结合、尊重设计与因地制宜相结合、奖励与惩罚相结合。三个统一,即领导决策要统一、建设单位和监理单位口径要统一、所有参建单位对质量的认识及技术标准要统一。把好三关,即材料进场关、计量监控关、工序衔接关。由于采取了切实有效的措施,参建单位在质量上达成了共识,行动上形成了合力,在具体实施过程中,避免和减少了不必要的争执和反复,各道工序有章可循,有条不紊。

(2)全面落实"五制"管理

坚持实行招投标制、项目法人制、监理负责制、合同管理制和质量终身负责制,通过"五制"的制度,绥北公路海北段工程项目管理步入了法制化轨道。

(3)坚持三级质量保证体系

按照"企业自检,社会监理,政府监督"的工作方针,建立了以项目总监为核心的质量监督保障体系,明确了业主、施工单位和监理单位之间的关系、责任和义务,为有效管理、严格执法、科学施工提供了制度保证。各施工单位也建立了工地试验室,及时检测,严把质量关,指挥部按照交通部颁发的《公路工程质量检验评定标准》中规定的检验项目、方法、频率进行自检,综合得分为96.04分,工程质量达到优良。

(4)避免和消除质量隐患

绥北公路海北段建设指挥部坚持了"三个不放松",即三级质量保证体系不放松,重点路段的管理手段不放松,综合检查和随机抽查标准不放松。质量保证体系遍布每个施工环节,环环相扣,指挥部对重点路段派人蹲点,加强施工现场管理。

（5）用先进设备和科学管理确保质量

由于注重把材料质量控制在料源,严格计算和掌握材料配比,培养和练就熟练的机械操作人员与前导段试验,使全线 18 台基层和面层摊铺机、21 座基层和面层拌和站充分发挥了高、精、尖的优势。按检测标准,检测中心对路面的各项指标检测合格率达 100%。

3. 奖惩分明

指挥部做到了奖惩分明,在施工生产过程中对完成好的监理单位、施工单位分别给予奖励。对质量的违规行为,在处罚上不姑息迁就。在平时抽查时,从指挥到具体工作人员不定期、不定时到施工现场,发现问题严肃处理,从而形成了全过程、全天候、全方位的施工管理;同时为确保工程均衡推进,指挥部要求主体和附属、内业与外业同步进行;把总体工期和月份工期倒排,用打破标段界线的方法不断调整工程量;坚持鼓励和表彰先进,促动后进,制定了《工程质量、进度检查评比办法》;通过这些管理手段,既提高了工程质量,又加快了建设速度。

4. 运用新技术、新材料、新工艺、新设备

为解决绥北公路海北段不良地质灾害对施工的影响,指挥部积极采用先进的施工工艺和技术,用小型振动压路机解决桥头填土压实问题;用钢塑隔栅解决路基不均匀沉降问题;用软式排水管排出挖方段路基含水;利用土工格室加固路基边坡;利用玻纤格栅防治基层反射沥青面层裂缝。

5. 计划和财务管理

绥北公路海北段建设指挥部把计划和财务管理纳入重要日程,作为指导和监督施工的有效手段。一是把总体计划和月份计划有机结合起来。按照总体计划,组织各项目经理讨论分解,逐项分解到每个月,计划部设专人具体操作,由主管领导审批,各单位按照月份计划,分解到每天。二是把计划和财务管理有机结合起来。为加强财务管理,按照《国有建设单位会计制度》,完善财务管理制度。计划和财务人员经常深入各施工单位,核对计划和支付账目,每次下达计划和资金拨付前,工程计划和财务人员都进行认真核对,做到计划合理、计划准确、手续健全、拨款及时。

6. 安全生产

施工现场中直接从事生产作业的人员密集,机、料集中,存在多种危险因素,因此,现场控制人的不安全行为和物的不安全状态是施工现场管理的重点其一。坚决贯彻"安全第一、预防为主"的思想方针,遵守国家法律、法规,贯彻职业安全

健康管理体系,开展经常性的安全教育,安全培训,设立专、兼职安全员,落实安全责任,使人人抓安全、人人管安全,实现年度安全目标。

（三）案例启示

工程创优是一项系统的管理工程,它涉及业主、监理、施工、分包商等单位部门间的通力协调配合和施工现场人、机、料、法、环的统筹组织管理。作为主要参建方之一的施工单位是工程质量创优管理过程中最直接、最重要的行为主体。在工程的创优工作中,工作的重点是要采取切实可行的措施来保证工程的质量,并建立起一个强有效的制度体系来确保相关措施可以顺利地进行。施工单位企业只有不断自我规范和提高质量管理水平,多创优质精品工程,才能以品牌效益不断提升企业知名度和市场竞争力,从而,才能够在激烈的市场之中始终处于不败之地。

工程成本管理

建筑施工行业工程项目的成本管理,是指在工程施工过程中,把控制成本的观念渗透到施工技术、施工方法、施工管理的措施中,通过技术、方法比较、经济分析和效果评价,对工程施工过程中所消耗的资源和费用开支进行指导、监督、调节和限制,及时纠正将要发生和已经发生的偏差,把各项施工费用控制在成本控制方案的范围之内。

一、控制目标

1. 工程施工预算内容完整,要求明确,能够充分指导工程并控制施工成本。

2. 项目负责人明确项目目标成本及责任目标,明确自己在工程施工过程中承担的责任。

3. 项目内控成本计划制订合理,具有可操作性,并附有明确、具体的成本降低措施。

4. 在项目部内部层层分解责任成本,层层签订责任书,各岗位责任人员对每个环节、每道工序实施全过程控制,及时对成本进行对比分析,在保证质量的前提下,降低采购成本,科学施工,避免浪费。

5. 项目成本核算不仅及时,而且方法恰当,费用涵盖完整,能够保证项目成本核算的准确性。

6. 项目成本分析全面,能够及时反映项目成本实际情况,分析成本影响因素,促进成本控制目标的实现。

二、主要风险

1. 工程施工预算内容不完整,要求不明确,未经过恰当审核审批,不能够充分指导控制工程施工的成本。

2. 项目负责人不明确项目成本控制目标及自身的责任目标,对于自己在工程施工过程中承担的责任没有明确界定,可能造成责任推诿。

3. 项目内控成本计划制订内容不详细,时间控制不合理,不具有可操作性,且缺少必要的成本降低措施,可能导致项目内控成本计划无法得到良好执行。

4. 岗位责任不明确,对工程成本的对比分析不及时,工程成本调整不恰当,可能导致工程成本偏高,造成浪费。

5. 项目成本核算不及时,方法不正确,金额与实际不符,可能会导致项目成本监控不到位,工程项目偏离成本控制目标。

6. 成本影响因素分析不准确,或缺少成本影响因素控制措施,可能影响成本控制目标的实现。

三、工程成本管理流程

(一)业务图解

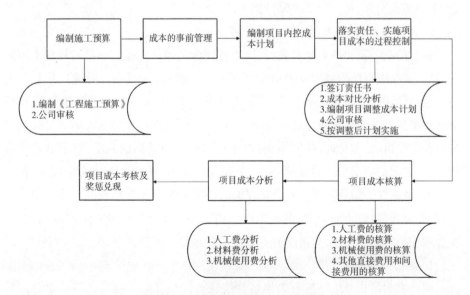

图 5-12　工程成本管理业务流程图

（二）关键节点及控制方法

1. 成本的事前管理

工程开工前，对影响工程成本的经济活动所进行的事前规划、审核与监督。成本的事前管理大体包括：成本预测、成本决策、制订成本计划、规定消耗定额，建立和健全原始记录、计量手段和经济责任制，实行分级归口管理等内容。具体包括：

（1）编制施工预算，采用正确的工程成本测算方法，编制详尽的施工预算；

（2）确定项目目标（责任）成本，采用正确的预算方法，对工程项目总成本水平进行预测，提出项目的目标成本。

2. 编制项目内控成本计划

根据目标（责任）成本，首先，依照施工图纸计算实际工程量，由项目经理及其他项目组管理人员根据施工方案和分包合同，确定并且计划支出的人工费、实际需要的机械费；其次，根据定额材料消耗量，确定材料费，一般应有 3% ~ 5% 的降低率；根据项目责任合同确定项目现场经费。以上费用综合即为初步确定的项目内控成本计划。计算出的内控成本，必须确保项目责任成本降低率的完成。如果达不到降低率的要求，应通过加快工具周转、缩短工期及采用新技术、新工艺等办法予以解决。通过价值工程的方法，在保证质量和安全的前提下，将不同工期条件与项目固定成本进行对比，保证成本与工期之间的和谐性。项目内控成本的制定，必须附有明确、具体的成本降低措施。

3. 落实责任、实施项目成本的过程控制

成本控制一定要做到全员参与，树立贯彻全员经济意识。一是内控成本编制完成后，应在项目部内部层层分解责任成本，层层签订责任书。明确好项目部内各个成员的责任。二是由各岗位责任人员对每个环节、每道工序实施全过程控制。在项目经理部建立项目成本控制小组，对成本支出构成比重大的和可控成本进行重点分析、监督，落实控制措施；对重点材料采用竞标的办法，对能自定的材料、物资和大宗物品采用招投标办法，在保证质量的前提下，降低采购成本；科学施工，避免浪费。做到科学配料、科学拌和，不出废料及不合格产品。施工中讲求质量，避免问题、防止浪费；控制非生产费用和综合支出。减少非生产支出，控制不合理综合费用的发生，对可能避免发生的费用要严格控制，从根本上杜绝。

4. 项目成本核算

项目成本核算方法一般有表格核算法和会计核算法。前者是各要素部门和核算单位定期采集信息，填制相应的表格，并通过一系列的表格，形成项目成本核算体系;后者是建立在会计核算的基础上,利用会计核算所独有的借贷记账法,按项目成本内容和收支范围,组织项目成本核算的方法。项目成本核算在满足基本会计核算要求的同时,更注重责任成本的核算。要求正确区分相关部门(岗位)的责任成本与非责任成本,并建立内部模拟要素市场,实行内部有偿结算。

(1)人工费的核算

项目会计根据工资(奖金)发放表、内部结算票据和项目劳资员提供的"单位工程用工汇总表",据以编制"工资分配表",并且进行分部分项的生产人员工资分配;工资附加费可以采取比例分配法;劳动保护费可按标准直接进入人工费核销。分包劳务成本一般由分包单位按合同内容编制结算单,经项目施工员、预算员及项目经理审签后,再按各公司规定程序报公司批准后进行核算。对跨期完工的项目,可先进行劳务分包成本预估,经项目部审核后计入项目成本,决算时冲回。

(2)材料费的核算

材料费是指在施工过程中耗用的构成工程实体的费用,主要包括:主要材料、结构件、其他材料、周转材料摊销、租费和运输费等。材料费核算必须建立健全严格的材料收、发、领、存、退制度,每月定期盘点一次库存,保证成本的准确性和真实性。

(3)机械使用费的核算

自有机械或运输设备进行机械作业所发生的各项费用,由项目部根据实际使用情况直接计入成本。公司内部设备租赁费,按公司转入并由项目相关人员确认的结算单入账。对外租赁的机械费,采取平时按台班及租赁合同预估,结算调整的方式按月进行核算。

(4)其他直接费用和间接费用的核算

其他直接费用在发生时直接计入成本。间接费用由项目会计按规定的核算标准和费用划分标准进行成本核算。费用划分标准是:建筑工程以直接费用为标准,安装工程以人工费为标准,产品(劳务、作业)的分配以直接费用或人工费为标准。

5. 项目成本分析

首先要进行综合分析,将工程实际成本同目标成本、内控成本进行对照检查,计算出绝对数、相对数,以反映成本目标总的完成情况。其次进行成本项目分析,即按施工成本费用构成项目进行分析比较,反映各成本项目降低情况,分析积极、消极因素,促进消极向积极转化。

(1)人工费分析

将项目中的人工费的实际成本同预算成本相比较,再参照劳资部门的有关劳动工资方面的统计资料,找出人工费超支因素及其原因。

(2)材料费分析

常用的方法为因素分析法,分析重要的材料物资因用量、单价变化对材料费的影响。另外,材料费分析还应有材料定额变动的分析、废旧料利用情况的分析、施工工艺变动对材料费影响的分析,等等。

(3)机械使用费分析

将施工机械使用费的内控计划数与实际数相对比,然后进行价格、数量分析,找出施工企业自有及租赁机械使用上的节约或浪费。

6. 项目成本考核及奖惩兑现

在工程项目内控成本管理的过程中或结束后,定期或按时根据项目内控成本管理情况,给予责任者相应的奖励或惩罚。只有奖罚分明,才能有效调动每一位员工完成内控成本的积极性,为降低施工项目成本、增加企业积累,做出自己的贡献。

四、监督评价

1. 成本的事前管理

(1)检查是否在工程开工前,对影响工程成本的经济活动进行事前规划,是否建立健全了原始记录,是否建立经济责任制,是否实行分级归口管理等。

(2)检查是否编制施工预算,检查工程成本测算方法是否准确,检查工程施工预算是否可行。

(3)检查是否确定项目目标(责任)成本,检查是否对工程项目总成本水平进行了预测,是否提出了项目目标成本。

2. 编制项目内控成本计划

(1)检查是否制订了项目内控成本计划,检查内控成本计划内容是否完整,是否具有可执行性,是否经过恰当审核审批。

(2)检查是否制定了明确、具体的成本降低措施,检查成本降低措施是否具有可执行性。

3. 落实责任、实施项目成本的过程控制

(1)检查成本控制是否做到了全员参与,是否树立了全员经济意识。

(2)检查责任成本是否经过层层分解,是否层层签订责任书;检查项目部内各个成员责任是否明确。

(3)检查是否建立项目成本和控制小组,是否对成本支出构成进行重点分析、监督。

(4)检查对重点材料的采购是否采用竞标、公开招标等办法;检查工程质量是否达标;检查不合理综合费用的发生是否得到严格控制。

4. 项目成本核算

(1)检查项目成本核算方法是否恰当,检查项目成本核算是否及时;是否能够反映项目实际成本情况。

(2)检查是否正确区分了相关部门的责任成本与非责任成本,是否建立了内部模拟要素市场,是否实现内部有偿结算。

5. 项目成本分析

(1)检查项目成本分析是否及时,方法是否恰当。

(2)检查是否按照施工成本费用构成项目进行分析比较,是否划分了影响项目成本的积极因素及消极因素;检查是否制定了将消极因素转化为积极因素的策略。

6. 项目成本考核及奖惩兑现

(1)检查是否定期或按时根据项目内控成本管理情况,给予责任者相应的奖励或惩罚。

(2)检查奖罚制度是否明确,奖罚制度的实施是否到位、及时。

五、案例解析

(一)案例简介

大连力和公路工程有限公司由大连市甘井子区公路段工程公司于2003年4月改制成立,企业资质为道路桥梁工程总承包二级企业,企业注册资金8000万元。公司现有职工600余人,其中,工程技术人员300多人,具有公路工程系列高级职称的人员25人,具有公路工程系列中级职称的人员102人。拥有大、中、小型施工机械设备180余台,总价值6500万元。拥有生产能力为330吨/小时、240吨/小时沥青拌和站各一处。公司具备承建各等级公路、桥梁和城市道路工程的施工管理能力,年产值达到5亿元。

大连力和公司于2013年9月中标承建国道鹤大线(金州华家段)大修工程项目。该工程项目是201国道的一部分,同时也是大连市金普新区连接大连市与辽宁东部地区的一条重要国省干线。该项目对连接辽宁省沿海经济带"五点一线"具有十分重要的经济意义。

大连力和公司国道鹤大线(金州华家段)大修工程项目成本完成情况如下:

1. 路基项目,合同金额为380.17万元,标后预算成本324.38万元,实际成本339.81万元;

2. 路面项目,合同金额为 1295.31 万元,标后预算成本 1142.46 万元,实际成本 1357.88 万元;

3. 桥涵项目,合同金额为 88.56 万元,标后预算成本 82.81 万元,实际成本 83.97 万元;

4. 附属工程项目,合同金额为 71.13 万元,标后预算成本 68.27 万元,实际成本 69.11 万元。

工程项目成本合计:合同金额为 1835.17 万元,标后预算成本 1617.92 万元,实际成本 1820.77 万元。

通过以上数据可以看出,虽然工程总成本小于合同金额,项目未亏损,但合同内剩余 15 万元,远不足企业在该工程项目上的管理费用支出,更无法弥补由于该项目因为抢工出现质量事故而造成在行业上和社会上的负面经济效益以及对企业品牌的树立产生的极其恶劣的影响。追溯成本偏差较大的原因,除了返工造成成本浪费外,项目前期成本预算编制时间过长导致抢撵工期,增加了进度成本;另外,构造物和附属分包工程因企业成本预算定额标准低致使实际成本高于预算成本;由于项目成本管理不标准、不严格导致项目实施过程中成本管理失控;由于激励机制在该工程上过于激进导致项目管理忽视质量管控,产生质量事故。总之,该工程项目的实施情况反映了大连力和公司项目成本管理上存在突出问题,因此,公司的成本管理亟须改善。

(二)案例分析

项目成本偏高的原因分为以下几点:

1. 成本管理意识低

公司决策层缺乏科学的成本管理理念,成本管理执行的相关人员对成本管理不够重视。

2. 成本管理相关制度存在缺陷

管理制度制定时缺少了流程管理的概念,仅仅对行事方式进行了界定,未对岗位员工的责任和责任承担方式进行具体的界定,导致流程环节上责任分工不明确、部门间责任相互推诿;有些制度制定时把行事的方式要求当成了制度,并且没有限定不按要求行事的责任承担方式,行文之后就作为制度下发了。实际执行中,这些缺乏可操作性的制度就和没有制度一样,发生问题时互相指责、推诿,责任追究又找不到对应的处罚制度予以解决。

3. 成本管理组织机构及组织流程不完善

项目成本管理体系不完善,组织架构分工不合理,成本预算调整流程复杂,供应商管理流程复杂,沟通不畅导致项目团队工作效率低,造成项目后期管理成本较大,增加了项目成本。

4. 成本管理方法不科学

成本预算编制方法不合理,成本预算编制依据不充分,成本核算方法不科学,成本分析滞后,在项目成本管理上方法固化单一,不能保证成本管理的有效执行。

5. 成本管理资源不匹配

成本管理人员业务能力不足,成本管理的主观能动性差,成本管理缺乏统筹思维,管理人员在编制标的后预算时只局限于成本管理过程中的工料机消耗,缺乏整体意识,忽视质量管理和进度管理对成本的影响,而增加了项目的风险。

(三)案例启示

针对上述影响因素,公司需从提高成本管理意识开始,完善成本并管理制度、优化成本管理组织以及改进成本管理方法等方面提出了以下改善策略。

1. 提高成本管理意识

针对大连力和公司成本管理意识低的状况,在分析造成管理意识低下的原因的基础上,通过培训、交流以及建立成本目标兑现机制等措施促进公司全体员工树立全新的成本管理理念,强化成本管理意识。

2. 完善项目成本管理制度

针对大连力和公司项目成本管理部分制度存在缺陷的情况,完善了成本数据统计制度、项目成本跟踪检查制度、工程变更管理制度、图纸会审和技术交底制度、信息管理制度等成本管理制度,完善了公司成本目标考核制度和成本管理奖惩机制,使成本管理有据可查、有法可依,进而保证成本管理的有效实施。

3. 优化项目成本管理组织

针对大连力和公司项目成本管理复杂、流程烦琐的状况,结合公司的管理模式对项目成本管理体系、项目成本管理组织结构和成本管理流程进行优化,使成本管理能够顺利实施。

4. 改进项目成本管理方法

结合新的项目成本管理理论,改进项目成本管理的成本编制方法、成本核算方法和成本分析方法,通过新方法的应用使成本目标更加科学合理,成本核算方法和成本分析及时有效,从而达到有效控制成本和及时纠偏的目的。

5. 优化项目成本管理匹配资源

为了实现项目成本在信息对称的条件下进行管理,通过加强项目成本管理培训和加强人力资源配套建设等措施解决成本管理关于"人"的因素影响;通过优化项目进度、质量、安全等目标与成本目标的关系使项目管理实现全面的、系统的管理。

工程交(竣)工管理

工程交(竣)工管理是为了规范项目工程竣工内部移交承接、交工验收流程，落实建筑工程施工标准，保证工程质量，确保向业主顺利交接。

本节适用于所有建筑施工行业。

一、控制目标

1. 建立健全工程交(竣)工管理相关制度程序，明确授权审批权限。

2. 建立工程交(竣)工管理程序，确保每项工程项目均有明确的工程交(竣)工程序。

3. 明确工程交(竣)工管理工作的技术管理要求，确保工程项目质量。

二、主要风险

1. 缺乏工程交(竣)工管理的制度和流程，可能会导致操作流程违规。

2. 尚未对工程项目进行交(竣)工管理，可能影响工程项目质量。

3. 尚未明确工程交(竣)工管理工作程序，可能难以有效指导施工工作。

4. 交(竣)工验收技术文件资料尚未归档整理，影响资料的安全性。

三、业务流程分解

(一)业务图解

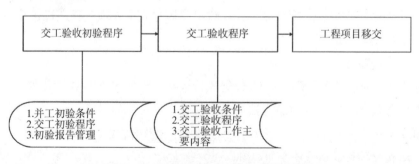

图5-13　工程交(竣)工管理业务流程图

(二)关键节点及控制方法

1. 交工验收初验程序

(1)交工验收条件

a. 除列入缺陷责任期内完成的尾工(甩项)工程和缺陷修补工作外,施工企业拟申请交工的工程项目已经全部完成。

b. 施工企业按相关规定对工程质量自检合格,并提交施工总结报告。

c. 监理人员已分别按照相关评定标准的要求,完成工程质量检查和评定,并签发工程中间交工证书。

d. 竣工企业按施工工程档案管理的有关要求,完成资料的收集、整理及归档工作。

e. 已按要求编制了在缺陷责任期内完成的尾工(甩项)工程和缺陷修补工作清单以及相应施工计划。

(2)交工初验程序

交工初验由监理人员负责组织。监理人员在认为条件具备后,应在收到交工验收申请意向书七天内组织相关单位按以下方面内容对工程完成初步检查。检查内容包括但不限于:

a. 逐项检查拟申请交工的工程项目是否按合同要求已全部完成并达标。

b. 工程质量检验评定的结果是否符合规范要求。

c. 监理人员在各种场合以不同形式向承包企业发出的各类工程质量问题是否得到妥善解决,特别是隐蔽工程。

d. 工程的各项技术、质量管理和合同管理程序及手续是否齐全、完备。

e. 是否有未处理的重大技术、质量遗留问题。

f. 申请交工的工程现场是否进行全面清理,是否得到当地政府及环保部门认可。

g. 是否按合同规定完成竣工文件,相关文件的编制是否满足归档要求。

h. 是否提交工作总结报告。

(3)初验报告管理

初验检查工作结束后,由监理人员出具工程初验报告,初验报告主要包括以下内容:

a. 工程总体情况及初验概述。

b. 现场存在的有关问题。

c. 工程质量(总体)评定表及评定结果。

d. 与评表相对应的工程初验检查检测记录表。

e. 初验检查结论。

若监理人员认为上述交工验收条件尚不具备,则由监理单位书面通知施工企业抓紧完成上述工作,直至交工验收条件具备后,施工企业重新提出正式交工申请报告。

2. 交工验收程序

(1)交工验收条件

a. 除列入缺陷责任期内完成的尾工(甩项)工程和缺陷修补工作外,合同约定的各项内容已全部完成。各方就合同变更的内容达成书面一致意见。

b. 施工企业按相关规定对工程质量自检合格。

c. 监理单位对工程质量评定合格。

d. 质量监督机构对工程质量进行检测,并出具检测意见。检测意见中是否需整改的问题已经处理完毕。

e. 竣工文件按工程档案管理的有关要求,完成工程档案内容的收集、整理及归档工作。

f. 施工企业、监理单位完成工作总结报告。

g. 已编制了在缺陷责任期内完成的尾工(甩项)工程和缺陷修补工作清单以及相应施工计划。

(2)交工验收程序

a. 经监理单位初验合格后,施工企业向监理单位申报交工申请报告,监理单位收到交工申请报告后,将该段监理工作总结报告与初验报告一并提交申请并验收。

b. 业主收到相关资料后,协调相关单位对工程质量进行检测,并出具检测报告和意见。只有经质量鉴定合格才具备交工验收条件。

c. 业主对施工企业上报的交工验收申请以及监理人员签署的审查意见进行核查,认为工程满足交工验收条件后,及时组织交工验收。

(3)交工验收主要工作内容

a. 交工验收由业主负责组织,成立交工验收小组。由本项目的相关参建单位参加交工验收工作。

交工验收工作包括但不限于:检查合同执行情况、初验、初评结论;检查施工自检报告、施工总结报告及施工资料;检查监理单位独立抽检资料、监理工作报告及质量评定资料;检查工程实体,审查有关资料,包括主要产品的质量抽(检)测报告;核查工程完工数量是否与批准的设计文件相符,是否与工程计量数量一致;对合同是否全面执行、工程质量是否合格做出结论;分别对设计、监理、施工等单位进行初步评价。

b. 交工验收工程质量等级评定分为合格和不合格,工程质量评分值大于等于75 分的为合格,小于 75 分的为不合格。交工验收不合格的工程应返工整改,直至合格。交工验收提出的工程质量缺陷等遗留问题,由施工企业限期完成整改。

c. 不合格工程的处理

若经交工验收认为个别项目工程质量达不到合格标准,由施工企业对不合格工程进行返工或修补。施工企业在完成上述不合格工程的返工或修补工作后,再重新提出交工验收申请,经验收小组复验认为达到合格标准后签发交工证书。签发交工证书后,工程遗留问题由施工企业限期处理,不得影响工程试运营。

d. 交工证书的签发

交工证书是施工企业办理交工计量和交工支付的必要条件,如果经交工验收小组检查认为该工程通过交工验收,业主应在此项验收工作完毕后 14 天内向施工企业签发工程交工证书,证书中应写明按合同规定本合同工程的交工日期。

3. 工程项目移交

项目交工验收以后,缺陷责任期内属施工、设计、质量缺陷及自然灾害等引起的工作仍由施工企业负责完成。项目完成交工验收以后,根据工程现场情况可与业主分期办理工程实体、工程资料、设备、设施及控制点等移交手续。

四、监督检查

1. 交工验收初验程序

(1)交工验收条件

a. 检查申请交工初验的工程是否已经全部完成。

b. 检查施工企业是否按相关规定对工程质量自检合格,并提交施工总结报告。

c. 检查监理人员是否已分别按照相关评定标准的要求,完成工程质量检查和评定,是否签发工程中间交工证书。

d. 检查竣工企业是否按施工工程档案管理的有关要求,完成资料的收集、整理及归档工作。

e. 检查是否已按要求编制了在缺陷责任期内完成的尾工(甩项)工程和缺陷修补工作清单以及相应施工计划。

(2)交工初验程序

a. 检查交工初验是否由监理人员负责组织。

b. 逐项检查拟申请交工的工程项目是否按合同要求已全部完成。

c. 工程质量检验评定的结果是否符合规范要求。

d. 监理人员在各种场合以不同形式向承包企业发出的各类工程质量问题是否得到妥善解决,特别是隐蔽工程。

e. 工程的各项技术、质量管理和合同管理程序及手续是否齐全、完备。

f. 是否有未处理的重大技术、质量遗留问题。

g. 申请交工的工程现场是否进行全面清理,是否得到当地政府及环保部门认可。

h. 是否按合同规定完成竣工文件,相关文件的编制是否满足归档要求。

i. 是否提交工作总结报告。

(3)初验报告管理

a. 检查是否出具工程初验报告。

b. 检查不符合交工验收条件的工程在整改完成符合条件后是否重新提出正式交工申请报告。

2. 交工验收程序

(1)交工验收条件

a. 检查除列入缺陷责任期内完成的尾工(甩项)工程和缺陷修补工作外,合同约定的各项内容是否已全部完成。各方就合同变更的内容是否达成书面一致意见。

b. 施工企业是否按相关规定对工程质量自检合格。

c. 监理单位是否对工程质量评定合格。

d. 质量监督机构是否对工程质量进行检测,是否出具检测意见。检测意见中需整改的问题是否已经处理完毕。

e. 是否按工程档案管理的有关要求,完成工程档案内容的收集、整理及归档工作。

f. 施工企业、监理单位是否完成工作总结报告。

g. 检查是否已编制了在缺陷责任期内完成的尾工(甩项)工程和缺陷修补工作清单以及相应施工计划。

(2)交工验收程序

检查交工验收程序是否规范,是否存在违规情况。

(3)交工验收主要工作内容

a. 检查交工验收工作内容是否全面规范。

b. 检查不合格工程的处理程序是否规范。

c. 检查是否及时获取交工证书。

3. 工程项目移交

检查是否及时进行工程项目的移交、及时转移相关风险。

五、案例分析

(一)案例简介

某综合楼工程主体结构为钢筋混凝土框架结构,基础形式为现浇钢筋混凝土基础,地下一层,地上 8 层,建筑面积 $10000m^2$,混凝土强度等级为 C30,主要受力钢筋采用 HRB335 级,在施工过程中发生了以下事故:

1. 在地板钢筋验收时,发现个别受力钢筋间距超过规范允许偏差范围,监理工程师要求整改后再予以验收。

2. 总承包单位在底板钢筋未验收合格的情况下,进行了下一道工序的施工。

3. 在主体结构施工至第三层时,发现一层有两根柱子混凝土承载力达不到设计要求,经有资质的检测单位检测鉴定仍达不到设计要求,最后由原设计院重新核算,标明能够满足安全和使用功能要求。

(二)案例分析

根据《混凝土结构工程施工质量验收规范》的相关规定,钢筋安装的主控项目是受力钢筋的品种、级别、规格和数量,受力钢筋的间距质量验收属于一般验收。但是在上述中总承包单位的做法不妥,因为底板钢筋施工属于混凝土结构子分部工程的其中一个分项工程,在分项工程未验收合格的状态下,不应对下一分项工程进行施工。

(三)案例启示

在工程施工完成后,要按照工程交(竣)工管理程序进行验收,确保每一道工序都获得严格验收后再进行下一道工序的验收,确保整个工程的质量合格。

工程档案管理

工程档案是指自项目立项审批至竣工验收过程中产生的,反映项目质量、进度、费用和安全管理基本情况,对建成后的工程管理、运行、维护及改建和扩建具有保存、查考利用价值的各种形式和载体的历史记录。工程档案是项目竣工验收、运行维护等工作的重要依据。

本小节适用于所有建筑施工行业。

一、控制目标

1. 规范、统一工程档案管理工作,建立真实、完整、准确的工程档案。

2. 明确工程档案管理的职责权限,建立工作责任体系。

3. 加强工程档案资料的安全性,严格审批工程档案借阅程序。

二、主要风险

1. 缺乏工程档案管理的制度和流程,可能会导致操作流程违规。

2. 尚未对工程档案资料进行收集整理,可能导致工程档案资料缺失,影响后期对工程项目的监督检查。

3. 工程档案归档管理不符合相关规定,影响工程档案的移交。

4. 工程档案的保管不符合规定,借阅未履行相应审批程序,可能会影响工程项目资料安全。

三、业务流程分解

(一)业务图解

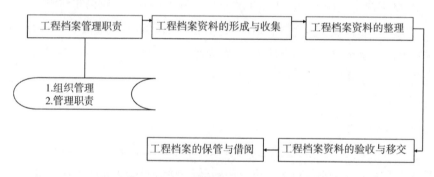

图 5 – 14　工程档案管理业务流程图

(二)关键节点及控制方法

1. 工程档案管理职责

(1)组织管理

a. 施工企业应制定工程档案管理相关制度,并监督落实执行情况。

b. 施工企业应负责其所属项目工程档案资料的日常管理工作,对工程档案资料管理人员(编制、整理、归档等)定期进行教育培训。

c. 施工企业应设置工程档案归口管理部门,主要负责工程项目从工程准备、建设阶段到竣工验收、移交全过程中工程建设文件、资料的收集、整理、立卷、编目、装订、档案验收及移交。

d. 施工企业应按照业主及地方档案管理部门要求进行工程档案资料的管理、验收、移交工作,配合相关单位对工程档案资料的检查,并按要求对提出的问题进行整改。

(2)管理职责

a. 认真贯彻落实国家、地方工程档案管理规定及业主工程档案管理规章制度及相关工作部署。

b. 建立、健全符合要求的档案管理体系,制订工程档案管理规划并组织实施,负责对工程档案资料统一组卷、移交。

c. 配备项目档案管理工作的专职档案管理人员,并保持其稳定性,同时提供档案管理所需的经费、设备和场地等条件。

d. 督促、检查档案管理工作,及时了解地方档案管理部门档案管理最新要求,定期对工程档案进行审查,对档案管理人员定期进行培训。

2. 工程档案资料的形成与收集

(1)工程项目文件材料的形成与收集工作,按照"谁形成谁负责"的原则,电子文件必须与纸质文件同步归档。建设项目档案资料整理应与施工进度同步,不得拖延、后补。

(2)施工企业应建立健全项目文件材料收集归档制度和预立卷制度,按照项目建设程序的不同阶段文件材料产生的自然过程,分别做好预立卷工作。

(3)收集的文件材料应为原件,其中,项目立项审批等文件,原件保存在项目主管单位的,应将复印件归档保存;供货商提供的原材料及产品质量保证文件为复印件的,须在清晰的复印件上加盖销售单位印章并注明原件存放处后归档保存。

(4)收集归档的文件材料应能全面、准确地反映工程项目的实际过程。勘测及测量基础资料,施工记录须是现场原始记录,表单填写内容规范,产生及使用部位标注清楚,相关签署手续完备,且为相关责任人亲笔签名。

(5)现场形成的原始记录本须由相关责任人亲笔签名,并在原始记录本封面上加盖相关单位公章。应该与原始记录本数据相对应的、经计算机辅助形成的电子文件,必须制成纸质文件,相关责任人须亲笔签名。

(6)当计算机辅助形成的电子文件采用了可靠的电子签名方式时,制成纸质文件并加盖相关单位公章,与相应的电子文件一并归档。

(7)文件材料应书写工整,字迹、线条清晰,修改规范;纸张优良,尺寸统一采用 A4 规格,小于 A4 纸张规格的出厂证明、材质合格证等应粘贴在 A4 纸上;应使用不易褪色的书写材料,禁止使用红色墨水、圆珠笔、复写纸、铅笔等书写及绘制;复印、打印文件及照片的字迹、线条应清晰并符合耐久性要求;使用热敏材料形成的文件,应复印保存。

(8)施工声像档案应从施工过程(隐蔽工程、关键工序等结构物重点部位等)进行收集。

(9)数码照片应记录在不可擦写光盘上保存,同时还须冲印出 6 英寸纸质照片与说明一并整理归档。

3. 工程档案资料的整理

(1)工程项目文件材料归档前,应按照文件材料的内在联系,进行分类组卷。

(2)施工管理文件材料按问题结合时间组卷。

(3)原材料质量保证文件、试验检测文件属单位(分部、分项)专用的,按单位(分部、分项)工程分别集中整理组卷,如属共用的,按进场材料种类、批次进行分类组卷。

(4)原始施工记录以单位、分部和分项工程进行整理组卷。

(5)原始数据记录本按单位、分部和分项工程进行整理组卷。

(6)设备文件材料按专业及用途分别整理组卷。

(7)竣工图原则上按原施工图分类整理组卷。

(8)计划进度报表按时间整理组卷。

(9)工程变更文件按变更令编号整理组卷。

(10)案卷由案卷卷盒、内封面、卷内文件目录、卷内文件材料及备考表组成。

(11)案卷装具采用卷盒方式,脊背应填写相关要素;一卷盒只装一卷案卷,如一卷盒内装有一卷以上案卷,脊背则填写盒内案卷的起止卷号,不需题写案卷题名。

(12)案卷封面由以下内容构成:案卷题名、立卷单位、起止日期、保管期限、密级及档号。案卷题名应简明扼要地概括卷内文件材料的内容。

(13)立卷单位指文件材料的组卷单位。

(14)起止日期指本案卷内文件形成的最早和最晚的时间:年、月、日(年度应填写四位数字)。

(15)保管期限、编号、密级根据国家、档案管理部门规定填写。

(16)案卷号:按档案分类号分别从 1 开始用阿拉伯数字编号。

(17)项目档案专项验收前所有案卷必须编制正式档号。

(18)备考表中须注明本案卷组卷情况及本案卷包含文件份数;说明复印件归档原因和原件存放地。

(19)案卷目录的编制:经系统化排列和编号的案卷须编制案卷目录(含电子版)。

4. 工程档案资料的验收与移交

(1)施工企业应在工程档案整理、组卷完成后组织相关部门对工程档案资料进行检查、验收。

(2)施工企业应积极配合业主、地方档案管理部门办理工程档案初验合格证、工程档案验收合格证。

(3)工程竣工验收完成后,施工企业须按照业主、地方档案管理部门的要求进行工程档案资料移交工作。

(4)施工企业须在工程档案资料移交地方档案管理部门后 30 日内向业主移交档案资料。

(5)施工企业负责组织各职能部门对其档案资料进行分类、审核,确保工程档案资料完整、分类、检索、编排统一、规范,审核合格后相关责任人员签字确认;档案资料汇总后,按照施工标段统一编排序号,统一向业主移交。

5. 工程档案的保管与借阅

(1)施工企业应建立工程档案管理的职责部门,负责接收档案资料和日常管理工作。

(2)工程档案资料未移交前由施工企业负责保存和管理,必须确保工程档案的安全和完整。保持档案室的干燥和通风,保证工程档案资料不被腐蚀。

(3)施工企业的档案资料借阅必须严格按照相关制度进行。

四、监督检查

1. 工程档案管理职责

(1)组织管理

a. 检查施工企业是否制定工程档案管理相关制度。

b. 检查施工企业是否对工程档案资料管理人员(编制、整理、归档等)定期进行教育培训。

c. 检查施工企业是否设置工程档案归口管理部门。

(2)管理职责

a. 检查是否建立、健全符合要求的档案管理体系。

c. 检查是否配备项目档案管理工作的专职档案管理人员,并对档案管理人员定期进行培训。

2. 工程档案资料的形成与收集

(1)检查是否建立健全项目文件材料收集归档制度和预立卷制度。

(2)检查工程档案中该收集的文件材料应为原件的是否全部为原件;为复印件的,是否在清晰的复印件上加盖单位印章并注明原件存放处后归档保存。

(3)检查相关材料是否由相关责任人签字。

(4)检查文件材料是否按照档案管理规定归档。

3. 工程档案资料的整理

(1)检查工程档案资料的整理是否符合相关档案管理规定。

(2)施工管理文件材料是否按问题结合时间组卷。

(3)原材料质量保证文件、试验检测文件属单位(分部、分项)专用的是否按进场材料种类、批次进行分类组卷。

(4)原始施工记录是否完整齐全。

(5)案卷是否由案卷卷盒、内封面、卷内文件目录、卷内文件材料及备考表组成。

4. 工程档案资料的验收与移交

(1)施工企业是否在工程档案整理、组卷完成后及时组织相关部门对工程档案资料进行检查、验收。

(2)施工企业是否在工程档案资料移交地方档案管理部门后30日内向业主移交档案资料。

5. 工程档案的保管与借阅

(1)施工企业是否建立工程档案管理的职责部门,负责接收档案资料和日常管理工作。

(2)工程档案室的物理条件是否符合相关规定。

(3)施工企业的档案资料借阅是否严格按照相关制度进行。

五、案例分析

（一）案例简介

张××系某综合档案室管员,因对单位住房分配有意见,为发泄内心不满,在整理文书档案时,利用编号、装订案卷之便,故意从永久保存在档案中抽出 1042 页档案文件,扔入装废纸的麻袋中,企图随废纸销毁。

（二）案例分析

在上述案例中,被撕毁的档案内容涉及一些重要的检查和处理结果以及一些重要的登记表及统计报表等内容。张××的行为违反了档案管理相关规定,事发后,张××受到了法律的严厉惩处。

（三）案例启示

在这起档案事件中,应当吸取一个极为深刻的教训。在销毁任何应该销毁的档案时,一定要严格依法办事,在销毁档案时一定要事先进行鉴定。在鉴定后,一定要将待销毁的档案编造档案销毁清册,经相关领导审核、批准后才可以销毁。任何人未经法定程序无权擅自销毁档案,只有这样才能有效地防止那些不该销毁的档案误被销毁。

工程保修管理

工程保修管理包括工程交付后的集中维修服务、工程日常保修服务、工程投诉保修服务及保修费用管理等,属于工程售后管理,工程保修管理的及时与否、工程保修质量好坏与否直接会影响到客户体验及公司相应的市场声誉。

本小节适用于建筑施工行业工程保修管理。

一、控制目标

规范工程保修管理流程,确保快速、高效地处理工程保修事务,提升工程保修服务质量,提升维修服务满意度。

二、主要风险

1. 未能及时响应维修需求或维修不及时不到位,可能造成客户满意度下降。

2. 未能按照合同要求履行保修业务,可能造成保修金不能及时收回。

三、工程保修管理业务流程

1. 业务图解

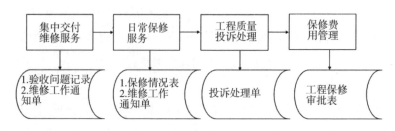

图 5 – 15   工程保修管理业务流程图

2. 关键节点及控制方法

（1）集中交付维修服务

① 集中交付前三个月,项目部会同建设单位在交付前进行各项准备工作,包括但不限于材料、人员、仓库、办公室、客户资料的准备。

② 集中交付期间,项目部对验收问题进行汇总分析和责任分判,协助建设单位处理涉及赔付类的质量投诉,负责记录工程缺陷。

③ 集中交付后一段时间内,项目部对集中交付缺陷进行整改,通知业主验收。一个月未整改完成问题,需邮件报备。

④ 集中整改完毕,项目部将分户验收资料、维修材料及仓库等移交给建设单位,项目部退出,进入日常保修环节。

（2）日常保修服务

① 项目部接到业主保修通知(书面、电话、邮件等)后,生产协调员应做好信息登记工作,填写《工程保修信息登记表》。在一个工作日内,根据合同规定评价业主提出的问题,对属于施工方承担责任的修缮问题,填写《工程保修单》,交与项目部组织保修工作。

② 项目部经理和分包队伍应自接到《工程保修单》之日起三日内到达现场查看,尽快提出维修方案,并与业主协商取得同意。同时,项目部要进行费用测算,并填报《工程保修审批表》报公司工程管理部经理审批,审批通过后由项目部组织进行保修。工程保修维修费用在 2 万元以上的,还需成本管理部审核。对有安全隐患或者严重影响使用功能的质量缺陷,公司工程管理部、安全管理部及项目经理,应立即到达现场查看,确定维修方案。

③ 项目部在规定时间内完成工程保修后,应与业主共同进行验收,并在《工

程保修单》上签字,以保证完全符合有关规定和业主的要求,验收记录由工程管理部备案。

④ 对一般的维修,应在两周内完成;对特殊情况或维修复杂的,维修时间顺延。

⑤ 保修范围和保修期限内的工程,需要保修的分项,必须制订维修方案,并经业主和相关单位认可;项目经理因未征得业主同意,或无维修方案,或未按照维修方案维修,给业主造成额外损失的,项目经理应承担相应的赔偿责任,工程管理部负责监管责任。

(3)工程质量投诉处理

① 对于业主无论通过何种方式(如电话、传真、信函等)提出的工程维修服务问题,由工程管理部汇总并填写《工程投诉信息登记表》。

② 接到业主投诉后,工程管理部必须及时进行回访和通知项目部实地调查,并与业主共同研究制订维修方案,妥善处理工程维修和保修事宜等。

③ 对业主的投诉,应及时研究处理,切勿拖延。

④ 认真调查分析,尊重事实,做出合理处理。

⑤ 保修范围外的投诉,应反复耐心说明情况,取得业主的理解。

(4)保险费用管理

① 竣工工程在保修时限内的需要保修时,由项目部根据保修的项目范围、工程量和应采取的安全技术措施等,编制保修费用预算,填报《工程保修审批表》,报工程管理部审批后组织实施。

② 保修费用的结算由项目部按保修实际发生的人工费、材料费、机具费等有效票据办理单位工程保修结算书,报工程管理部审核,工程管理经理审批后,由财务部分单位工程核销,列入原项目部工程成本。

四、监督控制

1. 集中交付后是否及时进行维修,维修单据是否保存妥当。

2. 客户反映的问题是否能够得到及时解决、维修响应是否迅速。

3. 客户投诉是否妥善处置,是否进行投诉内容趋势分析。

4. 维修费用管理是否科学,维修费用是否得到妥善使用。

五、案例解析

(一)污水管道返水案例解析

某楼某室业主,发现厨房和洗手间内的地漏返水,污水已淹没大厅的部分木地板,要求即刻处理。

几分钟后,维修工即带着工具赶到现场,但此时污水已经退去。随后,清洁工也闻讯赶来了,并根据业主的要求迅速将厨房内物品搬出进行了保洁。然后,主管及时安排有关人员尽快更换木地板和橱柜,同时协调责任方与业主就赔偿问题达成共识。业主对物业公司的处理表示满意。问题解决了,但污水管返水因何而起呢?

(二)案例分析

物业管理具体工作中,污水管道返水、堵塞是较为常见的故障。这类故障往往会给业主用户的生活、工作带来许多的不便,无形中也增加了物业管理公司工程部门的工作量,因此,在维修中对其原因的分析显得尤为重要。

一般来讲,造成污水管道返水、堵塞的原因主要有这样几种情况:一是建设施工阶段不文明施工造成的;二是在业主用户装修阶段的不文明行为造成的;三是业主用户使用不慎不当造成的;四是设计或用材不合理造成的。为避免上述情况的出现,物业管理公司应在前期介入阶段就针对设计或用材提出合理化建议;在项目施工建设阶段加强督察,在接管验收阶段认真查验;加强装修阶段的管理巡查,制止不文明的行为出现;业主用户入住后,加强使用方法的宣传教育。

在日常维修养护中,加强巡视,及时解决隐患;对业主用户的报修,除及时到达服务外,故障排除后,还应仔细分析原因,争取彻底根除。

(三)案例点评

本案例的处理中,物业管理公司首先是三项措施(保洁、更换木地板和橱柜)一气呵成,这样积极主动地解决问题,减少了业主心中的怨气,便于后续工作的开展。接着物业管理公司及时组织有关人员进行检查分析,最后认定是该楼刚刚入住,污水管的管道内残留建筑垃圾造成的,平时排水量少时污水管道可正常使用,用水高峰期时则排水不畅,形成返水。

为了防止类似问题的再次发生,他们马上协调和督促有关方面对全楼的排污管道进行了一次全面的疏通,从管道中清除了不少水泥块、编织袋等异物,从而彻底消除了污水管道返水的隐患。

第三节 资金管理

资金管理,是企业筹资、投资和资金营运等活动的总称。在建筑施工行业中,特指与建筑施工企业生产经营活动相关的资金筹集、使用、运作、配置等有关的资金循环与周转,是资金全过程管理活动的总称。其主要活动包括:筹资管理、投资管理、资金归集与拨付、资金运作管理、货币资金管理等。

资金是企业生存和发展的重要基础,是企业生产经营的血液,决定着企业的竞争能力和可持续发展能力。建筑施工行业属于资金、资本密集型产业,具有投资规模大、建设周期长等特点。资金管理可能存在的风险对建筑施工行业的危害及影响都非常重大,因此,建筑施工企业应进一步加强资金安全管理,建立健全资金安全管理内部控制体系,切实防范资金风险。建筑施工行业应创新资金管理模式,提升资金集约管理水平,全面整合内部资金资源,提高资金规模效益。对于集团化运作的建筑施工企业,还应强化融资统一管理,保障集团公司发展需要,逐步建立完善的内部资金市场,促进产融协同发展,实现集团效益最大化。

本节适用于所有建筑施工企业。

一、控制目标

1. 资金管理符合国家有关法律、法规及单位相关规章制度。

2. 资金管理机构设置和人员配备科学合理,职责明确,权限清晰,符合不相容岗位相分离原则,资金活动严格履行决策及授权程序。

3. 建立健全资金安全管理规章制度,加强对资金业务的审计监督。

4. 强化现金流量预算与资金计划管理,确保企业各项年度资金计划编制准确,与实际经营情况相符。

5. 加强资金集中管理,建立内部资金归集体系,统一运作调度内部市场资金,确保资金高效使用,提高资金营运效益。

6. 加强支付结算流程控制,完善支付审批程序,保证支付业务的安全、高效。所有支付均纳入年度、月度预算,无预算不办理对外支付。

7. 加强资金业务核算,保证资金业务核算真实、准确、完整,账务处理及时。

8. 加强利率风险、汇率风险、信用风险等管理,提高风险预警、防范能力。

9. 确保货币资金管理安全、合法、合规,现金盘点和银行存款对账严格按照规定执行,做到日清日结、账实相符,防止"小金库"以及侵占挪用等行为。

10. 科学调度货币资金,保持合理的资金头寸,既满足日常支付需求,又防止资金沉淀。

11. 银行账户开立、使用、变更和撤销严格履行审批备案程序,所有账户均纳入财务机构管理,防止"账外账"。银行预留印鉴和有关印章的管理要求严格有效,票据的领用、保管、使用、销毁等要有完整的记录。

12. 建立健全银企直连、网上银行、手机银行等电子业务的安全管理体系,严格按规定程序办理电子支付相关密钥的领取、使用、保管、变更、注销等。

二、主要风险

1. 企业未建立健全资金预算管理制度,资金配置、监控管理与资金计划脱节,未考虑汇率和利率等因素,以及金融市场波动的影响,导致企业资金断裂或筹资时点不准确带来资金损失风险。

2. 资金内部管理审批权限或流程管理控制不严,导致资金被挪用、侵占、抽逃或遭受欺诈。

3. 资金调度不合理、营运不畅,缺乏统一的资金调控制度,导致企业无法有效管理可运作存量资金,无法实现内部资金资源的高效调配,造成资金闲置、资金利用效率降低或资金获取成本增加,难以实施有效的资金管理、监督和控制。

4. 货币资金信息化管理存在漏洞或者授权口令及密码保管不善,导致企业货币资金流失。

5. 集团总部对各成员单位账户信息获取渠道不通畅,管理层难以及时、准确、全面地掌握集团资金信息,无法正确进行资金活动相关决策。

6. 无法实现集团内部资金流动,各子公司资金使用成本高。高额的闲置资金沉淀在银行,借入高额的银行贷款,产生高额的财务费用,"三高"现象导致财务成本居高不下,削弱集团整体盈利能力,存在违规调剂资金的情况。

7. 货币资金管理制度不完善,分级授权管理或不相容职责分离措施不妥当,容易发生舞弊行为,导致企业利益受损。

8. 开户资料、账户变更资料、撤销账户资料未经妥善保存,导致会计档案的遗失或损毁。

9. 银行账户的开立未经审批及授权,导致虚假账户开立、企业资金流失,影响企业对所属单位银行账户的监管。

10. 银行票据管理不当导致票据遗失或毁损,导致企业资金损失。

11. 印鉴管理职责未分离,未经授权擅自使用或新增、变更印鉴,导致企业资金损失。

12. 缺乏库存现金限额管理以及对现金的有效保管,现金盘点记录未妥善保管,导致企业现金使用记录无法查证,影响企业对库存现金的监管。

13. 收入没有完全纳入财务账内核算,导致资金体外循环,形成"账外账"或"小金库",导致企业损失。

三、资金管理业务流程

(一)业务图解

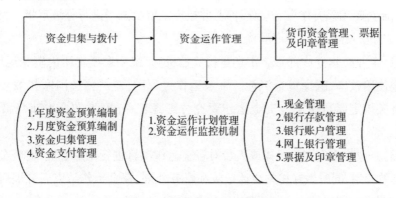

图 5 - 16　资金管理业务流程图

(二)关键节点及控制方法

1. 资金归集与拨付

(1)预算管理部门汇总各部门提交的资金收支预算,编制公司年度资金流量预算,经领导逐级审核,预算管理委员会审议通过后正式下发,作为企业全年资金收支的依据。

(2)各职能部门应该按照生产经营计划确定资金需求量,编制月度资金预算。注明资金需求明细及计算依据、申请金额、审批金额、付款单位等事项,按照审批权限分级审批后,统一由财务部门安排资金。预算管理部门应该根据上月资金预算执行情况,牵头各部门组织召开资金调度会或进行资金安全检查,各部门对上月资金使用情况以及资金预算与实际发生差异进行分析,找出差异原因,及时采取措施妥善处理,并在下月编制资金预算时进行调整。

(3)由申请部门填写申请单,注明用款用途、用款部门、付款方式、收款单位、账号、金额等，申请部门经过部门负责人审核后，按照资金审批权限提交相关领导审核、审批。出纳根据审批通过后的付款申请书办理现金支付或银行存款支付。因业务需要使用网上银行付款时，财务人员严格遵守操作授权分离的原则，网上银行使用前需更改原始密码，并定期修改密码。

(4)企业应充分利用银行提供的资金归集产品，依托财务公司、结算中心等内部金融平台，对成员单位存量资金进行归集管理，实现集团内部资金高效流动，防止存款、贷款"双高"。

(5)预算外资金支付申请要按照规定履行审批程序。

2.资金运作管理

(1)企业根据年度、月度现金流预算情况，合理安排运作存量资金，由资金管理部门制订年度及月度资金运作计划，并按规定审批流程进行分级审批。大额资金运作需进行相应审批程序后执行。

(2)企业应建立内部资金市场运行监控机制，统一调度集团内资金运作，提高资金使用效率，减少资金沉淀。资金运作过程中，应严格按国家相关法规及单位有关规定履行手续。资金运作要充分考虑汇率、利率和金融市场波动的影响。

(3)企业应指定专门机构或人员对资金运作项目进行跟踪管理，对资金运作实施有效管制，同时做好相关会计记录和账务处理，资金运作结束后开展后评价工作，对存在违规现象的行为，严格追究其责任。

3. 货币资金管理、票据及印章管理

(1)企业应建立货币资金、账户、支付管理制度，明确职责权限，对不相容职务分离做出明确规定，明确资金申请、审批、执行、复核、保管、记录、盘点的相关规定。

(2)企业银行账户管理需遵循统一政策、分级管理的原则，总部负责制定账户管理标准，建立账户管理台账，组织、指导和监督各级单位银行账户管理工作。各级单位银行账户的开立、撤销、变更均需按分级审批权限履行审批手续，经相关领导审批通过后，由相关部门在开立/撤销单位银行结算账户申请书上加盖公司印章，下属各公司开立的账户需在总部进行备案。由办理银行业务人员至银行办理开户、账户变更、销户等业务，并维护台账信息，严禁设立"账外账"、"小金库"。企业应实行年度账户检查制度。

(3)企业应明确现金管理规定，财务人员办理资金收支业务，应当遵守银行对现金和银行存款管理的有关规定，严格库存现金限额管理及现金盘点记录管理，做好授权控制,所有的凭证均经过独立复核后方可办理收付业务。

(4)空白支票、商业票据等由出纳保管,存放于保险箱中,保险箱钥匙由出纳保管。发生票据领用时,由出纳在票据登记簿中写明领用日期、收款单位、用途、金额等信息,领用人签字确认。票据使用情况应逐笔登记。对于作废的支票,加盖作废章戳后加以保管。企业财务专用章和财务负责人名章应由不同人员分开保管,并应规定不得在空白单据、空白区域及重要事项填写不全的单据、文书上加盖印章。

(5)企业应按规定由专人妥善保存银行账户管理、资金收付等原始凭证相关资料,并设立台账备查。

(6)企业应及时由非出纳人员编制银行存款余额调节表,进行银企对账,及时清理未达账项。

四、监督控制

1. 资金归集与拨付

(1)检查是否编制年度资金预算和月度现金流收支预算,同时完成各层级的审批。

(2)检查是否所有对外支出均纳入年度及月度预算。

(3)检查是否按规定设置资金支付相关岗位,是否符合不相容岗位相分离原则。

(4)检查资金支付相关单据信息是否真实、齐全;资金支付是否经过相应授权及审批。

(5)检查电子支付系统、密钥、网络等软硬件管理是否安全可靠。

(6)检查是否建立适合企业资金运动规律及特点的资金归集体系,资金集中管理权责界面是否清晰。

(7)检查应归集账户是否均纳入资金归集体系,归集账户资金是否按要求及时归集到集团资金池。

(8)检查预算外资金支付申请是否按照规定履行审批程序。

2. 资金运作管理

(1)检查是否制订年度及月度资金运作计划,并按规定权限进行分级审批,大额资金运作是否按规定履行决策审批程序。

(2)检查资金运作实施是否依法合规。

(3)检查资金运作是否有专门部门负责实施及跟踪;是否按规定进行会计处

理;是否进行运作后评估。

3. 货币资金管理

(1)检查是否建立货币资金、账户、支付管理制度,不相容岗位是否分离。

(2)检查是否遵循现金及银行等相关管理规定;是否每笔资金收支业务均完成独立授权审批。

(3)检查使用网上银行是否严格执行操作授权分离,并严格进行初始密码的修改、保密及定期更换,网银业务的支出是否经过授权审核。

(4)检查是否对账户开立、审批、变更进行有效的审批,是否建立账户管理台账、对账户进行有效的管理和监督。

(5)检查空白支票、商业票据等是否由专人妥善保管。票据领用时是否逐笔登记。

(6)检查作废的支票是否加盖作废章戳后进行保管。

(7)检查财务专用章和财务负责人签名章是否分开保管,是否按规定使用印鉴。

(8)检查是否按规定不在空白单据、空白区域及重要事项填写不全的单据、文书上加盖印章。

(9)检查是否按规定妥善保管账户开立、资金收付等原始凭证。

(10)检查是否按规定对库存现金进行盘点,是否按时与银行进行对账,是否及时清理未达账项。

五、案例解析

1. 项目概况

展览中心项目是某公司总承包的一个 BT 工程。业主是 C 市人民政府,建筑总面积约 6.6 万㎡,结构类型为框架钢结构,工程合同总造价 5.1 亿元。该工程于 2008 年 10 月 14 日开工,2010 年 10 月竣工。

2. 项目资金管理模式

展览中心项目采取 BT 模式建设,即由该公司总承包投资修建,发包人(C 市市政府)分阶段连本带息对工程进行回购。项目投资利息以中国人民银行发布的同期贷款基准利率上浮 2.5 个百分点计算,利息自资金投入之日起计算,按季支付。

按照甲乙双方 BT 协议规定,对乙方投入的工程款,从工程竣工之日起分四次还本付息。截至 201X 年 11 月甲方已按合同约定支付了二次工程款,合计收回工程款 28100 万元及相应利息 1800 万元。剩余工程款收款日期分别为 201X 年 10 月和 201Y 年 10 月。

3. 项目资金管理措施

（1）科学设定分包合同中的资金条款

紧紧围绕总包合同收款日期,签订分包合同的工程款付款日期等内容,确保先有收入来源,后有资金支出,形成一个可循环的资金链。由于承接的是 BT 项目,资金是由公司自行筹集,那么签订分包合同时,在"工程款支付方式"这一条款中,对不同的分包项目签订不同的付款方式。如劳务合同的付款方式是按照每月实际完成工程进度部位并验收合格,支付不低于 80% 的劳务费,确保劳务费不拖欠;专业分包合同的付款方式是先支付 20%～30% 工程预付款,根据总包合同的收款日期确定后几笔付款日期,从而减少公司垫资的资金压力。

（2）实施严格的资金计划管理

每季度编制一次资金计划,每月再按照实际完成情况编制月度资金计划,在编制资金计划时,由预算部、工程部、财务等几个部门共同制订,具体编制资金计划流程是:首先由工程部按照生产计划提供季度或月度各分包单位预计完成情况,然后由预算部门按照工程部提出的计划,估算出各分包项目完成产值情况,最后由财务部门根据预算部门提供的资料和分包合同相关付款条件,编制季度或月度资金计划,上报公司财务处。当资金下拨后,不是盲目地按照资金计划全额支付,而是要看各分包单位是否保质、保量按照生产计划完成各自的工作量,按照实际完成情况予以付款。

（3）充分利用有限资金,实现资金在各工程项目之间统一管理,从而达到降低成本的目的。

（4）充分利用现有资金,组织、计划、协调资金合理使用。展览中心项目工程投入资金来源较为复杂,既有公司内部借款,还有银行专项借款,再加上按 BT 合同约定到期应收回的工程款,对这些资金来源实行集中管理,即由公司财务部门统一管理资金,根据项目编制的资金计划,按照时间顺序或可能存在财务风险程度安排支付日期,使资金流出得到有效控制,既降低了财务风险程度,又达到了降低成本的目的,确保了资金使用的良性循环。例如,对于劳务分包,项目组严格执行合同约定,想尽一切办法筹措资金,按期足额支付农民工工资,绝不拖欠,营造出一个和谐稳定的施工环境。而对于专业分包项目,项目组要考察分包单位,在货比三家后,选择资金实力强、信誉好的厂家,这样在签订合同时采用债务法延长付款期限,使银行贷款额度和公司垫款的资金减少到最低,利用资金收与支的时间差,发挥资金的最大效用,这在 BT 工程项目中得到了充分体现。而对于向银行贷款的资金,由于资金管理到位,资金计划编制合理,资金管理得到有效控制,8000 万元的银行贷款提前一个月还款,节约贷款利息 36 万多元。

通过项目资金集中管理与有效控制,保证施工生产顺利进行,既缓解了资金压力,又降低了财务风险,达到了降低成本的目的,确保工程有较高的利润点。

(5)加强监控力,健全内部约束机制

严格执行总承包资金管理制度及施工项目资金管理办法,定期编制年度、季度、月度资金收支计划及年度预算费用计划。在此基础上健全项目资金管理审批程序,项目资金管理由项目部领导班子共同参与,制订资金分配方案和资金收支计划,最终由财务部门审核并实施。

4. 项目资金管理成效

通过对项目资金进行有效的管理,已完工的展览中心 BT 工程项目中取得了良好的成效,将近 6 个亿的工程,通过合理有效的资金管理措施,最终只占用企业内部资金 1.8 亿元的资金,该工程就顺利竣工,且在整个施工过程中没有出现过任何经济纠纷事件。工程款回收率达到 100%,工程利润率预计在 5.1% 左右,投资利润率预计占工程总造价的 4% 左右。

第四节 采购业务

采购业务是指购买物资（或劳务）及支付款项等相关活动。采购是生产建设各项业务活动生命周期的初始环节，涵盖企业正常生产经营所需的原料、物资和设备的供应。建筑施工企业采购业务的主要目标是合理采购、规范采购行为，降低采购成本、提高采购质量，确保工程项目和日常工作的安全、经济、可靠运行。

建筑施工企业应遵守相关法律法规要求，建立并完善采购业务相关管理制度，统筹安排采购计划，明确采购申请、审批、采购、验收、付款、后评估等环节的职责、审批权限及关键控制要求，严格采购程序、规范采购行为、杜绝过度采购。以"集中、统一、精益、高效"为目标，实行集中化、标准化物资采购，打造统一集中采购平台，提高采购业务效率、降低采购成本、提高采购质量、堵塞管理漏洞。大力推进采购信息系统，覆盖采购业务各环节，实现采购活动全过程系统管理控制。

本节适用于建筑施工企业。

一、控制目标

1. 科学合理地编制执行物资规划，及时准确地提出采购需求计划，完整准确地编制采购计划，且与年度预算相符。

2. 对不同类别的物资（服务），确定适宜、恰当的采购方式和标准。

3. 依法开展采购招标、非招标活动，建立集中采购体系，提高经济效益，保证采购质量。采购招标活动遵循公开、公平、公正和诚实信用原则，达到科学、择优的采购目的。采购非招标活动遵循客观、公正、廉洁原则并接受有关部门监督，达到技术、服务择优的采购目的。

4. 依法建立高效的信息化采购平台，配备专业人员。

5. 建立科学的供应商评估和准入制度，确定合格供应商清单。

6. 建立相关制度以规范采购合同签订及审批流程，规范运用统一合同范本，按照规定权限签订合同。建立完整准确的采购合同台账，对采购合同进行综合管理。

7. 与供应商进行有效沟通，合理安排物资供货周期，以满足需求项目进度及企业运行需求。

8. 对于物资质量进行严格监督,对供应商不良行为进行及时处理,实现对供应商物资质量及服务质量的管控。

9. 建立严格的采购验收制度,确定检验方式,由专门的验收机构或人员组织验收,对验收不合格物资及时办理退换或索赔。

10. 建立相关制度以规范应急物资/服务储备、采购及调拨业务,确保突发情况下的施工项目正常运行。

11. 严格执行资金预算支付流程,明确付款审核人的责任和权力,按照合同约定合理安排资金支付时间,严格审核预算、合同、相关单据凭证、审批程序等相关内容。

12. 确保会计记录、采购记录与仓储记录核对一致。

二、主要风险

1. 物资规划不合理,导致资源浪费增加、运营效率与效果降低,阻碍战略目标的实现。

2. 采购计划不准确或市场变化预测不准确,造成库存短缺或积压,资产使用效率降低,导致企业生产停滞或资源浪费。

3. 计划外采购时,未按规定执行审批程序,存在舞弊现象。

4. 供应商选择不当,采购方式不合理,招投标机制不科学,导致采购物资质次价高,存在舞弊或遭受欺诈,造成损失。

5. 统一合同文本条款不合理、不严密、不完整或不明确,或者合同文本信息不准确,无法满足实际业务需求,导致重大误解或合同纠纷。

6. 合同授权管理不严格,授权事项、授权范围、授权人不满足公司合同签署要求及相关法律法规要求,合同效力受质疑,带来法律诉讼风险。

7. 未建立合同台账或合同台账内容不全、更新不及时,导致合同管理信息不全,无法有效跟踪合同履约情况。

8. 合同档案管理不规范、不完整,归档时间、归档文本内容、归档地点缺乏相关规定,存在随意性,导致合同丢失。

9. 合同变更原因不合理,变更事项不准确;合同解除的支持材料不完整、不合法;合同解除时未对合同相关的款项、货物等条件进行有效核实;合同纠纷处理方案不合理、合同纠纷处理不及时,导致合同不能满足企业采购需求。

10. 供货计划不合理,无法满足各单位生产建设需求,供货计划的制订和更新未与供应商进行及时协调确认,导致不能按照生产经营要求进行供货。

11. 供应商的生产供货进度滞后且未监控和及时处理,影响工程进度,导致供货延误,影响生产。

12. 采购验收标准不明确、验收程序不规范,导致不合格物资流入企业,影响生产建设质量。不合格物资未及时办理相关手续,导致企业经济受损。

13. 质量监督方式选择不合理或针对性不强,无法满足质量监督管理要求;未按质量监督方案执行,或未整改发现问题、监督见证不到位,导致设备存在缺陷,不能按时交货或为投运后留下隐患。

14. 应急物资储备不合理、物资调拨不及时,出现电网停电、电站停运的现象,造成经济损失。

15. 采购合同款项支付资金预算编制不准确,影响采购款项支付。

16. 付款审核不严格、付款金额控制不严,即未按照合同支付和实际供货情况支付,导致资金损失或信誉受损。

17. 编制凭证时,采购订单/合同、入库单和供应商发票不一致,会计核算不准确,导致增值税进项税抵扣不准确或存在舞弊现象。

三、采购业务

(一)业务图解

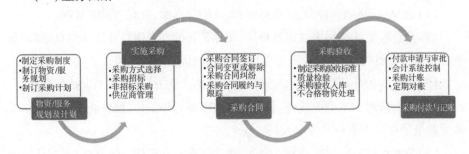

图 5-17 采购业务管理流程图

(二)关键节点及控制方法

1. 物资/服务规划及计划

(1)企业应建立健全采购管理相关制度,科学规范物资(服务)规划与计划、实施采购、采购合同管理、采购验收等计划。

(2)企业应充分考虑本公司发展战略、业务变化及市场趋势变化,合理编制物资规划。

(3)企业应及时掌握市场供需变化和技术发展形势,对物资属性、需求及市场情况进行充分分析,建立采购目录,为重要物资确定恰当的采购方式和标准。

(4)企业需求部门/单位应根据全年集中招标采购批次计划时间安排,提出合理的物资/服务需求。

(5)企业物资管理人员应充分收集物资/服务需求信息,保证物资/服务需求与实际需求相符合。

(6)企业年度物资/服务需求计划应与公司年度综合计划、固定资产投资计划、财务预算一致。

(7)企业应加强需求计划的刚性管理,避免由于管理原因造成的批次外采购;如因特殊情况必须采购时,应启动批次外采购审批流程。

(8)企业根据需求计划制订采购计划时,应充分考虑进行适当范围内的平衡利库。

(9)企业采购计划中提出的技术规范、数量、估算金额、交货期等因素应准确、完整,且符合公司管理规定。

(10)企业制订物资/服务采购批次计划安排时,应充分考虑对工程项目计划、市场情况、供求关系、价格变动的影响。

(11)企业应按照各批次计划申报时间节点,及时申报采购计划。

2. 实施采购

(1)企业应明确采购方式的选择依据、程序及标准,并建立监管机制。

(2)企业应明确招标文件审核程序、招标公告的发布审核程序,同时应规定组建评标委员会,对评标全流程进行管理,并建立相应的监督机制。

(3)企业应为非招标形式的采购确定恰当的采购方式、标准和审批程序。

(4)企业应考虑本企业战略、业务变化及市场趋势变化,配备能满足发展规模的采购电子化操作平台和专业人员。

(5)企业应按规定建立评标专家库,建立评标专家资格审批制度,对评标专家专业水平、工作态度等进行定期考核,对评标专家库数据进行新增、变更和撤销。

(6)企业采购部门应制定供应商管理制度,明确供应商选择及评估的依据和标准,同时建立并实时更新合格供应商无错误。

(7)企业应制定相关岗位轮换制度,对采购业务人员岗位轮换周期、频率、涉及岗位进行明确规定,采购部门按照制度规定定期进行岗位轮换。

3. 采购合同

(1)企业采购部门应组织法律、技术、财务等专业人员进行采购统一合同文本的编制与修订工作,形成合同范本。

（2）企业采购部门应按照请购部门的需求提出物资采购合同签署授权或授权变更申请，经法律、财务部门进行会签后，传递至合同授权归口管理部门进行授权委托处理。

（3）依据采购结果，采购部门应根据确定的供应商、采购方式、采购价格等情况，运用统一合同范本拟定采购合同，准确描述合同条款，明确双方权利、义务和违约责任，经法律、技术、财务专业会签后，按照规定权限签署采购合同。

（4）企业采购部门应根据中标或中选结果签署合同，并编制合同台账，内容包括合同编号、招标批次、中标结果生成时间、合同生效时间和合同审批时间等。

（5）核对移交的合同档案资料与移交清单相符后，企业采购部门应将资料交接给相应的档案管理部门，并且双方在移交清单上签字确认。

（6）企业采购部门分管领导应从合同变更或解除的合理、合规性出发审阅合同变更申请，审核同意后在审批单据上签字或盖章确认。

（7）发生纠纷时，企业采购部门将合同纠纷说明及相关文件提交有关部门，提出协调方案并与供应商协商解决。

（8）企业采购部门根据工程物资现场到货需求、供应商排产、交货安排等信息，形成详细的供货计划，综合平衡需求部门提出的物资到货需求和供应商提出的物资供应计划变更需求。

（9）企业采购部门根据跟踪清单及时了解供应商物资生产情况，若生产进度无法满足企业的生产建设需求，则需及时以书面形式通知供应商整改并获取反馈。

（10）物资质量监督实施部门/单位将物资质量、进度等信息上报至采购部门，对于重大问题则需编制问题报告，采购部门给出初步意见后，监督供应商整改落实。

（11）企业应综合考虑应急物资储备需求、实际库存情况等信息确定合理的应急物资储备定额，并根据应急物资需求，及时进行物资调拨。

4. 采购验收

（1）企业应制定严格的采购物资验收标准，结合物资特性确定检验物资目录，规定此类物资出具质量检验报告后方可入库。

（2）企业验收人员查看到货物资的质量检验证明，检验采购物资的数量、质量、规格型号等是否与采购合同及货物交接单相一致。对于专业性强的或大宗的和新、特物资，还需要质量检验部门对其进行专业检测。

（3）对于工程物资，企业采购部门应组织需求部门根据货物交接单，采购合同进行物资到货验收,采购部门、供应商,项目单位、监理单位共同检查装箱单、合格证和出厂报告三证是否齐全,核对数量、型号等是否符合合同要求,验收完成后各现场验收人员均需在到货验收单上签字确认。

(4)对于不合格物资,企业采购部门依据检验结果办理退货、索赔等事宜。

5. 采购付款及记账

(1)企业采购部门根据采购合同及到货情况提出付款申请规定的审批层级上报审批通过后,财务部门审查是否符合资金预算,采购付款金额是否与采购合同、相关单据相符,审核无误后,按照合同规定办理付款事宜。

(2)企业应加强对购买、验收、付款业务的会计系统控制,针对采购业务各环节进行详细的记录,确保会计记录、采购记录与仓储记录核对一致。

(3)采购部门与财务部门定期与供应商核对应付账款、预付账款余额,如有差异,及时查找原因,进行调节。

(4)企业财务人员应根据国家、财务管理制度和规定进行会计核算,确保会计信息准确、真实。

四、监督评价

1. 物资/服务规划及计划

(1)检查是否建立采购管理度。

(2)检查是否建立物资规划审批流程,规定时效,并履行各级审批。

(3)检查物资需求计划是否与综合计划、投资计划、预算等保持一致。

(4)检查是否建立批次外采购审批流程,并严格执行。

(5)检查采购计划制订前是否进行平衡利库工作。

(6)检查采购批次计划制订是否充分考虑各项因素,如工程里程碑、市场情况、供求关系、价格变动等。

2. 实施采购

(1)检查是否明确招标及非招标等采购方式的范围、依据、标准及程序并严格执行。

(2)检查是否存在未规避招标采购、对招标项目化整为零或以其他方式规避的情况。

(3)检查是否建立招标文件审核、招标公告发布审核程序,并严格执行。

(4)检查评标委员会专家是否具备足够资质,是否按规定组建评标委员会,是否对评标全流程进行管理和监督。

(5)检查非招标采购方式的选择是否恰当。

(6)检查是否配备采购信息系统及足够资质的人员操作该系统。

(7)检查是否定期更新评标专家库,并对评标专家予以考核。

(8)检查是否建立并严格履行供应商准入机制,并定期对供应商履行情况进行评估。

(9)检查是否建立并实行采购人员岗位轮换制度。

3. 采购合同

(1)检查是否依据中标结果且应用统一合同范本签订采购合同。

(2)签订采购合同时,检查是否组织法律、技术、财会等专业人员进行谈判或会签。

(3)检查是否建立合同台账,并完成合同归档工作。

(4)检查合同变更或解除是否合理,且经过相关审批程序。

(5)检查合同纠纷处理是否合理。

(6)检查是否与供应商制订供货计划,跟踪督促其生产,同时对其开展质量监督工作。

4. 采购验收

(1)检查是否制定严格的采购验收及质量监督标准。

(2)检查验收部门或人员是否按要求进行采购验收,对于专业性强的、大宗的和新、特物资,是否已进行专业测试。

(3)对于不合格物资,检查是否进行及时办理退货或索赔等相关事宜。

5. 采购付款与记账

(1)检查付款申请是否依据授权经过审批,财务部门是否对付款申请、采购合同、入库单、发票等相关单据进行复核。

(2)检查财务人员是否做好采购业务各环节的记录,确保会计记录、采购记录与仓储记录核对一致。

(3)检查采购部门与财务部门是否定期与供应商核对应付账款、预付账款余额。

五、案例分析

(一)案例简介

长治分公司接到省公司委托后,邀请中达、上海宝临、太原电力三个公司竞标。开标时,太原电力弃标。长治公司在只有两家供应商竞标的情况下继续完成了评标工作。后经分公司总经理办公会议决策,选定价格、技术靠前的中达公司中标。

(二)案例分析

针对上述程序,长治公司在将合同授权审批上报省公司后,公司领导立即发现了流程不规范问题。邀请招标必须有三个及以上供应商参加,不足情况下要重新邀请达到三家及以上后开标。长治分公司没有重新邀请招标,而是在不足三家的情况下完成了后续的评标和决策程序。最后,长治公司按照省公司要求重新进行了邀请招标。

(三)案例启示

采购业务程序的规范化是采购管理工作的重中之重。执行规范的采购程序,合理控制程序风险点,确保采购工作规范透明。

第五节　资产管理

资产管理,是指建筑施工企业对其拥有或控制的固定资产和无形资产等进行相关的管理活动,管理活动包括资产新增、资产运行、资产退出。

在施工行业中,资产的构成、分类复杂,覆盖面大,就其固定资产分类而言可以分为生产用固定资产、非生产用固定资产、租出固定资产、未使用固定资产、不使用固定资产以及融资租赁的固定资产等。建筑施工企业资产分布较为分散,资产使用部门多,包括直属部门、施工队、检修部门、技术部门等。建筑施工企业的资产从计划、购置、安装、调试、使用、维修、改造和更新直至报废,数量多,金额大。

本节适应于所有建筑施工企业。

一、控制目标

1. 确保企业建立健全资产管理相关制度,并采取完备的全面风险管控措施,保证资产安全、完整、高效运行。

2. 确保企业在增加资产之前进行科学的决策,符合企业发展战略,保证企业的可持续发展。

3. 确保企业建立严格的固定资产交付使用验收制度,保证新增固定资产符合规定的质量标准、使用要求和采购或建造合同的其他有关内容。

4. 加强企业采购付款的管理,完善付款流程,确保企业采购付款程序能够合理、合规、及时有效办理。

5. 确保固定资产取得内容登记真实完整,并及时登记固定资产台账,保证企业资产安全、资产信息真实完整。

6. 确保固定资产折旧费用的计提数值真实、准确并完整地记录在恰当的会计期间,保证财务报表的真实性、准确性、合规性。

7. 确保企业固定资产的处置经过适当的审批,保证资产的处置公开透明,价格公允合理,符合国家有关法律法规和公司的管理规定,保证企业资产的安全,使企业的资源得到有效的运用。

8. 制订并严格执行资产日常维护与修理计划,确保固定资产平稳运行、安全生产,提高资产使用效率。

9. 加强固定资产使用部门对固定资产的日常维护,建立、健全定期检查制度,确保企业的生产、经营活动顺利进行。

10. 确保企业建立、健全固定资产投保政策,及时合理、合规的办理投保手续,避免资产因人为事故或自然灾害等造成的损失。

11. 确保企业建立、健全固定资产抵押制度,保证固定资产抵押资产价值公允、程序合理。

12. 确保固定资产调拨的合理性及必要性,并且固定资产的调拨被及时、完整地记录,保证固定资产账面价值真实性和准确性。

13. 确保固定资产账实相符,对企业实物资产进行清查及盘点,及时掌握资产盈利能力和市场价值。

14. 实物资产管理部门及无形资产归口管理部门分别对实物资产及无形资产进行有效评估,开展技术改进或技术升级。

15. 确保固定资产的会计账务处理准确、真实反映其经济价值,保证财务报表真实可信。

二、主要风险

1. 资产管理不符合国家法律、法规和公司内部规章制度的要求,可能造成资产损失。

2. 固定资产购买、建造决策失误,可能造成企业资产损失或资源浪费。

3. 资产的购买、建造决策失误,验收流程不规范,或未按合同规定进行付款,导致企业资产损失或资源浪费。

4. 固定资产采购的付款未经过恰当的审批。

5. 固定资产的取得未能真实、准确、完整地记录在正确的会计期间,导致财务报表的错报漏报。

6. 折旧费用未能真实、准确、完整地记录在恰当的会计期间,导致财务报表的错报漏报。

7. 固定资产的处置未经合理授权,可能导致企业经济损失。

8. 资产维修不及时或失当,导致企业缺乏核心竞争力、资产价值贬损,引起安全生产事故或停产。

9. 固定资产操作不当、失修或维护过剩,可能造成资产使用效率低下、产品残次率高,甚至发生生产事故,或资源浪费。

10. 固定资产投保制度不健全,可能导致应投保资产未投保、索赔不力,不能有效防范资产损失风险。

11. 固定资产抵押制度不完善,可能导致抵押资产价值低估和资产流失。

12. 固定资产调拨未适当审批和记录,使得固定资产的责任部门不明,成本归集不清,导致财务报表的错报漏报。

13. 固定资产丢失、毁损等造成账实不符。

14. 无形资产管理不当,权属不清,保密工作不到位,造成流失及被盗用,导致企业法律纠纷,使企业经济利益受到损失。

15. 会计核算不规范,会计处理、账簿记录有误,导致固定资产账实不符。

三、资产管理业务流程

(一)业务图解

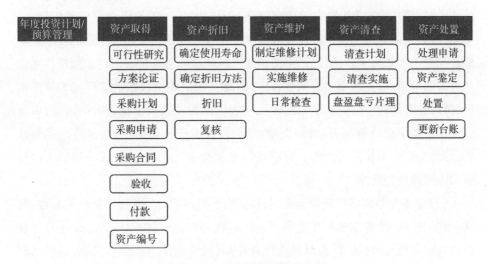

图 5 - 18　资产管理业务流程图

(二)关键节点及控制方法

1. **年度投资计划/预算管理**

企业应结合国家政策规定、市场行情及公司经营情况,建立健全资产管理相关制度,建立科学规范的年度投资计划和预算管理控制流程。

2. **资产取得**

(1)固定资产在获取前必须进行科学的决策。固定资产获取一般属于投资行为,应首先根据企业发展战略和投资计划,开展可行性研究,提出项目方案,报经批准后确定投资决策。

①实施方案可行性论证

a. 进行投资方案的战略性评估,包括是否与企业发展战略相符合;

b. 投资规模、方向和时机是否适当;

c. 对投资方案进行技术、市场、财务可行性研究,深入分析项目的技术可行性与先进性、市场与前景,以及项目预计现金流量、风险与报酬,比较或评价不同项目的可行性。

②选择批准最优方案

a. 明确审批人对投资业务的授权批准方式、权限、程序和责任,不得越权;

b. 审批中应实行集体决策审议或者联签制度;

c. 与有关被投资方签署投资协议。

(2)建立采购申请制度,确定归口管理部门,授予相应的请购权,明确相关部门或人员的职责权限及相应的请购程序。固定资产的需求应由使用部门提出。采购部门、企业内部的建造或建设部门一般无权首先提出采购或承建的要求。申购部门对于预算内采购项目,严格按照预算办理请购手续进行。对于超预算和预算外采购项目,应先按照预算调整程序,由具备相应审批权限的部门或人员审批后,再行办理请购手续。具备相应审批权限的部门或人员审批采购申请时,应重点关注采购申请内容是否准确、完整,是否符合生产经营需要,是否符合采购计划,是否在采购预算范围内等。对不符合规定的采购申请,应要求请购部门调整请购内容或拒绝批准。

(3)企业外购固定资产根据合同、供应商发货单等对所购固定资产的品种、规格、数量、质量、技术要求及其他内容进行验收,出具书面验收报告。企业自行建造的固定资产,由建造部门、固定资产管理部门、使用部门等联合验收,编制书面验收报告,经验收合格的,填制固定资产移交使用单,移交使用部门投入使用。不需要安装的固定资产,经验收合格后即可交付有关部门投入使用;需要安装的固定资产,收到固定资产初步验收后进行安装调试,安装完成后必须进行第二次验收,合格的才可交付使用。未通过验收的不合格资产,不得接受,必须按照合同相关规定办理退换货或其他弥补措施。大型固定资产需组织施工监理单位、施工单位、资产使用部门、基建部门根据国家法律、法规以及相关合同要求共同实施验收,必要时进行决算审计。

(4)企业应明确资产付款审核人的责任和权力,严格审核采购预算、合同、相关单据凭证、审批程序等相关内容,审核无误后按照合同规定,合理选择付款方式,及时办理付款。严格审查采购发票等票据的真实性、合法性和有效性,判断采购款项支付是否合理。如审查发票填制的内容是否与发票种类相符合、发票加盖的印章是否与票据的种类相符合等。并对采购付款的过程进行控制和跟踪管理，如果发现异常情况，拒绝向供应商付款，避免出现资金损失和信用受损。根据国家有关支付结算的相关规定和企业生产经营的实际情况合理选择付款方式，并严格遵守合同规定，防范付款方式不当带来的法律风险，保证资金安全。除了不足转账起点金额的采购可以支付现金外，采购价款通过银行办理转账。加强预付账款和定金的管理，涉及大额或长期的预付款项，定期进行追踪核查，综合分析预付账款的期限、占用款项的合理性、不可收回风险等情况，发现有疑问的预付款项，及时采取措施，尽快收回款项。

（5）制定适合企业的固定资产目录，列明固定资产编号、名称、种类、所在地点、使用部门、责任人、数量、账面价值、使用年限、损耗等内容，以利于企业了解固定资产使用情况的全貌。按照单项资产建立固定资产卡片，资产卡片应在资产编号上与固定资产目录保持对应关系，详细记录各项资产的来源、验收、使用地点、责任单位和责任人、运转、维修、改造、折旧、盘点等相关内容，便于固定资产的有效识别。固定资产目录和卡片均应定期或不定期复核，保证信息的真实和完整。

3. 资产折旧

（1）企业应当对所有固定资产计提折旧，已提足折旧仍继续使用的固定资产等除外。

（2）根据固定资产的性质和使用情况，合理确定固定资产的使用寿命和预计净残值。固定资产的使用寿命、预计净残值一经确定，不得随意变更。

（3）企业确定固定资产使用寿命，应当考虑下列因素：

①预计生产能力或实物产量；

②预计有形损耗和无形损耗；

③法律或者类似规定对资产使用的限制。

（4）企业应当根据固定资产所包含的经济利益预期实现方式，合理选择固定资产折旧方法。固定资产的折旧方法一经确定，不得随意变更。

（5）固定资产应当按月计提折旧，并根据用途计入相关资产的成本或当期损益。

（6）企业应当至少于每年年终，对固定资产的使用寿命、预计净残值和折旧方法进行复核。使用寿命预计数与原先估计数有差异的，应当调整固定资产折旧年限。预计净残值预计数与原先估计数有差异的，应当调整预计净残值。固定资产包含的经济利益预期实现方式有重大改变的，应当改变固定资产折旧方法。固定资产使用寿命、预计净残值和折旧方法的改变应当作为会计估计变更。

4. 资产维护

(1)固定资产使用部门会同资产管理部门负责固定资产日常维修、保养,将资产日常维护流程体制化、程序化、标准化,定期检查,及时消除风险,提高固定资产的使用效率,切实消除安全隐患。

(2)固定资产使用部门及管理部门建立固定资产运行管理档案,制订合理的日常维修和大修理计划,并经主管领导审批。

(3)固定资产实物管理部门审核施工单位资质和资信,并建立管理档案;修理项目应分类,明确需要招投标项目。修理完成,由施工单位出具交工验收报告,经资产使用和实物管理部门核对工程量并审批。重大项目应专项审计。

(4)关键设备的运作效率与效果将直接影响企业的安全生产和施工质量,操作人员上岗前应由具有资质的技术人员对其进行充分的岗前培训,特殊设备实行岗位许可制度,需持证上岗,必须对资产运转进行实时监控,保证资产使用流程与既定操作流程相符,确保安全运行,提高使用效率。

5. 资产清查

企业应当建立资产清查制度,至少每年进行全面清查。对资产清查中发现的问题,应当查明原因,追究责任,妥善处理。

(1)财务部门组织资产使用部门和管理部门需定期进行清查,明确资产权属,确保实物与卡、财务账表相符,在清查作业实施之前编制清查方案,经过管理部门审核后进行相关的清查作业。

(2)在清查结束后,清查人员需要编制清查报告,管理部门需就清查报告进行审核,确保真实性、可靠性。盘点结果记录在盘点清单上,清单内容包括:资产名称、类别、编号、存放地点、目前使用状况和所处状态等内容。盘点人员(一般要求两人以上)应在盘点清单上签字。

(3)清查过程中发现的盘盈(盘亏),应分析原因,追究责任,妥善处理,报告审核通过后及时调整固定资产账面价值,确保账实相符,并上报备案。盘点清点单应归档保存。

6. 资产处置

(1)对使用期满、正常报废的固定资产,应由固定资产使用部门或管理部门填制固定资产报废单,经企业授权部门或人员批准后固定资产管理部门对该固定资产进行报废清理。处理后对台账及固定资产卡片进行更新,并将处理结果书面通知财务部。财务部已经审批的报废申请和实物处理结果,进行账务处理。

（2）对使用期限未满、非正常报废的固定资产,应由固定资产使用部门提出报废申请,注明报废理由、估计清理费用和可回收残值、预计处置价格等。企业应组织有关部门进行技术鉴定,按规定程序审批后进行报废清理。

（3）①对拟出售或投资转出及非货币交换的固定资产,应由有关部门或人员提出处置申请,填写《固定资产出售申请表》。②对固定资产价值进行评估,并出具资产评估报告。报经企业授权部门或人员批准后予以出售或转让。③企业应特别关注固定资产处置中的关联交易和处置定价,固定资产的处置应由独立于固定资产管理部门和使用部门的相关授权人员之外办理,固定资产处置价格应报经企业授权部门或人员审批后确定。对于重大固定资产处置,应当考虑聘请具有资质的中介机构进行资产评估,采取集体审议或联签制度。涉及产权变更的,应及时办理产权变更手续。④固定资产出售申请经批准后,固定资产管理部门对固定资产进行处置,并对固定资产卡片登记出售日期,台账做固定资产减少。⑤财务部根据已经批准的出售申请表,开具发票及收款,并对固定资产进行相应的账务处理。

（4）对出租的固定资产由相关管理部门提出出租或出借的申请,写明申请的理由和原因,并由相关授权人员和部门申请进行审核。审核通过后应签订出租或出借合同,包括合同双方的具体情况、出租的原因和期限等内容。

（5）固定资产报废通知单至少一式三联,一联由审批人留底备案,一联作为执行报废工作的授权证明;一联交财务部门。

四、监督评价

1. 年度投资计划/预算管理

检查公司是否建立资产管理相关制度,是否制订年度投资计划,控制流程且得到适当审批,是否有相应的融资计划与之匹配。

2. 资产取得

（1）检查是否制订实施方案进行可行性论证,并选择最优方案。

（2）检查需求计划是否经过审批,预算外申请是否启动预算外审批流程。

（3）检查是否按照规定程序进行资产验收,并按合同规定支付货款或工程进度款。

（4）检查发票是否与采购申请、合同等内容一致。

（5）检查是否编制固定资产目录、建立固定资产卡片,固定资产信息及相关责任人是否明确。

3. 固定资产折旧

检查固定资产折旧方案是否准确并执行。

4. 资产维护

（1）检查是否制订日常维护与修理计划，是否对日常维护进行定期检查。

（2）检查是否严格执行检修计划，按期进行定期切换、轮换检修等工作。

（3）检查对关键设备等是否培训并专人操作。

5. 资产清查

检查是否建立资产清查制度，是否定期开展。对清查过程中发现的盘盈盘亏，是否分析原因，追究责任，妥善处理。

6. 资产处置

（1）检查资产处置申请是否经过相应审批。

（2）检查资产处置是否及时进行账务处理。

五、案例解析

（一）案例简介

A 公司是国内某建筑施工央企的二级单位，是集施工、设计、科研、投资、电力生产与销售于一体的国有大型建筑施工企业。在企业发展过程中针对固定资产逐步建立了相应的制度及流程。

（二）案例分析

1. 围绕经营目标、财务目标、合规目标进行控制

内部控制目标是指导其设计和实施的根本指南。内部控制必须围绕所要实现的目标，才能找到企业管理、经营活动中与最终控制结果相关的因素。企业的控制活动是否有效，主要的衡量标准就是控制活动能否与控制目标保持一致。企业内部控制的目标主要有保证管理政策的有效贯彻和实施以及管理效率和效果、业务活动的合法性和会计信息的真实可靠。企业要想使控制活动能够与控制目标保持一致，内部控制设计就要关注上述问题。

因此，该公司在阐述关于固定资产管理的经营目标、财务目标及合规目标等内容的基础上，提出固定资产管理过程中可能出现的经营风险、财务风险及合规风险，围绕业务目标设计了有关固定资产业务流程步骤与控制点，可以保证关于固定资产会计信息的可靠性、企业财产的安全性和合法性。

2. 组织结构严密，岗位责任明确，强调授权审批控制

企业经营活动的开展具有很强的层次，权力的归属呈现出"金字塔"的特征。

由于精力有限,上级管理者必须进行分权管理,这就产生了授权的问题,企业固定资产相关的业务活动也应该按照一定的审批程序进行。内部控制必须确定授权审批的程序、保证权力的分配与责任界定相配合,既要设计出合理的授权审批控制措施,又要保证授权活动的贯彻实施。

按照授权审批对象的发生频率和范围可以把授权审批活动划分为一般授权和特别授权。一般授权针对的是企业中经常发生、涉及范围较广的日常经济业务,其主要内容包括不同数额业务审批权的归属、授权审批责任的确定以及交易活动的具体审批程序,在实际工作中还会发生在同级别管理者之间,这也属于一般授权。在此案例中,比如,设备管理部门和固定资产使用部门依据有关单据对新增固定资产共同进行验收;固定资产使用部门根据固定资产性能及使用现状提出维护修理计划,由设备管理部门审核,报公司分管副总经理审批后实施;关于固定资产的清查由设备部和资产财务部共同定期组织实施。

特殊授权针对的是企业中发生频率较低、较为重要的非常规活动,例如重大的项目投资决策、债券和股票的发行等,主要规定了这些活动的决策程序、制衡机制和权责分布。例如,该公司关于固定资产报废的处置,单台原值在 5 万元以上 50 万元以下的固定资产由使用单位提出初步鉴定意见,公司鉴定组鉴定,报董事长审批;关于固定资产减值数额需经资产财务部会同设备部审核,报总经理班子、董事会审批,资产财务部根据审批结果及时计提入账。

3. 突出闲置固定资产的处置

企业闲置的固定资产是指连续停用一年以上或新购设备因计划变更不用以及技改等更换下线,仍具有使用价值的固定资产。闲置固定资产不仅占用了企业大量的资金,而且对于闲置资产不合理的处置将会造成资产流失,给企业带来较大的损失。因此,在此案例中,该公司对于闲置固定资产的处置从审批同意到妥善保管、到正确核算再到充分有效利用都做了相应的规定,并在此过程中注意各部门的有效制衡。

(三)案例启示

1. 加强固定资产取得的控制

鉴于固定资产投资本身所具有的投入资金多、影响持续时间长、回收慢、风险多的特点,决定了固定资产投资决策直接影响着企业未来的长期效益与发展。因此,企业在进行固定资产投资决策前,应开展投资项目的可行性研究。可行性研究包括宏观与微观两方面,在考虑投资项目满足社会需要程度的前提下,重点研究投资项目的必要性、技术上的可行性以及经济上的合理性等,在经过充分的技术经济论证和方案比较并经审查认定后选择最佳可行方案作为编制计划任务书的依据,也就是企业必须对固定资产的增加进行预算管理。

2. 做好固定资产使用成本与费用的控制

固定资产使用过程中的成本和费用主要有固定资产修理成本、固定资产转移成本、固定资产管理成本和无形损耗成本。会计系统对成本和费用的关键控制点就体现在上述成本费用的控制中。正确确认和计量固定资产修理费用,会计和出纳人员要监督修理资金的收付、结余情况进行预算控制;融资或经营租入固定资产的运输费用的核算,计入管理成本或固定资产成本;在企业中转移大型的设备需要雇用车辆和人员的劳动报酬等。因此,在此过程中,主要是要划分资本性支出和收益性支出的界限,否则就会带来资本化利息计算不正确,资本性支出挤占生产成本或费用等问题。

第六节　投资管理

工程项目投资管理是施工企业发展壮大的重要组成部分,是施工企业在投资决策、设计选择、投标招标、施工管理和后期运营的全部过程中的合理有效的管控。这个过程中主要是要把握投资收益为主,以投资金额、成本管理、工程质量、工期进度、安全管理等作为支撑。

目前,工程项目融资的方式主要有产品支付、融资租赁、BOT、TOT、PPP、PFI、ABS、产业基金等。

本节适应于所有建筑施工企业。

一、控制目标

1. 确保投资活动符合发展战略,能突出主业,并具有可行性。

2. 投资项目立项按规定的权限和程序进行评审,确保能有序、有效地进行投资项目立项。

3. 对投资方案进行可行性研究,确保投资方案具备可行性。

4. 投资项目决策按规定的权限和程序进行,确保投资项目决策有序、有效。

5. 制订切实可行的投资计划,履行相关程序,确保项目能有效执行。

6. 确保投资方能及时了解投资进展情况并对投资项目进行监控。

7. 确保管理层了解投资的实际情况。

8. 投资收回和处置时按规定程序恰当处置,确保投资能收回。

9. 确保投资项目按照合同约定的相应程序及时支付价款,保证项目的正常开展。

10. 及时、准确建立投资管理台账,保证投资项目会计系统正常运行。

二、主要风险

1. 投资活动与企业发展战略不符,未突出主业,盲目投资,导致投资失败,给企业带来损失。

2. 投资项目立项未按规定的权限和程序进行评审,可能导致企业投资立项呈现出随意、无序、无效的状况。

3. 未对投资方案进行可行性研究,或者研究流于形式,导致难以实现预期效益的结果。

4. 投资项目决策未按规定的权限和程序进行,可能导致企业投资决策呈现出随意、无序、无效的状况。

5. 投资项目执行过程中,未制订切实可行的投资计划、未履行相关程序,导致项目不能有效开展,造成企业资产浪费,利益受损。

6. 未对开展的项目进行跟踪管理,未向公司决策层及时反馈投资进展情况,导致投资方无法监控投资项目,给企业带来损害。

7. 对投资项目未进行后评估工作,导致管理层无法了解投资的实际情况,最终可能导致投资损失的产生。

8. 投资收回和处置时,未按照相应程序恰当处置,导致投资无法收回。

9. 投资项目未按照合同约定及相应支付程序及时支付价款,导致项目无法正常开展。

10. 未及时、准确建立投资管理台账,未将投资、损益等会计科目合理入账,导致投资项目会计系统混乱,影响企业整体运作,给企业造成损失。

三、投资管理业务流程

(一)业务图解

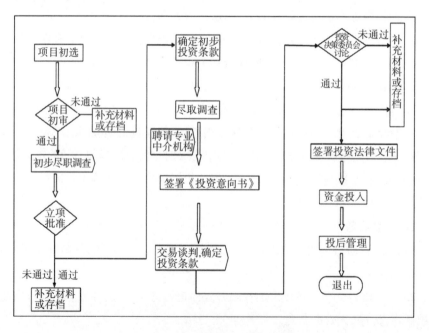

图 5-19　投资管理业务流程图

（二）关键节点及控制方法

1. 投资的立项和调研

（1）①制定投资管理相关制度和程序,明确投资管理的相关审批权限和职责分工,不相容岗位职责分离。②结合企业资金状况及筹资的可能性,拟定投资目标,制订投资计划,合理安排资金投放的数量、结构、方向与时机,慎选投资项目,突出主业,谨慎进行股票或衍生金融工具等高风险投资。境外投资还应考虑政治、经济、法律、市场等因素的影响。企业采用并购方式进行投资的,应当严格控制并购风险,重点关注并购对象的隐性债务、承诺事项、可持续发展能力、员工状况及其与本企业治理层及管理层的关联关系,合理确定支付对价,确保实现并购目标。③企业根据发展战略、宏观经济环境、市场状况、投资目标和投资计划等,拟订投资方案,重点关注投资项目的收益和风险。④对投资方案进行严格的可行性研究与分析。⑤企业按照职责分工与审批权限,依循规定的程序对投资项目进行决策审批。

（2）①明确投资项目立项的评审人对投资业务的授权审批方式、权限、程序和责任。②企业按照职责分工与审批权限,依循规定的程序对投资项目立项进行评审,重点审查投资项目是否可行、投资项目是否符合投资战略目标和规划、是否具有相应的资金能力、投入资金能否按时收回、预期收益能否实现,以及投资和并购风险是否可控等。③评审中实行集体决策或者联签制度,重大投资项目应当报经董事会或股东（大）会批准。

（3）进行投资方案战略性评估包括是否与发展战略相符,判断投资规模、方向和时机是否恰当。对投资方案进行技术、市场、财务可行性研究,深入分析项目的技术可行性与先进性、市场容量与前景,以及项目预计现金流量、风险与报酬,比较或评价不同项目的可行性。对重大投资项目,必须委托具有相应资质的专业机构对可行性研究报告进行独立评估。

2. 投资的决策

（1）明确投资项目决策者对投资业务的授权审批方式、权限、程序和责任。

（2）企业按照职责分工与审批权限,依循规定的程序对投资项目进行决策审批,决策者应与项目立项提出者适当分离。重点审查投资项目立项是否可行、投资项目是否符合投资战略目标和规划、是否具有相应的资金能力、投入资金能否按时收回、预期收益能否实现,以及投资和并购风险是否可控等。

（3）评审中实行集体决策或者联签制度,重大投资项目应当报经董事会或股东(大)会批准。

(4)与有关被投资方签署投资协议。

3. 投资的执行和管理

(1)核查企业能够使用的资金情况,据此积极筹措投资项目所需的资金。

(2)根据审批通过的投资方案,编制详细的投资计划,落实不同阶段的资金投资数量、投资具体内容、项目进度、完成时间、质量标准与要求等。

(3)投资方案按规定程序报经有关部门批准。

(4)投资活动需要签订合同协议的,应当签订合同协议。

(5)企业指定专门机构或人员对投资项目进行跟踪管理。

①及时收集被投资方经审计的财务报告等相关资料;

②定期组织投资效益分析;

③关注被投资方的财务状况、经营成果、现金流量以及投资合同履行情况;

④发现异常情况,应当及时报告并妥善处理。

(6)在项目实施中,根据各种条件,准确地对投资的价值进行评估。如果发生投资减值,应及时做好减值准备。

4. 投资的处置

企业经过相关审批程序对已经到期的投资项目进行妥善处置并实现企业最大的经济利益。

(1)转让投资应当由相关机构或人员合理确定转让价格,报授权批准部门批准,必要时可委托具有相应资质的专门机构进行评估。核销投资应当取得不能收回投资的法律文书和相关证明文件。

(2)企业对于到期无法收回的投资,应当建立责任追究制度。

5. 会计控制

(1)企业妥善保管投资合同、协议、备忘录、出资证明等重要法律文书。

(2)在投资项目执行过程中,做好投资项目的会计记录和账务处理,发现价款未按照合同约定及时支付时,应当及时报告并妥善处理。

(3)企业按照会计准则的要求,对投资项目进行准确的会计核算、记录与报告,确定合理的会计政策,准确反映企业投资的真实情况。

(4)企业应当建立投资管理台账,详细记录投资对象、金额、期限、收益等情况,作为企业重要的档案资料以备查用。

(5)企业应当密切关注投资项目的营运情况,一旦出现财务状况恶化、市场大幅下跌等情形,按照会计准则的要求,合理计提减值准备。

(6)必须对减值情况进行合理估计,而不应该滥用会计估计,把减值准备作为调节利润的手段。

四、监督评价

1. 投资的立项和调研

(1)检查公司是否建立投资管理相关制度,是否制订年度投资计划控制流程且得到适当审批,是否有相应的融资计划与之匹配,投资方案是否合理。

(2)检查项目立项的评审人对投资业务的授权审批方式、权限、程序和责任,项目立项评审是否联签或集体决策。

2. 投资的决策

投资决策是指投资者为了实现预期的投资目标,运用一定的科学理论、方法和手段,通过一定的程序对投资的必要性、投资目标、投资规模、投资方向、投资结构与收益等经济活动中重大问题进行的分析、判断和方案选择。

3. 投资的执行和管理

(1)检查是否制订详细的项目投资计划,明确资金投资数量、投资具体内容、项目进度、完成时间、质量标准与要求等。

(2)检查是否签订投资协议或者合同,是否与投资方案、投资计划等一致。

(3)检查企业是否指定专门机构或人员对投资项目进行跟踪管理,如收集被投资方经审计的财务报告、关注被投资方的财务状况、经营成果、现金流量以及投资合同履行情况等。

4. 投资的处置

检查转让投资是否制定合理的转让价格,是否得到报授权批准部门批准,或委托具有相应资质的专门机构进行评估。

5. 会计控制

检查是否建立投资管理台账,并与合同以及会计记录信息一致。

五、案例解析

(一)案例简介

常山县天马污水处理厂改扩建工程项目,主要建设规模:新增二级污水处理能力2万吨/日,深度处理能力4万吨/日,新增2万吨/日 CAST 池一座,新增4万吨/日反硝化深床滤池及相关深度处理设施,并配套相关设备。项目投资概算4400万元。项目于2014年12月开工建设,预计2015年建成并投入使用。

截至 2015 年,完成投资 3110 万元,完成 CAST 池壁板后浇带、池体满水试验以及池体外壁装饰,完成总工程量的 75%。

(二)案例分析

本项目采用 PPP 模式。项目公司——常山富春紫光污水处理有限公司前身是常山县天马污水处理有限公司,于 2014 年经县招标中心公开招标确定与浙江富春紫光环保股份有限公司联合组建。项目公司总注册资金 4444 万元,其中浙江富春紫光环保股份有限公司以现金出资 4000 万元,占项目公司股份的 90%,常山水务发展投资有限公司以天马污水处理厂二期工程土地作价 444 万元入资,占项目公司股份的 10%,同时将建成的天马污水处理一期(含污泥处置)资产经检修合格并排除权利瑕疵后附条件无偿租赁给项目公司使用。

项目公司负责污水厂工程建设及项目建成后的日常运维工作,以特许经营权协议为基础,发挥各自优势,实现互利共赢。项目特许经营期限为 26 年(含一年建设期),特许经营权期满后项目公司资产经检验合格后,无偿移交给常山水务发展投资有限公司。

(三)案例启示

1. 本项目为县级城市污水处理厂扩建工程开展 PPP 模式提供了范本

本项目采取社会资本和政府合作的模式建设,社会资本为主,政府通过国资公司以土地入股,同时将一期工程无偿租赁给项目公司运营,较好地协调了一期工程和二期工程之间的关系。该模式值得其他县级城市的污水处理项目借鉴。

2. PPP 模式运作的成效和工作难点

在 PPP 项目管理实施存在的困难:一是如运营管理失当,出现重大事故,所示超过其资产,很难有效追求投资人责任;二是超过长达 25 年的经营协议期满后资产无偿收回难度大;三是运营时间长,政策税利无害等风险技术标准等各项调整都会产生未预期的风险。

第七节 筹资管理

筹资是指企业通过一定的渠道、采取适当方式筹措资金的财务活动。本章节的编写,旨在控制筹资风险、降低筹资成本,规范筹资业务活动。

本章节适用于建筑施工行业各类型企业的筹资业务。

一、控制目标

1. 企业筹资行为与筹资活动遵循国家相关法律法规,合法有效。

2. 满足企业生产经营及发展所需资金,确保企业投资、生产经营活动的顺利进行,实现可持续发展。

3. 筹资核算与会计处理等信息真实、完整、准确。

4. 合理安排资本结构,保障合理的负债水平,降低筹资成本,减少筹资风险,提高资金运作效益。

二、主要风险

1. 筹资行为或筹资活动违反国家相关法律法规,可能遭受外部处罚,造成经济损失及信誉损失等。

2. 未明确筹资目标与规划,或未根据企业发展战略、经营状况、资金计划等编制筹资方案,可能导致筹资决策失误,影响企业战略目标的实现。

3. 筹资活动未经充分论证,筹资决策不当,或筹资方案未进行集体审议等,可能导致筹资结构不合理、筹资成本过高、资金使用效益低下等,引发偿债危机。

4. 筹资协议审核不当,或超越授权审批,可能存在重大漏洞、舞弊、欺诈等现象,导致企业利益受损或陷入法律纠纷等。

5. 未对筹资执行情况进行跟踪管理,可能导致筹资执行不力、资金使用违规,或筹资偿还不及时造成企业财务损失等。

6. 筹资记录错误或会计处理不准确,无法全面、如实反映企业财务风险。

三、筹资业务流程

(一)业务图解

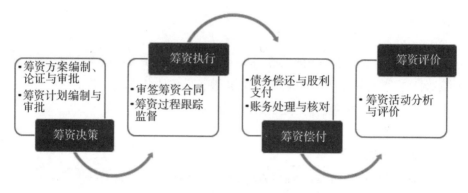

图 5 - 20　筹资管理业务流程图

(二)关键控制点及控制办法

1. 筹资决策

(1)筹资方案的编制

财务部门与相关业务部门沟通协商后,根据国家法律法规相关政策、宏观经济形势、市场环境等外部环境因素,同时结合企业自身发展战略、筹资目标、年度经营计划、投资计划、资金结构等情况,科学预测资金需求量,编制筹资方案。

筹资方案需明确筹资结构、筹资总额、筹资方式与渠道、筹资期限、资金用途、筹资成本预计、可行性研究、潜在筹资风险、具体的应对措施等内容。

(2)筹资方案的论证

企业应组织法律、财务、经济、工程等相关部门专家从企业战略、经济及风险等角度对筹资方案的可行性进行论证,必要时可聘请具有相关资质的专业机构进行论证分析。

其中,战略论证应主要关注筹资方案与企业整体发展战略的匹配情况,筹资的规模对发展战略实现的影响程度,货币资金市场供求状况等;经济评估主要关注筹资金额分析是否全面、详细,筹资规模是否可满足企业资金需求量,筹资结构与筹资方式选择是否合理、科学,筹资收益与筹资成本分析是否准确,筹资期限与偿付方式是否经济、可行等;风险评估论证应主要关注筹资时机安排的恰当性,各个筹资方案潜在的筹资风险,筹资风险与收益的匹配程度,不同筹资方案之间的潜在风险及优劣对比等。

（3）筹资方案的审批

筹资方案论证完毕，应按照企业内部分级授权原则进行审批，重点关注筹资方案的周密性、可行性及论证结论的科学性、合理性等。重大筹资方案应采取集体决策或者集体联签的方式，需经有关管理部门批准同意的，应履行相应的报批手续。

筹资方案发生重大变更的，应当重新进行可行性研究并履行相应审批程序。

（4）筹资计划的编制与审批

筹资方案审批通过后，企业应根据最终确定的筹资组合方式及不同筹资方式对应的筹资数量等内容编制更为详细的筹资计划，确定具体筹资时点及金额，筹资计划需履行企业内部规定的审批程序。

筹资计划需明确筹资规模、筹资用途、筹资结构、筹资方式和筹资对象，并对筹资时机选择、预计筹资成本、潜在筹资风险和具体应对措施以及偿债计划等做出安排和说明。

2. 筹资执行

（1）审签筹资合同

企业财务部门组织相关部门与筹资对象就筹资金额、出资方式、偿付方式、双方权利与义务等内容进行谈判，达成一致意见后，拟定筹资合同。筹资合同应根据企业合同审签权限履行相应的审批程序，重点关注筹资合同或协议的合法性、合理性、完整性等，审核情况及审核意见应有完整的书面说明。重大筹资合同或协议的订立，需征询法律顾问或专家的意见，也可聘请外部专业法律中介机构进行审核。

筹资合同应明确筹资金额、筹资期限、筹资用途、偿付方式、利率及违约责任等内容。

（2）筹资过程跟踪监督

①筹资台账管理

企业各级财务部门应根据筹资方式（银行借款、企业借款、债券筹资、股票募集等）分类设立筹资台账，并逐步登记各类事项。

②资金或资产的获取

企业应按照筹资合同或协议约定及时足额取得相关资金或资产。取得货币性资产，应按实有数额及时入账；非货币资产，应根据合理确定的价值及时进行会计记录，并办理有关财产转移手续。

企业财务部门应加强对筹资费用的计算、核对工作，确保筹资费用与合同筹资合同或协议规定一致。

③资金使用

筹集资金应严格按照筹资方案、筹资计划中所规定的用途使用,严禁随意变更资金使用用途。由于外部环境变化等特殊情况导致的需改变资金用途的,应当履行相应的审批手续。

3. 筹资偿付

(1)债务偿还与股利支付

债务还本付息。企业应当按照筹资方案或合同约定的本金、利率、期限、汇率及币种,准确计算应付利息,定期与债权人核对,及时、足额按期支付,保持企业良好的信用记录。

股利支付。企业应当选择合理的股利支付方案,包括股利金额、支付时间、支付方式等,兼顾投资者近期和长远利益,避免分配过度或不足。股利分配方案应当经过股东(大)会批准,并按规定履行纰露义务。

(2)财务处理与核对

账务处理。企业应当加强筹资业务的会计系统控制,筹资业务的记录、凭证和账簿,按照国家统一会计准则制度,正确监督资金筹集、本息偿还、股利支付等相关业务,妥善保管筹资合同或协议、收款凭证、入库凭证等资料。企业会计部门应做好具体资金管理工作,随时掌握资金情况。企业财会部门应编制贷款申请表、内部资金调拨审批表等,严格管理筹资程序;应编制借款存量表、借款计划表、还款计划表等,掌握贷款资金的动向。

账务核对。企业财会部门应与资金提供者定期进行账务核对,以保证资金及时到位与资金安全。

4. 筹资评价

筹资活动分析与评价。企业应加强对筹集款项的收支、股利和利息的支付、股票和债券的保管、筹集资金的使用等事项分析,对筹资业务管理过程进行评价。

四、监督检查

(一)筹资决策

获取筹资方案及方案编制支撑材料,检查筹资方案编制依据是否完整、合理,相关数据来源是否可靠。获取筹资方案论证材料,检查论证及审批过程是否健全、合规,论证人员是否具备相应能力,论证过程是否留痕、可查。

（二）筹资执行

获取筹资合同及相关审批文件，检查审批人员设置是否合理、是否设置相关人员对法律风险、财务风险、合规风险等进行审核把关；查看筹资合同文本，检查相关条款是否存在违法、违规、违约风险。

获取筹资台账、资金出入记录及原始凭证，检查筹集资金的获取是否与合同一致、筹集资金的支出是否按照方案执行；若存在资金用途改变时，检查是否履行相关报批、决策手续，是否与合同约定一致等。

（三）债务付

获取付息通知书、转账通知单、筹资方案或合同及与债权人核对记录等资料，检查是否及时、足额还本付息。股利分配方案是否经过股东（大）会批准，并按规定进行披露。检查筹资业务会计科目及会计处理是否符合会计准则要求，筹资合同或协议、收款凭证、入库凭证等是否完整、妥善保管；获取贷款申请表、内部资金调拨审批表等，检查筹资程序会计控制情况；获取借款存量表、借款计划表、还款计划表，检查会计机构对贷款资金的动向监督情况。

（四）筹资评价

获取筹资评价过程资料，检查评价内容是否完整、评价指标是否合理。

五、案例分析

（一）案例简介

A 企业重工机械有限公司成立于 2007 年，主要经营混凝土机械、干砂粉浆机械等的制造和销售。2010 年年底，公司发展势头良好，另行创办公司 B，总计投入资金 1 亿多元。2014 年 4 月中旬，因债权人起诉，两家公司均被法院查封，无法正常生产。

（二）案例分析

1. 负债率过高，融资成本大。2010 年成立 B 公司的资金投入，来源除公司多年积累外，其余计划通过银行融资解决，但在项目建设过程中，由于银行承诺的贷款未能到位，项目资金缺口依赖民间高利贷融资。

2. 经济形势误判，盲目扩张。2010 年年底，公司实际控制人误判经济形势，过度追求多元化发展，盲目扩张投资。但商品混凝土市场，由于国家宏观调控，固定资产投资增速放缓，房地产开发市场疲软，供大于求，竞争激烈，加上公司负债率较高，融资成本较大，企业出现亏损，经营陷入困境，资金链随之断裂。

（三）案例启示

在筹资活动中,企业应对筹资方案进行科学论证,对筹资成本、资本结构及筹资所承担风险应预估到位。对于重大筹资方案,应充分考虑高成本所带来的风险与压力。一方面应考虑直接偿还成本,另一方面要考虑为了保持更高的资金流动性以应付不合理资本结构带来的财务风险,同时,企业需要追求更高的投资收益以补偿高额的筹资成本。

第八节 担保业务管理

工程担保是指建设工程在施工发包承包及建设过程中,根据法律法规规定或担保合同约定,当债权人因委托人或被担保人未履行合同义务而遭受损失时,由担保人在一定期限、金额范围内代为履行或承担代偿责任。

建筑施工行业的工程担保主要包括施工投标保证担保、施工履约保证担保、工程款支付保证担保、劳务分包付款保证担保、劳务分包履约保证担保、预付款担保、保修金保证担保等类型。

本节适用于建筑施工行业各类型企业的担保业务。

一、控制目标

1. 工程担保业务符合国家相关法律、法规,确保担保业务的规范性、合规性。

2. 建立健全工程担保管理相关政策及制度,保障建设工程顺利实施,确保可持续动态地为企业业务定位、创新、布局等提供方向指引及指导。

3. 加强工程担保人资信调查及担保业务审核审批工作,确保担保业务真实、完整和准确,防范并控制负债风险,降低经营风险,满足信息披露要求。

4. 定期监测被担保人的经营情况及财务状况,并加大会计系统控制力度,确保工程担保合同有效履行。

二、主要风险

1. 工程担保业务违反国家相关法律法规,工程担保行为不规范,可能导致相关部门处罚,或加大企业负债风险,造成企业权益受损。

2. 对担保人的资信调查不到位,或工程担保事项的风险评估等工作缺乏科学性,可能导致企业担保决策失误,承担连带责任,造成财产损失。

3. 工程担保授权审批权限不明确,审批不严或越权审批,可能使得工程担保决策存在重大漏洞,造成担保事实风险,引发严重后果。

4. 未经授权对外签订工程担保合同,或擅自修改担保合同相关条款,可能使得合同内容存在重大疏漏或欺诈,造成法务纠纷,造成企业声誉及经济利益受损。

5. 对被担保人财务状况或经营状况监控不力,或发现问题后未及时采取应对措施,可能导致企业承担法律责任。

6. 工程担保事项因归集、汇总或核销不及时、不完整,可能导致信息披露不当。

三、业务流程

(一)业务图解

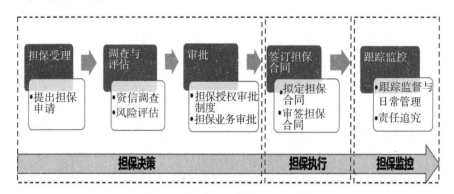

图5-21　工程担保管理业务流程图

(二)关键控制点及控制办法

1. 担保受理

(1)根据国家相关法律法规,同时结合企业自身实际情况,建立健全工程担保管理相关制度,明确工程不同担保类别的受理对象、范围、类型、方式、程序、担保限额和不予担保等事项。

(2)担保申请单位提出担保申请,并提供完整、合法、恰当的担保资料作为保证,提交企业相关部门进行审核;经审核确定担保申请人实力较强、经营良好、恪守信用后,方可考虑接受申请,反之不予受理。

企业可根据不同工程担保类型要求担保申请单位提供相应的担保资料,如申请担保单位的基本资料(包括企业名称、法定代表人、与本企业关联关系等)、董事会或董事会申请担保的会议纪要、建筑施工行业相关资质证书、银行开户许可证、近几年经审计的财务报告、近几年承建工程合同复印件、反担保措施说明等资料。

2. 调查与评估

(1)资信调查

对予已受理的担保事项,企业应根据担保申请单位提供的资料,委派具有能力的专业人员,对申请单位进行资信调查。担保申请单位为企业关联方的,与关联方存在经济利益或近亲属关系的有关人员禁止参与调查评估分析工作。

资信调查应主要关注申请单位的财务状况、偿债能力、经营状况、银行信用记录、反担保资产产权是否清晰等,确认资料的真实性。

(2)风险评估

在资信调查的基础上,企业应组织专家小组对担保事项进行全面、客观的风险评估,并形成书面评估报告。书面评估报告应对担保项目的风险防范及监督检查情况提出具体意见,并注明是否同意担保、担保金额、担保期限等信息。

风险评估中主要关注担保事项是否符合国家法律法规及本企业担保政策要求;被担保企业的经营管理能力、资金状况、信誉状况、工程能力、履约能力等情况;担保申请人用于担保和第三方担保的资产状况及其权利归属;反担保措施是否合法、可靠;是否存在潜在法律纠纷、权属受限的情况等。其中,资金状况应重点关注担保申请单位的银行存款、应收与应付账款、可变现财产、资产负债率、施工中工程以及其他与财务有关的事项;工程能力应主要关注担保申请单位的技术能力、人员的专业技术水平、机具的种类及数量等事项。

此外,企业要求担保申请人提供反担保的,还应评估其反担保资产的状况。对境外企业进行担保的,还应关注被担保单位所在国家政治、经济、法律等方面的因素。

在详细考察分析评估了上述情况后,评估出企业可以向担保申请单位提供的最大的担保额度。调查评估可由企业自行实施,也可委托有资质的第三方机构开展相关工作。

3. 审批

(1)担保授权审批制度

企业应根据公司法、担保法等法律法规,并结合企业章程等,建立并完善担保授权审批制度,明确工程担保业务审批权限、重大担保业务判断标准、不同标准下担保业务的审批程序及相关控制措施等内容。

企业应采取合法措施加强对各分公司担保业务的监控,企业各项目部等内设机构不得以企业名义对外提供担保。

(2)担保业务审批

各层级人员应在其规定权限范围内履行相应的担保业务审批工作,禁止越权审批。重大担保业务,应经董事会或类似权力机构批准。

工程担保业务审核应主要关注担保事项是否符合相关法规、公司政策要求;调查评估报告内容的真实性、合理性等;担保额度是否恰当,在企业设定的担保限额内等内容。

被担保人要求变更担保事项的,须重新进行相应的调查评估及审批程序。

4. 签订担保合同

(1)拟定担保合同

担保事项审批通过后,企业拟定担保合同。担保合同事项应完整、明确,符合相关法律法规。

担保合同应至少包括被担保的主债权种类与金额、债务人履行债务的期限、担保方式、担保范围、担保期限、双方权利义务、违约责任、争议解决方式等内容。

(2)审签担保合同

企业应明确担保合同审签权限及程序,且需征询法务人员意见,实行联合会签的方式,各合同审批人员应在其职责范围对合同文本及其支撑材料进行审核。

担保合同审核时主要关注合同条款是否符合有关法律法规要求、担保权责规定是否得当、担保出现的纠纷应对措施是否合理等内容。

对于担保对象同时向多方申请担保的,企业应与其在担保合同中明确约定本公司的担保份额,并明确约定公司提供的担保是单独的,与其他担保不承担连带责任等。

5. 跟踪监控

(1)跟踪监督与日常管理

担保合同订立后,企业应对担保文件及相关资料进行确认备案,妥善保管担保合同及反担保权利凭证等相关资料,及时进行清理检查。安排专人负责登记担保业务台账,对担保对象、金额、期限、用于抵押和质押的物品或权利等进行详细记录,定期对担保业务进行整理归档和统计分析。

企业应及时跟踪、掌握被担保人及其相关情况,尤其是被担保人债务偿还情况,主要包括:定期收集担保对象在担保期内的财务报表,担保对象的审计报告,分析担保对象的财务状况和偿债能力,关注其日常生产经营、对外担保及法定代表人变化等情况,定期或不定期对担保对象企业进行考察,及时检查担保项目资金使用、财务状况及债务主合同执行情况。

严格按照国家统一的会计准则进行担保会计处理,一旦发现担保人财务状况恶化、资不抵债等情况,应合理确认预计负债和损失。企业应及时跟踪、掌握被担保人及其相关情况,尤其是被担保人债务偿还情况。

企业应当加强对反担保财产的管理,妥善保管被担保人用于反担保的权利凭证,定期核实财产的存续状况和价值,发现问题及时处理,确保反担保财产安全完整。

（2）责任追究

企业应建立担保业务责任追究制度。对担保中出现重大决策失误、违反法律法规或公司担保政策、越权签订担保合同等事项的部门或人员等情况，严格追究其相应责任。

四、监督检查

（一）担保受理

检查企业是否制定了担保管理相关制度，制度内容是否健全，是否明确了各相关部门在担保业务中的职责权限，是否对担保受理对象、担保程序、担保限额和不予担保等事项进行了明确；检查担保受理申请相关材料是否按照政策要求进行严格审核。

（二）调查与评估

检查企业是否组织对担保事项进行资信调研与风险评估，是否编制了担保人资信调查与评估报告，调查分析是否客观、合理，风险评估是否全面、科学等。

（三）审批

检查授权审批制度是否明确了授权批准的方式、权限等内容；检查各担保事项是否根据制度要求，在规定权限范围内进行审批；重大担保业务是否实行了集体决策等。

（四）担保合同签订

检查担保合同及审签材料，担保合同内容是否完整、全面，双方权利义务是否明确，是否经过各相关部门会签；是否由法定代表人或授权委托代表进行签订等。

（五）跟踪监控

检查企业是否建立了对外担保台账，是否对担保合同执行情况进行日常监控，是否对收集的担保单位的资料进行统计分析等。

五、案例解析

（一）案例简介

2××5年10月，A公司以经营周转为名向建行借款1500万元，并委托B公司为其提供担保。反担保措施为A公司暂未取得产权证的位于广东省某工业小区、占地面积约10000平方米的房产。后由于A公司涉及多起法律纠纷，资产被多家法院查封，企业无法正常生产经营，法定代表人无法正常履行职责，2××6年

12 月,建行宣布贷款提前到期,要求 B 公司履行担保责任。B 公司后期依法追偿时发现,A 公司位于某工业小区的房产早于 2××4 年就抵押给了其他公司,其担保事项办理人员并未对 A 公司偿债能力、反担保资产进行核实验证,使得评估报告与客观事实严重不符。

(二)案例分析

1. 资信评估阶段,仅根据 A 公司提供的资料编制调查评估报告,并未对反担保抵押资产的真实情况进行验证,也未对 A 公司法定代表人个人资信状况进行调查了解,导致公司的担保过程中存在重大失误。

2. B 公司资信调查评估报告未经恰当审核审批,导致违规操作,致使公司遭受经济损失。

3. 未对担保事项进行跟踪监督与日常管理。B 公司未严格按照担保业务管理制度,及时跟踪、掌握被担保人及其相关情况,尤其是被担保人债务偿还情况。

(三)案例启示

1. 企业应严格审核担保申请单位的资质,并对担保申请人进行详细的资信调查和风险评估,评估结果应出具书面报告。担保事项评估报告应严格按照国际及企业规定,履行相应的审批程序,提交财务部门、法务部门、权力机构等资料的真实性,评估结果的可靠性、科学性等进行严格审核。

2. 企业应建立担保事项台账,并定期监测被担保人的经营情况和财务状况,对被担保人进行跟踪和监督,了解担保项目的执行、资金的使用、贷款的归还、财务运行等情况。一旦发现异常情况,应及时报告,以便及时采取有针对性的应对措施。

第九节 业务外包管理

业务外包,是指企业利用专业化分工优势,将日常经营中的部分业务委托给本企业以外的专业服务机构或其他经济组织(以下简称"承包方")完成的经营行为。建筑行业中,主要外包行为包括工程分包和劳务外包。

一、控制目标

1. 企业外包事项及范围符合《中华人民共和国建筑法》、《中华人民共和国劳动法》等法律法规要求,确保业务合规。

2. 企业外包策略及定价科学合理,可以有效促进业务目标的实现。

3. 制定明确的承包方资质及分包范围标准,建立规范的选择程序,确保分包商选聘程序的合法合规。

4. 工程分包业务过程监控严格,风险管控手段恰当,权责划分明细,保证外包目标按期、高质量实现。

5. 劳务外包业务权责划分明晰,人员监管手段恰当,可以有效促进公司风险规避目标的实现。

6. 制定明确的外包业务的交付成果验收标准及程序,确保外包业务质量可靠,避免公司利益受损。

二、主要风险

1. 违法违规外包,导致企业面临法律处罚风险。

2. 企业外包策略及定价不合理,可能导致企业成本上升。

3. 未明确承包方资质及分包范围标准,承包方选聘程序不合规,可能导致舞弊事项的发生,使得公司利益受损。

4. 未对工程分包业务过程进行严格监控,或监控手段不恰当。权责不清,可能导致外包事项失败。

5. 未明确外包业务交付成果验收标准及程序,可能出现外包业务存在质量问题,导致公司利益受损。

三、业务流程

(一)业务图解

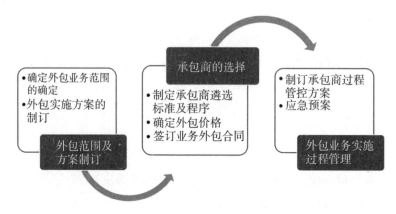

图 5 – 22　业务外包管理业务流程图

(二)关键控制点及控制办法

1. 外包范围及方案制订

(1)外包业务范围的确定

确定业务外包范围。企业根据国内外相关行业法律法规、宏观经济形势、外部市场成熟度、市场环境等外部环境因素,同时结合企业自身发展战略、与主业关联度、外包目标、人员、技术、资金等资源配置情况,科学制定外包业务范围。

建立和完善业务外包管理制度,对业务外包的方式、条件、程序和实施等相关内容进行规范。

(2)外包实施方案的制订

根据企业年度预算以及生产经营计划,编制外包业务实施方案。实施方案内容至少应包括承包方的选择方案、外包业务的成本效益及风险、外包合同期限、外包方式等。

企业建立和完善业务外包的审核批准制度。第一,明确授权批准的方式、权限、程序、责任和相关控制措施,规定各层级人员应当在授权范围内进行审批,不得超越权限审批。同时加大对分公司重大业务外包的管控力度,避免因分公司越权进行业务外包给企业带来不利后果。第二,在对业务外包实施方案进行审查和评价时,应当着重对比分析该业务项目在自营与外包情况下的风险和收益,确定外包的合理性和可行性。第三,总会计师或企业分管会计工作的负责人应当参与重大业务外包的决策,对业务外包的经济效益做出合理评价。第四,对于重大业务外包方案,应当提交董事会或类似权力机构审批。对于重大外包事项,实施方案应经专业人士评审。

2. 承包商的选择

(1)制定承包商遴选标准及程序

企业应通过定性、定量指标的设置,明确承包商遴选标准及程序。标准的设置应至少考虑以下几点:第一,承包方的专业资质、技术实力及其从业人员的履历和专业技能;第二,承包方从事类似项目的成功案例、业界评价和口碑。

承包商遴选程序的设置,应引入竞争机制,按照有关法律法规,遵循公开、公平、公正的原则,采用招标方式等适当方式,择优选择承包方。遴选过程中,并建立严格的回避制度和监督处罚制度,避免相关人员在选择承包方过程中出现受贿和舞弊行为。

(2)确定外包价格

企业应综合考虑企业内外部因素,对业务外包的人工成本、营销成本、业务收入、人力资源等指标进行预算分析,合理确定外包价格,严格控制业务外包成本。

(3)签订业务外包合同

确定承包方后,企业应当及时与选定的承包方签订业务外包合同,约定业务外包的内容和范围、双方权利和义务、服务和质量标准、保密事项、费用结算标准和违约责任等事项。

第一,在订立外包合同前,充分考虑业务外包方案中识别出的重要风险因素,并通过合同条款予以有效规避或降低。第二,在合同的内容和范围方面,明确承包方提供的服务环节、作业方式、作业时间、服务费用等细节。第三,在合同的权利和义务方面,明确企业有权督促承包方改进服务流程和方法,承包方有责任按照合同协议规定的方式和频率,将外包实施的进度和现状告知企业,并对存在问题进行有效沟通。第四,在合同的服务和质量标准方面,应当规定外包商最低的服务水平要求以及如果未能满足标准实施的补救措施。第五,在合同的保密事项方面,应具体约定对于涉及本企业机密的业务和事项,承包方有责任履行保密义务。第六,在违约责任方面,制定既具原则性又体现一定灵活性的合同条款,以适应环境及企业自身业务的变化。

3. 外包业务实施过程管理

(1)制订承包商过程管控方案

企业应实现外包业务的过程管控机制,对于重大外包业务,应制订过程管控方案。在承包方提供服务或制造产品的过程中,企业应密切关注重大业务外包承包方的履约能力,采取承包方动态管理方式,对承包方开展日常绩效评价和定期考核。对承包方的履约能力进行持续评估,包括承包方对该项目的投入是否能够达到企业预期目标,承包方自身的财务状况、生产能力、技术能力等综合能力是否满足该项目的要求。在此过程中,一旦发现偏离合同目标等情况,应及时要求承包方调整改进。

（2）应急预案

对重大业务外包的各种意外情况做出充分预计,建立相应的应急机制,制订临时替代方案,避免业务外包失败造成企业生产经营活动中断。有确凿证据表明承包方存在重大违约行为,并导致业务外包合同无法履行的,应当及时终止合同,并指定有关部门按照法律程序向承包方索赔。

四、监督检查

（一）外包范围及方案制订

获取公司外包业务管理制度,检查制度内容是否完整、风险是否可控,相关条款是否合规;检查外包业务台账或统计信息,检查已开展外包业务的范围是否合规、合理。获取重大外包业务相关资料,检查是否编制了外包方案,外包方案的内容是否包括了成本、效益及风险分析,决策程序是否合规,方案决策参与人员是否具备相应能力,决策过程是否有根可查。

（二）承包商的选择

获取承包商遴选标准相关制度,检查遴选指标是否合理;获取承包商遴选过程资料,检查过程是否合规,参与人员是否合理、具备相应能力,检查相关辅助证明材料是否真实、可靠;获取外包价格制定标准及计算方式,检查是否合理。获取外包合同,检查合同条款是否风险可控、审批程序是否完整、签字人员是否为公司法人、非法人时是否进行了相应授权,合同加盖印章是否合规。

（三）外包业务实施过程管理

获取外包业务实施过程监管台账及相关记录资料,关注监控频率、途径、方式,主要关注承包商财务状况、生产能力、技术能力等是否得到持续关注,存在偏离目标时,是否及时督促承包商进行整改,沟通渠道是否畅通。

五、案例分析

（一）案例简介

A建筑公司于2012年承包了无锡某拆迁安置房的建设工程,后将该工程内

墙粉刷分工程包给刘某个人,并与刘某签订《室内粉刷工程施工合同》。2012 年
10 月,刘某组织了张某、夏某、陈某等人进行粉刷工作,张某在粉刷过程中不慎坠
落受伤,经诊断为中型闭合性颅脑损伤、鼻骨骨折等。张某要求 A 建筑公司承担
工伤待遇赔偿责任。

（二）案例分析

刘某招用张某从事粉刷工作,因刘某作为个人,没有用工主体资格,故刘某与
张某之间是无效的劳动合同。根据《人力资源和社会保障部关于执行〈工伤保险
条例〉若干问题的意见》（人社部发〔2013〕34 号）第七条规定:"具备用工主体资
格的承包单位违反法律、法规规定,将承包业务转包、分包给不具备用工主体资格
的组织或者自然人,该组织或者自然人招用的劳动者从事承包业务时因工伤亡
的,由该具备用工主体资格的承包单位承担用人单位依法应承担的工伤保险责
任。"可知,A 建筑公司将承建的工程分包给不具有用工主体资格的刘某,刘某招
用张某从事承包业务时张某因工受伤,A 建筑公司应当承担用人单位依法应当承
担的工伤保险责任。

（三）案例启示

实践中,建筑单位、施工总承包企业为了节约成本、降低用工分险,往往将工
程分包、转包给不具备用工主体资格的施工队或个体包工头,一旦发生用工纠纷,
建筑单位、施工总承包企业需要承担用人单位责任或连带责任。同时,也大大增
加了建筑工人的维权难度。因此,建议建筑单位、施工总承包企业分包时应选择
合法的项目分包人,加强对项目分包人的用人管理,加强对分包人施工安全管理
的指导和监督,以防范分包人在用工过程中带来的法律风险。

第十节　财务报告

财务报告是指企业特定日期的财务状况、某一会计期间经营成果及现金流量等信息的文件,综合反映了企业经营效果与效率,也是其他内部控制制度是否有效运行的综合体现。财务报告包括会计报表及其附注、应当在财务报告中披露的相关信息资料,且至少包括资产负债表、利润表、现金流量表等报表。

本节适用于建筑施工行业的各类型企业。

一、控制目标

1. 财务报告提供的会计信息真实、数字准确,内容完整、合规,手续齐全、报送及时等。

2. 关联方交易遵循相关规定,且经过适当审核审批;关联方交易披露完整、及时等。

3. 预防和查明各种错误与舞弊,及时采取相应控制措施,以减少损失。

二、主要风险

1. 财务报告编制与披露违反会计准则或国家法律法规,可能使企业陷入法律纠纷,导致企业信誉声誉受损等。

2. 财务报告编制前期准备工作不充分,可能导致结账前难以及时发现会计差错。

3. 财务报告编制与披露等工作未经过适当审核或超越授权审批等,可能出现重大差错、舞弊、欺诈等现象而造成企业损失。

4. 在编制和披露财务报告时,纳入汇总、合并报表范围不准确,调整事项或合并调整事项不完整等,可能导致财务报告信息失真。

5. 财务报告披露程序不当,可能因虚假记载、误导性陈述、重大遗漏和未按规定及时披露导致损失。

三、业务流程

（一）业务图解

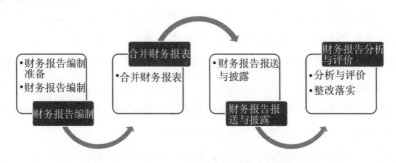

图5-23 财务报告编制管理业务流程图

（二）关键控制点及控制办法

1. 财务报告编制

（1）财务报告编制准备

企业应识别所有适用的会计准则,确保所采用的会计政策符合国家法律法规及会计准则要求。

企业应根据国家法律法规及会计准则,同时结合自身实际情况,编制财务报告管理相关制度,并定期对制度的适用性、可行性进行评价,以便及时更新,有效指导财务报告管理工作。

企业应对财务报告管理工作中涉及的岗位职责与其权限进行明确,确保财务报告管理工作中不容岗位相分离,增强财务人员对财务报告编制工作的支持、监督与责任意识。

财务部门拟订财务报告编制方案,财务报告编制方案应至少包括职责分工、编制方法、会计调整政策、披露政策及时间要求等内容,并经内部审核通过后签发至各参与部门。

企业编制财务报告前应进行资产清查、减值测试和债权债务核实工作;在日常核对信息的基础上完成对账、调账、差错更正等业务。

会计人员应在财务报告编制前告知有重大影响的事件及会计处理办法、设计会计政策变更与会计估计调整等事项,提交企业履行严格的审批程序,确保重大事项会计处理合法合规、真实完整等。

（2）财务报告编制

企业财务部门负责编制各类会计报表,根据企业的财务报告管理制度布置、落实编制工作。财务部门应根据登记完整、核对无误的会计账簿记录和其他有关资料编制财务报告,如实列示当期收入、费用及利润,并按照国家统一的会计准则编制附注,做到内容完整、数字真实、计算准确,不得漏报或者随意进行取舍。

财务部门应通过人工分析或计算机系统检查会计报表之间、会计报表各项目之间勾稽关系是否正确,应重点关注会计报表内有关项目的对应关系、会计报表中本期与上期有关数字的衔接关系、会计报表与附表之间的平衡及勾稽关系。

2. 合并财务报表

企业在对所属企业编制合并财务报告前,应确定会计报表编制范围、方法及发生变更的情况,并将之提交相关权力机构审议。

企业应分级收集合并范围内分公司及内部核算单位的财务报告并审核,进而合并全资及控股公司财务报告。分公司及内部核算单位提供的财务报告应如实反映其财务状况、经营成果及现金流量等情况。

合并财务报表附注应说明纳入合并会计报表范围的公司名称、业务性质、持股比例、各公司财务数据增减变动情况等内容。

企业应建立关联方交易台账,并定期对关联方交易情况进行核对。

3. 财务报告报送与披露

企业应在制度中对财务报告报送与披露的程序、要求、内容等进行规定。财务报告经内部逐级审批,确认财务报告内容真实、完整、可靠,并签名盖章后方可对外披露。

财务报告需由会计师事务所审计的,企业应根据内部会计师事务所选定标准与程序确定年度会计师事务所,注册会计师及其所在事务所出具的审计报告应与财务报告一同提供。经审计后,企业应根据相关法律法规及公司政策,规定及时将财务报告进行披露,确保所有财务报告使用者使用。

4. 财务报告分析评价

(1)分析与评价

企业财务部门应根据财务报告分析制度定期召开财务分析会议,分析企业经营管理中存在的问题,形成分析评价报告,并提交公司权力机构审议。

企业财务分析会议应吸收有关部门的负责人参加,财务处应主动地、充分地与各相关部门沟通,以便修改并完善财务分析报告。财务分析报告应包括企业主营介绍、企业主营业务分析、公司竞争力分析、资产分布、负债水平与所有者权益结构、偿债能力和营运能力、盈利能力、成长能力等。

（2）整改落实

对于财务分析工作中发现的问题,应明确责任部门及时整改落实,并由财务部门对整改过程及结果进行跟踪监督。

四、监督评价

1. 财务报告编制

检查企业是否根据国家相关法律法规等制定了财务管理相关制度;检查企业是否在制度中对财务报告管理工作的程序、注意事项、相关财务人员的职责权限等进行了明确;检查企业是否编制了财务报告编制方案;检查企业是否在编制财务报表前进行了资产清查、减值测试、债权债务核实等工作;检查在企业范围内和整个会计期间内监督会计工作的执行情况等。

2. 合并财务报表

检查合并后的财务报表内容是否完整、真实、可靠;检查会计报表附注是否全面;检查合并财务报表中数据的合理性、有效性是否经过校验;检查关联交易披露是否经过管理层恰当审批;检查企业是否建立了关联方交易清单、台账等制度。

3. 财务报告报送与披露

检查财务报告报送与披露是否按照制度文件规定履行了相应的审批程序;检查财务报告对外提供是否严格遵守了相关法律法规的规定等。

4. 财务报告分析评价

检查是否在制度中对财务报告分析工作进行了规范;检查是否根据制度要求定期召开财务报告分析会议、定期进行财务报告分析;检查财务报告是否经过公司权力机构恰当审批;检查相关部门是否根据财务报告分析及时落实整改工作等。

五、案例解析

（一）案例简介

S 公司 20×3 年财务报告披露,但是并未对其与关联方 B 公司的关联交易进行审计与披露。

其年报显示,自 20×× 年至 20×2 年,预付账款供应商、应收账款客户名单中均包含 B 公司,但是在以上年度的报表中,S 公司却将 B 公司标记为非关联方。实际上,自 20×7 年起,S 公司长期持有 B 公司股权,累计发生关联交易约 17.15 亿元;20×3 年,S 公司对 B 公司持股比例已达 31%。

其次,公司财务人员对最新会计准则的理解掌握程度较低,因此存在未能及时发现销售返利、委外加工业务、可供出售金融资产在长期资产与流动资产的分类等情况,使得财务报表中多个会计科目准确性较差。

(二)案例分析

1. S公司未建立关联方清单或台账,定期对关联方交易进行识别、对账等,使得关联方交易难以被及时识别,导致后续财务报表中关联方交易部分内容失真等。

2. 财务人员缺乏相应的专业知识培训,使得财务人员对于会计准则掌握情况较差,影响财务报表编制的准确性等。

3. 虽然S公司建立了财务报告管理内部控制制度,但是该制度仍处于试运行期间,也未对财务报告编制内容、编制要求、编制程序等进行规范,仍存在较大的提升空间。

(三)案例启示

企业应严格按照国家相关法律法规、公司章程,并结合自身实际情况建立并逐渐完善财务报告管理制度,对财务报告编制、财务报告发布与披露、财务报告分析等工作程序进行明确。建立关联交易清单、台账,对关联方交易进行识别,及时记录。此外,企业应组织财务人员进行专业培训,及时更新和提升财务人员财务知识,增强其专业素质,提高财务工作质量和效率。

第十一节 全面预算管理

全面预算是指企业对一定期间的经营活动、投资活动、财务活动等做出的预算安排。全面预算作为一种全方位、全过程、全员参与编制与实施的预算管理模式,凭借其计划、协调、控制、激励、评价等综合管理功能,整合和优化配置企业资源,提升企业运行效率,成为促进企业实现发展战略的重要抓手。本节的编写,旨在引导和规范企业加强全面预算管理各环节的风险管控,促进全面预算管理在推动企业实现发展战略过程中发挥积极作用。

本节适用于所有建筑施工企业。

一、控制目标

1. 确保预算编制依据及基础合理、预算目标及指标合适科学、全面。

2. 确保预算审批程序合法、有效。

3. 确保预算下达及执行严肃、执行过程得以有效监控。

4. 确保预算调整程序明确、执行严格。

5. 确保预算执行情况得以有效监督考核,且考核结果科学有效。

二、主要风险

1. 预算编制以财务部门为主,业务部门参与度较低,可能导致预算编制不合理,预算管理责、权、利不匹配;预算编制范围和项目不全面,各个预算之间缺乏整合,可能导致全面预算难以形成。

2. 预算编制依据的相关信息不足,可能导致预算目标与战略规划、经营计划、市场环境、企业实际等相脱离;预算编制基础数据不足,可能导致预算编制准确率降低。

3. 预算编制程序不规范,横向、纵向信息沟通不畅,可能导致预算目标缺乏准确性、合理性和可行性。

4. 预算目标及指标体系设计不完整、不合理、不科学,可能导致预算管理在实现发展战略和经营目标、促进绩效考评等方面的功能难以有效发挥。

5. 全面预算未经适当审批或超越授权审批,可能导致预算权威性不够、执行不力,或可能因出现重大差错、舞弊而导致损失。

6. 预算分析不正确、不科学、不及时,可能减轻预算执行控制的效果,或可能导致预算考评不客观、不公平;对预算差异原因的解决措施不得力,可能导致预算分析形同虚设。

7. 预算调整依据不充分、方案不合理、审批程序不严格,可能导致预算调整随意、频繁,预算失去严肃性和"硬约束"。

8. 预算考核不严格、不合理、不到位,可能导致预算目标难以实现、预算管理流于形式。

三、业务流程

（一）业务图解

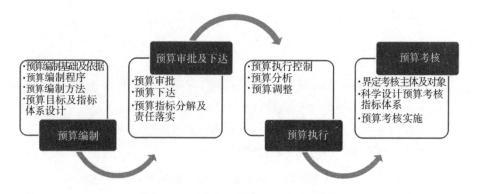

图 5 – 24　全面预算管理业务流程图

（二）关键控制点及控制办法

1. 预算编制

（1）预算编制依据和基础。一是企业应制定明确的战略规划,并依据战略规划制定年度经营目标和计划,作为制定预算目标的首要依据,确保预算编制真正成为战略规划和年度经营计划的年度具体行动方案;二是企业应深入开展对企业外部环境的调研和预测,包括对企业预算期内客户需求、同行业发展等市场环境的调研,以及对宏观经济政策等社会环境的调研,确保预算编制以市场预测为依据,与市场、社会环境相适应;三是企业应深入分析企业上一期间的预算执行情况,充分预计预算期内企业资源状况、技术水平等自身环境的变化,确保预算编制符合企业生产经营活动的客观实际;四是企业应重视和加强预算编制基础管理工作,包括历史资料记录、定额制定与管理、标准化工作、会计核算等,确保预算编制以可靠、翔实、完整的基础数据为依据。

（2）预算编制程序。企业应当按照上下结合、分级编制、逐级汇总的程序，编制年度全面预算。其基本步骤及其控制为：一是建立系统的指标分解体系，并在与各预算责任中心进行充分沟通的基础上分解下达初步预算目标；二是各预算责任中心按照下达的预算目标和预算政策，结合自身特点以及预测的执行条件，认真测算并提出本责任中心的预算草案，逐级汇总上报预算管理工作机构；三是预算管理工作机构进行充分协调、沟通，审查平衡预算草案；四是预算管理委员会应当对预算管理工作机构在综合平衡基础上提交的预算方案进行研究论证，从企业发展全局角度提出进一步调整、修改的建议，形成企业年度全面预算草案，提交董事会；五是董事会审核全面预算草案，确保全面预算与企业发展战略、年度生产经营计划相协调。

（3）预算编制方法。企业应当本着遵循经济活动规律，充分考虑符合企业自身经济业务特点、基础数据管理水平、生产经营周期和管理需要的原则，选择或综合运用固定预算、弹性预算、滚动预算等方法编制预算。

（4）预算目标及指标体系设计。一是按照"财务指标为主体、非财务指标为补充"的原则设计预算指标体系；二是将企业的战略规划、经营目标体现在预算指标体系中；三是将企业产、供、销、投融资等各项活动的各个环节、各个方面的内容都纳入预算指标体系；四是将预算指标体系与绩效评价指标协调一致；五是按照各责任中心在工作性质、权责范围、业务活动特点等方面的不同，设计不同或各有侧重的预算指标体系。

2. 预算审批及下达

（1）预算审批。企业全面预算应当按照《公司法》等相关法律法规及企业章程的规定报经审议批准。

（2）预算下达。企业全面预算经审议批准后应及时以文件形式下达执行。

（3）预算指标分解与责任落实。第一，企业全面预算一经批准下达，各预算执行单位应当认真组织实施，将预算指标层层分解：横向将预算指标分解为若干相互关联的因素，寻找影响预算目标的关键因素并加以控制；纵向将各项预算指标层层分解落实到最终的岗位和个人，明确责任部门和最终责任人；时间上将年度预算指标分解细化为季度、月度预算，通过实施分期预算控制，实现年度预算目标。第二，建立预算执行责任制度，对照已确定的责任指标，定期或不定期地对相关部门及人员责任指标完成情况进行检查，实施考评。可以通过签订预算目标责任书等形式明确各预算执行部门的预算责任。第三，分解预算指标和建立预算执行责任制应当遵循定量化、全局性、可控性原则。

3. 预算执行

(1)预算执行控制。第一,加强资金收付业务的预算控制,及时组织资金收入,严格控制资金支付,调节资金收付平衡,防范支付风险。第二,严格资金支付业务的审批控制,及时制止不符合预算目标的经济行为,确保各项业务和活动都在授权范围内运行。对于超预算或预算外事项,应当实行严格、特殊的审批程序,一般须报经总经理办公会或类似权力机构审批;金额较大的,还应报经预算管理委员会或董事会审批。预算执行单位提出超预算或预算外资金支付申请,应当提供有关发生超预算或预算外支付的原因、依据、金额测算等资料。第三,建立预算执行实时监控制度,及时发现和纠正预算执行中的偏差。第四,建立重大预算项目特别关注制度。对于工程项目、对外投融资等重大预算项目,企业应当密切跟踪其实施进度和完成情况,实行严格监控。

(2)预算分析。第一,企业预算管理工作机构和各预算执行单位应当建立预算执行情况分析制度,定期召开预算执行分析会议,通报对预算执行情况,研究、解决预算执行中存在的问题,认真分析原因,提出改进措施。第二,企业应当加强对预算分析流程和方法的控制,确保预算分析结果准确、合理。预算分析流程一般包括确定分析对象、收集资料、确定差异及分析原因、提出措施及反馈报告等环节。

(3)预算调整。第一,明确预算调整条件。由于市场环境、国家政策或不可抗力等客观因素,导致预算执行发生重大差异确需调整预算的,应当履行严格的审批程序。第二,强化预算调整原则。一是预算调整应当符合企业发展战略、年度经营目标和现实状况,重点放在预算执行中出现的重要的、非正常的、不符合常规的关键性差异方面;二是预算调整方案应当客观、合理、可行,在经济上能够实现最优化;三是预算调整应当谨慎,调整频率应予以严格控制,年度调整次数应尽量少。第三,规范预算调整程序,严格审批。调整预算一般由预算执行单位逐级向预算管理委员会提出书面申请,详细说明预算调整理由、调整建议方案、调整前后预算指标的比较、调整后预算指标可能对企业预算总目标的影响等内容。

4. 预算考核

(1)界定考核主体及对象。预算考核主体分为两个层次:预算管理委员会和内部各级预算责任单位。预算考核对象为企业内部各级预算责任单位和相关个人。界定预算考核主体和考核对象应当主要遵循以下原则:一是上级考核下级原则,即由上级预算责任单位对下级预算责任单位实施考核;二是逐级考核原则,即由预算执行单位的直接上级对其进行考核,间接上级不能隔级考核间接下级;三是预算执行与预算考核相互分离原则,即预算执行单位的预算考核应由其直接上级部门来进行。

(2)科学设计预算考核指标体系。企业预算考核指标体系的设计应主要把握以下原则:预算考核指标要以各责任中心承担的预算指标为主,同时本着相关性原则,增加一些全局性的预算指标和与其关系密切的相关责任中心的预算指标;考核指标应以定量指标为主,同时根据实际情况辅之以适当的定性指标;考核指标应当具有可控性、可达到性和明晰性。

(3)预算考核实施。一是考核程序、标准、结果要公开。企业应当将全面预算考核程序、考核标准、奖惩办法、考核结果等及时公开。二是考核结果要客观公正。预算考核应当以客观事实作为依据。预算执行单位上报的预算执行报告是预算考核的基本依据,应当经本单位负责人签章确认。三是奖惩措施要公平合理并得以及时落实。

四、监督检查

(一)预算编制

获取公司预算编制初稿、相关辅助资料及预算编制基础、依据等相关内容,检查预算编制基础是否合理、依据是否健全完整;获取预算草稿编制过程资料,了解编制程序,检查程序的设计是否合理、执行是否完整;了解预算编制方法,检查预算初稿,评估预算编制方法的合理性;获取预算目标及指标体系相关信息,检查预算基础表单信息,评估指标体系的合理性、与该公司业务的匹配性等。

(二)预算审批及下达

获取公司预算审批过程资料,检查与公司章程等公司治理类制度的匹配性;获取预算下达过程的相关资料,确保预算下达程序严谨、指标得以分解且分解依据合理。

(三)预算执行

获取预算执行过程资料,包括预算内和预算外支出、各类型预算支出等相关资料,检查程序是否合理、是否与公司制度/流程等相关规定相匹配。获取预算分析相关资料,检查预算分析标准是否合理、频次设计是否合理,预算分析结果是否及时处理等。获取预算调整相关资料,检查调整程序是否依规执行、调整依据是否真实、合理。

(四)预算考核

获取预算考核相关过程资料,包括预算考核方案、评分/评价过程资料、考评结果应用的相关资料等,检查考评范围/类别是否体现了全面性、重要性,检查考核指标的设置是否完整、合理,检查考评小组的组成是否合理、体现了分离原则,考核结果的公布程序是否合理;考核结果是否得以有效应用等。

五、案例分析

（一）案例简介

A公司是中国南方电网有限责任公司的全资子公司,公司注册资金360亿元。是一家经营电网投资、运行维护、电力交易与调度、电力营销、电力设备销售、调试、检测和试验以及施工、物资、科学研究、技术监督、技术开发、电力生产调度信息通信、咨询服务、电力教育和培训等业务的经济实体。

近年来,围绕A公司"创先"总体目标,为了更好地落实公司发展战略,该公司引入国内外先进企业预算管理最佳实践经验,结合公司实际需要,制定了"战略规划、目标设定、预算形成、监控调整"的全面预算全过程管理机制,具体如下。

1. 制定战略规划

战略规划是公司全面预算管理的起点,通过规划未来指导当前实践,是对公司战略的具体落实和进一步量化。战略规划的制定可分为三个步骤,即公司战略、职能战略、战略实施规划。

公司从"两型两化"的战略目标和"结构合理、技术先进、安全可靠、适度超前"的电网发展目标出发,按照专业职能战略,分别量化为中长期业务规划电网建设、技术改造、购售电量等规划。财务部结合电价政策、成本水平、负债能力、资金流量、利润预期等因素,对业务规划进行敏感性分析,经公司综合平衡,形成包括利润总额、销售收入、单位成本、购售电量、电网建设、技术改造等指标在内的"可评估、可衡量、可操作"的中长期总体战略实施规划。

2. 设定年度目标

公司围绕中长期总体战略实施规划,以购售电量、单位成本、利润总额、基建投资规模、技改投资规模等关键绩效指标为载体,通过目标分解模型,将总体规划分解至省公司归口管理部门及基层单位,设定各职能部门、各基层单位的年度预算目标。

目标设定过程中,公司预算管理创先的重点工作为:

（1）设立目标分解模型

分析和评估各基层单位的经营状况和发展预期,确定其能力差距,定义关键绩效指标,建立自上而下的预算责任单元目标分解模型。

（2）执行目标分解

将关键绩效指标按照预算期间、指标体系和预算责任单元进行分解，预测各单位年度生产经营目标，以各单位以预测的年度目标为依据，落实公司中长期总体战略实施规划。

3. 形成年度预算

基于年度预算目标，各基层单位结合所处的宏观经济发展趋势、电价政策等环境，组织各职能部门，以"标准作业"为依托，以"精细化管理"为导向，提出电力购销、电网建设、技术改造、运营维护等业务需求，制订业务计划，并按"预算准入"机制开展初次业务优选工作，形成本单位年度预算方案（包括电力购销预算、资本性支出预算、供电成本预算等）。

4. 实施监控调整

监控调整包括"执行监控"和"滚动调整"两个步骤。执行监控完成对预算执行结果的实时反映和分析；滚动调整基于执行反馈和外部环境的变化，预测当期预算执行情况与年度预算目标的偏离，实施对公司预算的季度滚动预测、年中调整更新。

公司各级管理层利用统一的管理报告体系，全方位监控预算执行情况，发现与既定目标的偏差，及时采取措施加强管控。同时，通过分期滚动预测机制，协助管理层迅速应对外部环境因素及内部执行情况的变化，调整公司资源配置。

监控调整过程中，公司预算管理创先的重点工作为：

（1）建立标准化预算管理报告体系

建立一整套区分管理层级和区分业务类别的标准化预算管理报告体系，形成脱离正常或预期结果的预警信息，实现对预算执行过程和执行结果的监测。

（2）建立分期滚动调整的动态预算管理机制

为适应外部环境的变化，在预算执行分析的基础上开展动态预算管理。以"规划—预算—预测—规划"为主线，建立规划年度更新、预算半年调整、预测季度滚动的机制提高规划、预算、预测的时效性和准确性。

（二）案例分析

为了保障全面预算管理体系的全面落地，A公司构建了"五大保障体系"。具体如下。

1. 建立责任网络

公司预算管理组织架构包括预算管理委员会、预算管理工作组、预算编制执行机构三级，这些构成公司预算责任网络。

2. 设计标准流程

标准化的预算管理流程以明确的层级管理、清晰的职责分工为基础，以核心业务流程贯穿预算管理全过程。流程设计将找准业务衔接点，把握层级关系，强化部门合作，通过重新梳理整合战略规划、目标设定、预算形成和监控调整管理过程中的具体工作流程，促进全面预算管理与生产经营的有机融合。

3. 完善预算制度

全面预算管理工作的有效实施需要强有力的制度体系作为保障。建立和完善全面预算管理制度体系，对公司成型的预算管理思想进行提炼升华，对先进的管理模式、科学的管理方法、完整的考核机制进行规范。

4. 实施评价考核

构建公平、合理的预算考评机制，建立科学、完整的预算考评指标体系，实现预算管理从过程到结果的全面考评。通过考核预算管理过程，在公司推广预算管理最佳实践，提升预算管理整体水平；通过考核预算执行结果，提升公司经营绩效。

5. 搭建信息平台

根据公司信息化现状，搭建符合国内外领先、适应公司全面预算管理的信息平台。全面预算管理信息平台通过功能模块组，支持从战略规划到监控调整的预算全过程管理，固化"大成本"预算模型、管理流程和管理制度，同时，利用数据总线建立与资产全生命周期管理等信息系统的耦合。

（三）案例启示

企业应当根据发展需要，建立适合公司发展的全面预算管理体系。应通过机制、流程及标准的设定，规范化管理预算全过程。强化执行，应通过加强对预算执行的管理，明确预算指标分解方式、预算执行审批权限和要求、预算执行情况报告等，落实预算执行责任制，确保预算刚性。同时，企业应建立预算管理工作评价的相关流程，确定预算管理评价方法，促进预算管理水平的提升。

第十二节 合同管理

施工企业合同具有涉及范围广、履约时间长、内容繁杂、个性强、可变因素较多、综合性强等特点,贯穿于建筑施工企业生产经营活动各个环节,如施工合同、采购合同、投资合同、筹资合同、担保合同,等等。因此,加强施工企业合同内部控制管理,对于提高合同管理效率、降低合同管理风险以提高企业经营管理等工作具有重要意义。

本节适用于所有建筑施工企业。

一、控制目标

1. 合同管理制度符合相关法律法规,且明确了合同订立、合同执行、合同后评估等工作的程序及要求,确保合同管理工作有章可循。

2. 合同订立符合公平、有效及诚实信用的原则,合同内容与双方协商情况一致、符合相关法律法规等,确保后期合同的顺利履行,维护企业合法权益。

3. 合同经过适当审核,合同文本结构严谨、合规,表述严密准确,不存在重大疏漏等。

4. 法律纠纷处理及时、策划充分、程序合法,避免或减少企业损失。

二、主要风险

1. 合同管理制度不健全,未对合同合作方资质进行调查,未对合同审签权限进行明确,未对合同印章管理工作进行规范,可能使得企业合法权益受损,导致合同无法正常履行等。

2. 合同文本未审核或审核不当,可能使得合同文本及条款缺乏全面性、合规性,或存在重大疏漏、欺诈等,导致企业合法权益受损,承担额外法律责任等结果。

3. 未建立合同台账、未对合同编号规则进行明确、未对合同履行情况进行跟踪监控等,不利于企业及时发现合同履行过程中存在的问题,造成合同履约风险。

4. 合同纠纷处理不当,可能使得企业合同诉讼风险增加,损害企业声誉、利益及形象等。

5. 未对合同履行情况进行分析评估,可能使得合同管理工作过程中相同的问题重复发生等,不利于合同管理工作的提升。

三、业务流程

（一）业务图解

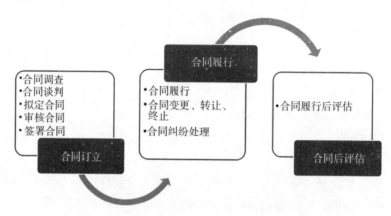

图5-25　施工企业合同管理业务流程图

（二）关键控制点及控制办法

1. 合同订立

（1）合同调查

合同进行招投标前,企业合同承办单位应对合同合作方的主体资格、资质证明、信用状况等进行充分调查评估,确保合同对方具备履约能力。

其中,属于工程承包、分包类合同的,经办人应形成合同对方资信调查评估文件,作为合同审核的重要依据材料。

（2）合同谈判

确定合作方后,企业应进一步收集谈判对手资料、相关法律法规文件、行业监管要求等谈判材料,制定谈判策略。对于影响重大、专业技术程度较高、内容复杂的合同,企业应组织法务、财务、技术部门等专业人员参与谈判。

谈判过程应形成记录文件并妥善保存该文件的机制,作为后期拟定合同文本的依据之一。

（3）拟定合同

企业应明确合同订立标准,并建立标准合同文本库,标准合同文本的发布应经过法务及企业权力机构审核。承办部门拟定合同时,应优先选用企业自身的标准合同文本;如需对标准合同文本进行实质性修改的,合同承办部门应根据国家法律法规、产业政策、标准合同文本、双方谈判情况等草拟合同。

(4)审核合同

企业应建立合同审核管理制度,对合同审核程序、审核重点、注意事项等进行明确规定,各下属单位可结合实际情况制定合同审核实施细则。

企业应根据制度中规定的合同审核程序进行严格的分级审批,审核意见应以书面形式反映。对于影响重大、专业技术程度较高、法律关系复杂的合同,应组织财务部门、法务部门、技术部门等进行会审。

合同审核应主要关注相关支撑材料是否完整、有效,合同内容是否全面、合理、可行,表述是否严谨、准确,条款是否完备、合规,资金来源、使用及结算方式是否合法,履约期限及纠纷处理方式是否明确,合同协议约定的双方权利义务是否明确,是否经过各相关部门会审,是否在审批权限范围内等。

(5)签署合同

合同审批无误且经编号后,由法定代表人/授权委托人签署合同,经办人办理合同用印手续、对于合同页数超过一页的,应加盖骑缝章;用印完毕,合同管理员更新合同台账,对合同编号、合同名称、合作方、金额、合同节点等事项进行记录。

企业应对合同专用章的数量、适用范围及注意事项等进行规范,并设置专门的合同用印管理岗。重大合同,各承办单位应将经双方签字盖章的合同原件一份提交企业法务部门,法务部门应根据各单位的报送情况对重大合同文件进行整理,以备合同后期履行管理需要。

2. 合同履行

(1)合同履行

合同签订后,企业应根据合同条款规定履行合同,并对合同实际履行情况进行有效的跟踪监控,一旦发现违约可能,应立即采取有效措施减少损失。

企业应不定期对合同履行情况进行监督、检查,并将检查结果反馈至各承办单位,各承办单位根据合同检查内容进行整改。

(2)合同变更、转让、终止

合同履行过程中,如遇到由于各方面因素影响而需要对合同进行变更、调整的,应重新履行企业内部合同审签程序,并对合同台账进行相应更新,在备注处对原合同进行记录。

（3）合同纠纷处理

合同履约过程中如发生纠纷事件,合同承办部门应根据制度要求,在规定时间内将合同编号、纠纷情况报送至法务部门,法务部门进行统一编号登记,并指定专人负责;纠纷处理过程中,未经授权批准,相关经办人员不得向对方当事人做出实质性答复或承诺。

3. 合同后评估

企业应建立相关制度对合同履行后评估工作的程序、内容、要求等进行规范。至少每年年末对合同履行总体情况及重大合同履行情况进行分析评估,并总结经验教训以提高合同管理水平。

四、监督检查

（一）合同订立

获取合同合作方资质证明材料,检查是否对合作方的主体资格、经营状况、财务状况等进行调研评估,调研评估结果是否与实际情况相符;检查合同谈判记录文件,核实是否对合同谈判过程进行了记录,是否详细记录了合同谈判过程双方的意见,重大合同谈判是否邀请了法务、财务、技术部门专家参与等;检查企业是否建立了标准合同文本;合同是否根据制度规定履行了相应的审批程序;检查合同文本签署情况,是否由法定代表人或授权委托代表人签署等。

（二）合同履行

检查合同台账及合同履约相关资料,查看是否对对方履约情况进行了实时监控,并及时对异常情况进行上报;检查合同变更、调整及解除相关文档资料,是否按照公司规定履行审核审批程序;检查合同纠纷处理相关资料,是否及时报送法务部门处理,处理措施是否合理,是否符合相关法律法规及公司规定等。

（三）合同后评估

检查合同评估检查相关资料,是否定期、不定期对合同履行总体情况及重大合同履行情况进行分析评估,是否根据检查情况及时采取了应对措施等。

五、案例解析

（一）案例简介

E公司为A公司的众多供应商之一,合作经验约三年。20××年年初,E公司办理了与A公司的合同续签工作。E公司业务人员将经法律顾问审核的合同范本拟好后提交相关领导审核,领导口头指示业务人员将合同空白项目填写完整后再签章。后因业务人员疏忽,并未根据领导指示修改合同,而是直接签章后向对方寄出,并要求对方签章后回寄。后期,合作方并未回寄合同,业务人员忘记主动向合作方追回对方盖章确认的合同。

后来 E 公司受国际市场环境影响遭遇资金周转问题,A 公司提出法律诉讼,要求 E 公司赔偿全部欠款 30 万,并支付 7 万元违约金。由于 E 公司在合同档案中并未查找到该续签合同,且 E 公司通常欠款违约金规定不足 2 万,因此对 A 公司的违约金问题产生怀疑,决定打这场官司。然而,在经过律师调查论证、当庭辩解、法官调解等诸多程序之后,发现该续签合同中"其他约定事项"条款显示"如果出现争议,由双方协商,协商不成的情况下,由原告方人民法院依法解决,货款延期支付,按银行贷款利率的 3 倍执行违约责任赔偿"。最终的审判结果是 E 公司应支付账面全部欠款 30 万、7 万元的违约金及相关诉讼费用。

(二)案例分析

1. 合同文本的审查不严。E 公司标准合同中存在"其他约定事项"下方为空白的情况,当主管领导审核发现与 A 公司续签合同中该项下方为空白的情况,仅是通过口头指示的方式,后期因业务人员自身原因未对空白处进行相应修改,如填写为"此处空白"或"无其他约定"等,导致合作方有机可乘。

2. 合同台账及合同章管理不严格。E 公司在未对合同审核进行核实的情况下即加盖了合同专用章。此外,对于先加盖了合同章的合同,企业也未建立相应的台账以跟踪该类合同签订情况,避免后续法律纠纷。

3. 合同登记归档管理工作不完善。上述案例中,A 公司并未将续签合同文本寄回 E 公司,E 工作人员也未催收该合同,使得发生合同纠纷时,E 公司由于合同原件缺失而无法及时做出正确反馈。

(三)案例启示

1. 根据相关法律法规及单位实际情况建立合同管理制度,使得合同管理工作层次清楚、职责明确、程序规范,确保合同谈判、合同审签、履约执行及纠纷处理等工作处于有效的控制状态。

2. 加强合同审核工作,合同承办部门及时将拟签订合同按照公司规定程序提交相关部门进行审核。各相关部门对合同进行严格审核,应关注合同主体是否适当,目的是否合规,合同内容、合同形式及程序是否全面、合法等内容,同时审核意见也应以书面形式固化。

3. 加强合同专用章与合同归档管理。企业应安排专人进行合同专用章管理,用印时应严格审查、合法使用。合同经审查同意需加盖合同专用章的,合同经办人应持经法定代表人或授权委托人签署的合同文本,加盖合同专用章用印记录。合同档案应由公司专人管理,并建立严格的登记制度,避免出现由于合同丢失造成后续工作难以追溯的情况。

4. 及时处理违约纠纷。合同一旦发生违约情形,企业应区别具体情况,及时采用协商、仲裁或诉讼等方式,积极维护企业的合法权益,减少企业的经济损失。

第六章

信息与沟通

第一节　内部信息传递

内部信息传递,是指企业内部各部各管理层级之间通过内部报告形式传递生产经营管理信息的过程。建筑施工企业应当加强内部报告管理,全面梳理内部信息传递过程中的薄弱环节,建立科学的内部信息传递机制,明确内部信息传递的内容、保密要求及密级分类、传递方式、传递范围以及各管理层级的职责权限等,促进内部报告的有效利用,充分发挥内部报告的作用。

一、控制目标

1.及时准确的收集、传递信息,建立顺畅的信息传递渠道,确保信息在公司内部有效沟通、充分利用。

2.实现企业信息管理工作的规范化、制度化、科学化。

3.为企业管理层了解情况、科学决策、指导工作提供信息。

4.内部报告得到妥善保管,避免泄露商业机密。

二、主要风险

1.内部信息收集范围不明确,信息收集缺乏针对性,收集不充分、不准确,信息有误,可能导致企业决策失误。

2.内外部信息获取成本过高,违反成本效益原则。

3.内部信息传递不通畅、不及时,可能导致决策失误、相关政策措施难以落实,影响经营目标的达成。

4.内部报告系统缺失、功能不健全、内容不完整,未能有效收集来自企业内部各个部门和业务环节的管理信息,可能影响生产经营有序运行。

5.内部信息保密机制不健全,或未能严格执行,导致传递中泄露商业秘密,可能削弱企业核心竞争力。

6.未及时对内部报告进行归档,可能导致相关信息泄露或遗失。

三、信息传递业务流程

（一）信息

信息指企业生产、经营、管理、改革、发展以及国家政策、市场环境等方面的内容。企业可以根据其实际情况对信息进行分类,建立信息传递业务流程。例如,信息可以分为外部信息及内部信息两类。

1.外部信息主要包括宏观社会环境信息、科学技术发展信息、市场信息等,如国内政治经济形式、社会文化状况及生产所需要的设备、原料、能源等物资的供应和来源分布、市场需求信息、竞争信息等。

2.内部信息主要包括公司管理、生产活动、经济、技术、财务、人事等信息,如机会执行、生产调度、设备运行、安全管理、财务状况、经营成果等情况。

（二）业务图解

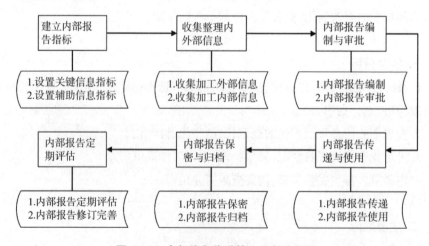

图 6-1　内部信息传递管理业务流程图

（三）关键节点及控制方法

1. 建立内部报告指标

（1）建筑施工企业应认真研究企业的发展战略、风险控制要求和业绩考核标准，根据各管理层级对信息的需求和详略程度，建立级次分明的内部报告指标体系。

（2）企业内部报告指标确定后，应进行细化，层层分解，使企业中各责任中心及其各相关职能部门都有自己明确的目标，以利于控制风险并进行业绩考核。

（3）企业内部报告需要依据全面预算的标准进行信息反馈，将预算控制的过程和结果向企业内部管理层报告，以有效控制预算执行情况、明确相关责任、科学考核业绩，并根据新的环境和业务，调整决策部署，更好地规划和控制企业的资产和收益，实现资源的最有效配置和管理的协同效应。

2. 收集整理内外部信息

（1）建筑施工企业应随时掌握有关市场状况、竞争情况、政策变化及环境变化的情况，通过行业协会组织、社会中介机构、业务往来单位、市场调查、来信来访、网络媒体以及有关监管部门等渠道，获取外部信息；通过财务会计资料、经营管理资料、调研报告、专项信息、内部刊物、办公网络等渠道，获取内部信息。

（2）建筑施工企业应当根据特定服务对象的需求，选择信息收集过程中重点关注的信息类型和内容。为特定对象、特定目标服务的信息，需根据信息需求者要求按照一定的标准对信息进行分类汇总。

（3）建筑施工企业应当对信息进行审核和鉴别，检查信息在事实与时间上有无差错，是否合乎逻辑，其来源单位、资料份数、指标等是否完整，确定其真实性和合理性。

（4）建筑施工企业应当在收集信息的过程中考虑获取信息的便利性及获取成本高低，如果需要较大代价获取信息，则应当权衡其成本与信息的使用价值，确保所获取信息符合成本效益原则。

3. 内部报告编制与审批

（1）建筑施工企业内部报告编制单位应紧紧围绕内部报告使用者的信息需求，以内部报告指标体系为基础，编制内容全面、简洁明了、通俗易懂的内部报告，便于企业各管理层级和全体员工掌握相关信息，正确履行职责。

（2）建筑施工企业应合理设计内部报告编制程序，提高编制效率，保证内部报告能在第一时间提供给相关管理部门。对于重大突发事件应以速度优先，尽可能快地编制出内部报告，向董事会报告。

(3)建筑施工企业应当建立内部报告审核制度,设定审核权限,确保内部报告信息质量。对于重要信息,企业应当委派专门人员对其传递过程进行审核,确保信息正确传递给使用者。

4.内部报告传递与使用

(1)建筑施工企业应制定内部报告传递制度,明确各层级在内部报告传递中的职业与权限。指定专人对内部报告的流转情况进行跟踪和记录,对于未按照传递制度进行操作的事件,应当调查原因,并做相应处理。对于重要紧急的信息,可以越级向董事会、监事会或经理层直接报告,便于相关负责人迅速做出决策。

(2)建筑施工应当制定严密的内部报告传递流程,根据信息的重要性、内容等特征确定不同的流转程序。

(3)建筑施工应当充分利用信息技术,强化内部报告信息集成和共享,将内部报告纳入企业统一信息平台,构建科学的内部报告网络体系。及时更新信息系统,确保内部报告有效安全地传递。

(4)建筑施工企业应当拓宽内部报告渠道,通过落实奖励措施等多种有效方式,广泛收集合理化建议。

(5)建筑施工企业相关领导应对内部报告进行审阅、批示,企业管理层及各部门应充分应用报告内容指导经营决策及生产经营活动等手段。对于内部报告反映出的问题应当及时解决,有效利用内部报告准确识别和系统分析公司生产经营活动中的内外部风险,确定风险应对策略,涉及突出问题和重大风险的,应当启动应急预案。

5.内部报告保密与归档

(1)建筑施工企业应当建立内部报告保管制度,各部门应当指定专人按类别保管相应的内部报告。按类别保管内部报告,对影响较大的、金额较高的一般要严格保管。对不同类别的报告应按其影响程度规定其保管年限,只有超过保管年限的内部报告方可予以销毁。对影响重大的内部报告,应当永久保管。

(2)建筑施工企业应当制定内部报告保密制度,明确保密内容、保密措施、密集程度和传递范围,防止泄露商业秘密。有关商业秘密的重要文件由企业较高级别的管理人员负责,具体至少由两人共同管理,放置在专用保险箱内。保密信息保送过程中形成的草稿、修改稿等在收发传递过程中应及时记录、归档或销毁。相关人员需查阅保密文件时,应履行审批程序。

6.内部报告定期评估

(1)建筑施工企业应当建立并完善内部报告评估制度,严格按照评估制度对内部报告进行合理评估,考核内部报告在企业生产经营活动中所起的真实作用。

(2)建筑施工企业对内部报告的评估应当定期进行,具体由企业根据自身管理要求做出规定,至少每年度对内部报告进行一次评估,重点关注内部报告的及时性,内部信息传递的有效性和安全性。经过评估发现内部报告存在缺陷的,企业应当及时进行修订和完善,确保内部报告提供的信息及时、有效。

(3)建筑施工企业应当执行奖惩机制,对经常不能及时或准确传递信息的相关人员进行批评和教育,并与绩效考核体系挂钩。

四、监督评价

1. 建立内部报告指标

检查内部报告指标体系的设计是否结合企业的发展战略,是否与全面预算管理要求相符,是否根据环境和业务变化及时进行调整。

2. 内部报告编制与审批

检查内部报告是否内容完整、重点突出且具有时效性。内部报告编制过程中是否经过相关责任人审核。

3. 内部报告保密及归档

(1)检查是否制定内部报告保密制度,对于保密信息报送过程中形成的草稿、修改稿等是否及时记录、归档或销毁。相关人员查阅保密文件时,是否履行审批程序。

(2)检查是否制定内部报告归档保管制度,对各类内部报告进行妥善保管。

五、案例解析

(一)案例简介

某建筑施工企业未形成固定、有效的信息传递机制,导致同级部门之间信息沟通不灵敏,存在信息传递壁垒。例如,建设项目工程款拖欠信息的及时准确地提供,需要工程部门、财务部门、商务部门等相关部门之间信息及时传递、无障碍沟通,而该公司由于这几个部门沟通不畅,往往各说各话,信息不能及时传递和整合,影响项目工程款拖欠信息的准确性。信息与沟通存在的问题容易形成"信息孤岛"现象,往往出现决策不及时、机会把握能力差等问题,给企业的运营造成风险。同时,公司管理层忙于日常工作,对通过会议方式交流沟通信息不重视,有时会出现半年会和年会一起召开的情况,主要经营指标完成情况、存在的主要问题、解决措施等不能及时沟通解决,严重影响公司决策。另外,公司未建立汇报机制,对公司一线的汇报无法清晰掌控,各部门因为各自的利益,有时对项目施工过程中发生的问题采用晚报或不报的方式进行处理,使问题不能在第一时间有效解决,小问题拖成大问题,给公司造成较大的经济损失,严重影响公司形象。

(二)案例分析

该公司现有的信息传递机制存在缺陷,造成缺陷的原因在于该公司在信息传递意识、环境与机制等方面存在一定问题。目前公司属于垂直型组织架构,信息需要层层传递,信息传送与反馈耗时长。同时部门之间由于部门利益的不同诉求导致部门隔阂,影响部门间的信息传递。最后由于缺乏及时、全面、可靠的数据支持,公司经常凭经验临时决策处理风险,内部控制措施不能及时调整,影响公司的内部控制风险管理防范能力。

(三)案例启示

1. 建筑施工企业应当转变建筑施工企业重资金、重物质,轻管理、轻信息的错误观念与意识,提高对信息管理重要性的认识。

2. 建筑施工企业应当根据企业自身特点及实际规模设置专门的信息管理机构,遵循经济、及时、准确、有效的原则,做好信息资料的收集、分类、加工、分析、处理,提高信息的准确性和时效性。

3. 建筑施工企业应当建立健全工程信息收集、鉴定、签证、传递、奖惩等制度,确保工程信息的可靠性与及时有效性。

4. 建筑施工企业应当制定内部信息传递流程,充分利用信息技术,强化内部信息集成和共享,将内部信息纳入企业统一信息平台,构建科学的内部信息网络体系。

5. 建筑施工企业应当开发工程项目管理系统,实现网上查询、网上会议、网上投标、网上材料采购等功能,建立数据库和网络联结,变纵向信息交流方式为平行交流方式,实现信息资源共享,改进沟通与合作,保证信息的效率和准确性,提高决策的科学性和时效性。

第二节　信息系统

本《指南》所称信息系统,是指企业利用计算机和通信技术,对内部控制进行集成、转化和提升所形成的信息化管理平台。建筑施工企业应当重视信息系统在内部控制中的作用,根据内部控制要求,结合组织架构、业务范围、地域分布、技术能力等因素,制订信息系统建设整体规划,加大投入力度,有序组织信息系统开发、运行与维护,优化管理流程,防范经营风险,全面提升企业现代化管理水平。

一、控制目标

1.设置专门信息化管理部门,明确职责,负责公司信息化总体规划、系统项目实施、系统变更管理、系统运维管理、系统安全管理等工作。

2.优化信息化建设资源,避免信息孤岛,避免信息系统项目论证不充分,信息系统实施方案与实际需求不符等造成项目失败及资源浪费的情况。

3.在自行开发、外购调试、业务外包的方式中,采取有效适当的方式实施信息系统。

4.确保系统开发需求文档充分体现业务处理和内部控制需求,设计方案能够满足业务和控制需求。针对不同数据的输入方式,考虑实现对进入系统数据的检查和校验功能。

5.编写完整可行的上线计划,按照计划进行系统上线工作,确保新旧信息系统顺利切换和平稳衔接。

6.加强信息系统开发全过程的跟踪管理,确保系统在功能、性能、控制要求和安全性等方面符合开发需求。

7.确保信息系统按照规定的程序、制度和操作规范持续稳定运行,确保信息系统运行安全,对信息系统进行访问权限管理,对信息系统变更严格遵照管理流程进行操作。

8.确保信息系统能够抵抗病毒等恶意软件的感染和破坏,加强服务器等关键信息设备的管理,通过数据定期备份机制确保系统数据可用性。

二、主要风险

1. 信息系统建设缺乏战略规划或规划不合理,可能造成信息孤岛或重复建设的发生,导致企业经营管理效率低下。

2. 没有将信息化与企业业务需求结合,降低了信息系统的应用价值。

3. 实施的系统开发项目没有经过充分论证,信息系统开发方式选择不当,导致信息系统对业务支持不足和投资浪费。

4. 信息系统建设缺乏项目建设计划或者计划不当,信息系统需求分析不符合业务处理和控制需要,需求表达不明确,有关需求未经评审,设计变更频繁,导致项目进度滞后、费用超支。

5. 系统设计方案不能完全满足用户需求,不能实现需求文档规定的目标。设计方案未能有效控制建设开发成本,不能保证建设质量和进度。设计方案不全面,导致后续变更频繁。设计方案没有考虑信息系统建成后对企业内部控制的影响,导致系统运行后衍生新的风险。

6. 缺乏完整可行的上线计划,信息系统配置不符合设计方案,数据迁移不完整、不准确,导致信息系统无法正常稳定运行。

7. 未对信息系统开发全过程进行跟踪管理,导致系统开发偏离业务需求。

8. 信息系统验收不全面,上线未经有效测试,导致系统功能异常,无法满足开发需求。

9. 未制定日常运维管理规范或规范不健全,未定期对系统运维状况进行检查,未定期妥善备份数据,信息系统运行维护措施不到位,导致信息遗漏或损坏,系统运行异常或损坏后无法恢复,造成重大损失。

10. 未建立信息系统变更管理制度,未规定合理的变更审批流程,导致变更管理混乱,系统变更影响系统正常业务和控制功能,影响系统数据的完整性、准确性和安全性。

11. 企业员工信息安全意识薄弱,企业对系统和信息安全缺乏有效的监管手段,未确立信息安全管理制度,未明确组织及相关人员的安全职责,信息系统权限和工作职责不符,人员职责及系统权限不符合不相容职责分离的原则,需报废的计算机存储设备及其中所存储的数据处理不当,导致敏感信息和数据得不到有效保护,信息系统管理人员和操作人员非法利用其持有的不适当系统权限从事舞弊活动。

12. 信息系统存在程序漏洞或网络防护不当,防病毒软件未及时更新,导致系统受到病毒等恶意软件的感染和破坏,黑客入侵或被不法人员利用盗取信息。

三、信息系统主要业务流程

（一）业务图解

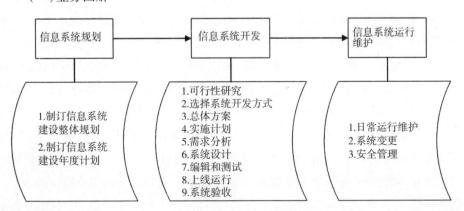

图 6 - 2 信息系统管理业务流程图

（二）关键节点及控制方法

1. 信息系统规划

（1）企业应当以企业发展战略为依据制订企业信息化建设的全局性、长期性规划。在制的信息化规划的过程中,要充分调动和发挥信息系统归口管理部门与业务部门的积极性,使各部门广泛参与,充分沟通,提高信息系统建设规划的科学性、前瞻性和适应性。

（2）信息系统战略规划要与企业的组织架构、业务范围、地域分布、技术能力等相匹配,避免相互脱节。

（3）企业应在每年制订经营计划的同时制订年度信息系统建设计划,促进经营管理活动与信息系统的协调统一。

2. 信息系统开发

（1）企业应指定信息系统管理部门或委托具有资质的机构对信息化项目进行可行性研究,编制项目可行性研究报告并组织相关部门进行论证。在项目科研阶段,信息系统管理部门应重点识别项目开发过程中的风险,并制定相应的控制措施。

（2）企业应根据自身实际情况合理选择系统开发方式。系统建设主要有自行开发、外购调试、业务外包等方式。选定外购调试或业务外包方式的,应当采用公开招标等形式择优确定供应商或开发单位。

（3）对于以业务外包方式进行系统建设，企业在选择外包服务商时要充分考虑服务商的市场信誉、资质条件、财务状况、服务能力、对本企业业务的熟悉程度、既往承包服务成功案例等因素，对外包服务商进行严格筛选。企业要严格外包服务审批及管控流程，对信息系统外包业务，原则上应采用公开招标等形式选择外包服务商，并实行集体决策审批。

（4）企业在与外包服务商签约之前，应恰当拟定合同条款，由法律部门或法律顾问审查把关。开发过程中涉及商业秘密、敏感数据的，企业应当与外包服务商签订保密协定，以保证数据安全。

（5）企业应当规范外包服务评价工作流程，明确相关部门的职责权限，建立外包服务质量考核评价指标体系，定期对外包服务商进行考评，并公布服务周期的评估结果，实现外包服务水平的跟踪评价。必要时，可以引入监理机制，降低外包服务风险。

（6）对于以外购调试方式进行系统建设，企业应明确自身需求，广泛听取行业专家意见，对比分析市场上成熟的软件产品，合理选择软件产品的模块组合和版本。

（7）对于自行开发的信息系统，企业应当根据信息系统建设整体规划提出分阶段项目的建设方案，明确建设目标、人员配备、职责分工、经费保障和进度安排等相关内容，按照规定的权限和程序审批后实施。

（8）企业应根据项目的具体情况制订项目实施计划，并加以跟踪。在关键环节进行阶段性评审，以保证过程可控。项目关键环节编制的文档应参照相关国家标准和行业标准进行，以提高项目计划编制水平。

（9）企业信息系统归口管理部门应当组织企业内部各有关部门提出开发需求，加强系统分析人员和有关部门的管理人员、业务人员的交流，经综合分析提炼形成合理的需求，编制表述清晰、表达准确的需求文档。编制需求文档应当采用标准建模语言，综合运用多种建模工具和表现手段，提高系统需求说明书的编写质量。

（10）企业应当建立健全需求评审和需求变更控制流程。依据需求文档进行设计（含需求变更设计）前，应当评审其可行性。

（11）企业系统设计负责部门应当就总体设计方案与业务部门进行沟通和讨论，说明方案对用户需求的覆盖情况；存在备选方案的，应当详细说明各方案在成本、建设时间和用户需求响应上的差异。

(12)企业应建立设计评审制度和设计变更控制流程。在系统设计时应充分考虑信息系统建成后的控制环境,将经营管理业务流程、关键控制点和处理规程嵌入系统程序,实现手工环境下难以实现的控制功能。

(13)系统设计时应在信息系统中设置操作日志功能,确保操作的可审计性。对异常的或违背内部控制要求的交易和数据,设计由系统自动报告并设置跟踪处理机制。预留必要的后台操作通道,对于必需的后台操作,应建立规范的操作流程,确保足够的日志记录,保证对后台操作的可监控性。

(14)企业信息系统实施项目组应建立并执行严格的代码复查评审制度,建立严格的测试工作流程,在项目实施过程中组织开展单位测试和系统测试,制定测试文档,以确保项目实施结果符合功能设计要求,并在测试基础上对设计方案提出改进建议。具备条件的企业,应当组织独立于开发建设项目组的专业机构对开发完成的信息系统进行验收测试,确保在功能、性能、控制要求和安全性等方面符合开发需求。

(15)企业应制订信息系统上线计划,在制订上线计划时考虑可能发生的风险并在计划中进行风险规避。对于系统上线涉及新旧系统切换的,企业应当在上线计划中明确应急预案,保证新系统失效时能够顺利切换回旧系统。对于系统上线涉及数据迁移的,企业应当制订详细的数据迁移计划,并对迁移结果进行测试。

(16)项目完成后,信息系统管理部门、相关业务部门应对项目进行验收,并在验收报告上签字确认。

3. 信息系统运行维护

(1)企业应制定信息系统使用操作程序、信息管理制度及具体操作规范制度,及时跟踪、发现和解决系统运行中存在的问题,确保信息系统规范持续稳定运行。

(2)企业应制定信息系统巡检制度,通过定期巡视机房,检查系统运行报告或体制检测服务器、数据库及网络设备的运行情况,做好系统运行记录及巡检日志,对发现的问题及时解决或报告。

(3)信息系统管理部门应制订信息系统相关的应急预案,定期组织相关部门和人员开展应急演练,并对演练中出现的问题进行总结,编制应急演练报告,不断改进应急预案。系统发生重大故障时,根据故障严重程度启动相关应急预案,故障处理完毕后,信息系统管理部门应在规定时间内编写专项报告并在企业内部汇报。

(4)信息系统管理部门应建立系统变更申请、审批、执行、测试流程。在实施系统变更时,由需求方提交变更申请,按照程序经过适当审批后才可实施变更。

需求方应对变更后的系统功能进行测试。

（5）对于需求进行程序开发的系统变更,信息系统管理部门应建立单独的系统开发(变更)环境、系统测试环境和系统生产环境。不得在生产环境中进行系统程序开发、变更和测试工作。做好各环境的权限控制,严格限制可将变更程序从开发、测试环境中迁移至生产环境中的权限,严格限制可对生产环境程序和系统重新配置参数进行变更的权限。

（6）企业应当建立信息系统相关资产的管理制度,保证电子设备的安全。在健全设备管理制度的基础上,建立专门的电子设备管控制度,对于关键信息设备,未经授权,不得接触。

（7）企业应成立专门的信息系统安全管理机构,对企业的信息安全做出总体规划和全方位严格管理,建立信息系统安全保密制度和泄密责任追究制度,强化安全保密意识。对重要岗位员工进行信息系统安全保密培训,并签署安全保密协议。

（8）企业应当制定信息系统安全实施细则,根据业务性质、重要程度、涉密情况等确定信息系统安全等级,建立不同等级信息的授权使用制度,采用相应技术手段保证信息系统运行安全有序。

（9）企业可利用操作系统、数据库系统、应用系统提供的安全机制,设置安全参数,保证系统访问安全;对于重要的计算机设备,企业应当利用技术手段防止员工擅自安装、卸载软件或改变软件系统配置,并定期对上述情况进行检查。

（10）企业委托专业机构进行系统运行与维护管理的,应当严格审查其资质条件、市场声誉和信用状况等,并与其签订正式的服务合同和保密协议。

（11）企业应当采取安装安全软件等措施,防范信息系统受到病毒等恶意软件的感染和破坏。对于存在网络应用的企业,应当综合利用防火墙、路由器等网络设备应用内容过滤、漏洞扫描、入侵检测等软件技术加强网络安全,严密防范来自互联网的黑客攻击和非法侵入。通过互联网传输的涉密或关键业务数据,企业应当采取必要的技术手段确保信息传递的保密性、准确性、完整性。

（12）企业应当建立系统数据定期备份制度,明确备份范围、频度、方法、责任人、存放地点、有效性检查等内容。系统首次上线运行时应当完全备份,根据业务频率和数据重要性程度,定期做好增量备份。数据正本与备份应分别存放于不同地点,防止因火灾、水灾、地震等事故产生不利影响。

（13）企业应当建立信息系统开发、运行与维护等环节的岗位责任制度和不相容职务分离制度,防范利用计算机舞弊和犯罪。

(14)企业应建立用户管理制度,加强对重要业务系统的访问权限管理,避免将不相容职责授予同一用户。定期对系统中的账号进行审阅,避免存在授权不当或非授权账号。对于超级用户,企业应当严格规定其使用条件和操作程序,并对其在系统中的操作全程进行监控或审计。

(15)企业应积极开展信息系统风险评估工作,定期对信息系统进行安全评估,及时发现系统安全问题并加以整改。

四、监督评价

1. 信息系统规划

(1)检查信息系统管理部门的人员配备是否充足,是否制定信息系统相关的制度。

(2)检查是否制订了信息系统战略规划和年度信息化工作计划。

2. 信息系统开发

(1)检查信息系统开发项目是否存在可行性研究报告,可行性研究报告是否经过相应的审批。

(2)检查外购项目是否采用合理方式(如招标)确定供应商,项目是否签订了有效合同。

(3)检查软件开发总体方案是否明确了系统需求、功能模块、软件结构、工作计划等内容,项目计划是否对阶段成果目标、人员分工及进度安排进行了规定。

(4)检查需求文档是否涵盖相关业务的各方面。检查是否存在系统测试计划,单位测试和系统测试文档是否完备,对于测试结果存在问题的环节,是否进行了后续跟进处理。

(5)检查上线计划是否对于上线计划和范围、上线环境准备、基础数据准备及风险防范进行了说明,上线计划是否经过适当管理人员的审批。

(6)检查是否对项目进行验收,验收报告上是否存在相关部门的签字确认。

3. 信息系统运行维护

(1)检查日常巡检报告,对发现的问题是否及时解决或报告。

(2)检查对信息系统数据是否定期备份、异地备份,是否定期进行了数据恢复性测试。

(3)检查信息系统管理部门是否制订了信息系统相关的应急预案,是否定期进行应急演练。

(4)检查企业内网内的计算机是否安装了防病毒软件,杀毒软件版本是否更新。检查员工个人手机和电脑设备是否可以随意接入企业内部网络。

（5）检查信息系统管理部门是否建立系统变更申请、审批、执行、测试的流程。

（6）若存在需要进行程序开发的系统变更活动，检查是否建立了单独的系统开发（变更）环境、系统测试环境和系统生产环境。检查各环境中的人员权限是否得到有效控制，尤其关注可以对生产环境程序和系统重要配置参数进行变更的权限是否授予适当的人员。

（7）检查系统变更活动是否存在经过审批的系统变更申请记录。

（8）检查信息系统管理部门是否明确各信息系统的安全等级。

（9）检查信息系统管理部门是否制订了不相容职责分离要求的方案，检查应用系统管理员是否同时兼任系统数据库管理员和服务器操作系统管理员。

（10）检查进入机房是否需要访客登记，机房是否安装了门禁和监控设备。

五、案例解析

（一）案例简介

某建筑施工企业施工现场安全生产工作面临结构形式复杂、作业面分散、大型机械设备数量多、临时用电系统复杂、人员流动性较大、危险有害因素种类及数量众多等诸多安全生产管理难题，为进一步提高安全管理水平，企业负责人决定建设信息系统，提高施工安全管理水平。

通过认证研究与对比分析，企业采用了外购调试的方式，采购了某公司提供的建筑施工企业安全生产风险管理及预警信息系统，在安全管理过程中，借助"风险评价及预警"模块，对施工现场危险有害因素进行风险评价、风险报警、动态预警、风险撤警等动态风险管理，极大地提升了危险有害因素的安全风险管控水平。同时，运用该系统中的日常安全管理模块，企业总部实现了对施工项目的动态监管，施工项目部对施工现场作业人员的不安全行为，深基坑、脚手架、高处作业、大型机械设备、施工机具以及临时用电等进行了安全信息化管理，实现了安全生产风险预控的全方位动态安全管理目的，有效提升了项目的安全管理水平。工程施工过程中发生重伤以上安全生产事故，轻伤负伤率严格控制在1‰以内，该企业的安全风险及预警的信息化管理得到当地建设主管部门的高度肯定。

（二）案例分析

建筑行业是安全风险最密集、安全事故发生率最多的领域之一，加强建筑企业施工项目风险管理与预警有着重要的意义。基于 B/S 的建筑施工企业安

全生产风险管理及预警信息系统实现了企业总部和施工现场的以风险管理和
预警业务为主的安全管理业务平台,有效地加快了建筑安全生产信息化建设的
步伐。

(三)案例启示

该系统的成功开发运行需要有以下几方面经验。一是正确选择开发模式,由
于市场中已经存在成熟的商业化信息系统,通过二次开发即可满足企业需求。在
这种情况下,外购调试是合理选择。二是实施"一把手"工程和全员参与,有效推
进信息系统执行。三是培训工作同步进行,保证信息系统的测试效果。

第七章

内部监督

第一节　内部监督概述

内部监督是指企业对内部控制建立与实施情况进行监督检查,评价内部控制的有效性。对于发现的内部控制缺陷,应当及时加以改进。

建筑施工企业应当制定内部控制监督制度,明确内部审计机构(或经授权的其他监督机构)和其他内部机构在内部监督中的职责权限,规范内部监督的程序、方法和要求。

内部监督分为日常监督和专项监督。日常监督是指企业对建立与实施内部控制的情况进行常规、持续的监督检查;专项监督是指在企业发展战略、组织结构、经营活动、业务流程、关键岗位员工等发生较大调整或变化的情况下,对内部控制的某一个或者某些方面进行有针对性的监督检查。

建筑施工企业应根据企业内部监督的职责分工实施日常监督,督促各级业务部门领导落实企业内部控制整体要求和具体的流程控制。按照不同的监督主体及相应的管理要求,建筑施工企业日常监督可以体现为不同的形式,例如定期的安全生产例会、质检巡检、监理会、总经理办公会以及工程日常审计等,其中工程日常审计包括了决策合规性审计、工程实施审计、竣工结算审计等。由内部审计机构(或经授权的其他监督机构)每年开展内部控制自我评价工作,与管理层就内部控制缺陷进行讨论,向董事会或其他专业委员会汇报评价结果,督促管理层及相关业务部门实施整改,也是日常监督的普遍做法。专项监督的范围和频率应当根据风险评估结果以及日常监督的有效性等予以确定。建筑施工企业可以根据日常监督的结果,识别内控管理的薄弱环节,进行有针对性的风险评估,组织开展必要的专项监督。

　　例如,某建筑施工集团在对某项在建工程进行工程施工审计时发现,该项目施工材料费比重过高,金额超过项目初期的概算金额。经过对施工现场材料领用及使用留痕资料分析发现,大量材料未办理出入库手续,缺少必要的登记台账,材料成本直接由财务部门计入工程成本。审计组将审计事项及结果报至集团,集团在研究决定后,成立了资产清查项目组,对目前所有正在施工项目进行检查,包括材料库存管理、领用以及材料使用消耗等,发现重大材料失窃事项两起,并报公安部门。针对现有存在的各类材料管理问题,集团重新修订完善了工程管理制度,专项制定了工程材料管理办法,并明确了材料管理流程,加强了材料进出库审批留痕管理。同时,要求各工程项目组加强材料安全管理,在库房加装监控设备。通过资产清查,集团理顺材料管理流程、规范材料出入库管理行为,理清现有材料存量等行为,提高了集团对项目过程中资产风险的管控。

第二节　内部控制评价

内部控制评价,是指企业董事会或类似权力机构对内部控制有效性进行全面评价、形成评价结论、出具评价报告的过程。内部控制评价是内部监督的一项重要制度安排,是内部控制的重要组成部分,对于建立和实施内部控制具有十分重要的作用。

建筑施工企业应当制定内部控制评价办法,明确评价的职责分工、评价内容、工作程序等内容,规范开展内部控制评价工作。

一、内部控制评价的对象

内部控制评价是对内部控制有效性发表意见。所谓内部控制有效性,是指企业建立与实施内部控制为实现控制目标提供合理保证的程度,包括内部控制设计的有效性和内部控制运行的有效性。

1. 内部控制设计的有效性,是指为实现控制目标所必须具备的内部控制要素及程序都存在,并且设计恰当,能够为控制目标的实现提供合理保证。

设计有效性的根本判断标准是所设计的内部控制是否能为内部控制目标的实现提供合理保证。对于财务报告目标而言,所设计的相关内部控制是否能够防止或发现并纠正财务报告的重大错报,这是判断其设计是否有效的标准;对于合规目标而言,所设计的相关内部控制是否能够合理保证遵循适用的法律法规,是判断其设计是否有效的标准;对于资产安全目标而言,所设计的内部控制是否能够合理保证资产的安全、完整,防止资产流失;对于战略、经营目标而言,由于其实现还受到许多不可控的因素(尤其是外部因素)的影响,因而判定相关内部控制的设计是否有效的标准,是所设计的内部控制是否能够合理保证董事会和经理层及时了解这些目标的合理性与实现程度的关键,从而调整目标和改进措施。

2. 内部控制运行的有效性,是指在内部控制设计有效的前提下,内部控制能够按照设计有效实施,从而为实现控制目标提供合理保证。评价内部控制运行的有效性,应当着重考虑以下几方面:

(1)相关控制在评价期内是如何运行的;

(2)相关控制是否得到了持续一致的运行;

(3)实施控制的人员是否具备必要的权限和能力。

需要强调的是,即使同时满足设计有效性和运行有效性标准的内部控制的条件,受内部控制固有局限影响,也只能为内部控制目标的实现提供合理保证,而不能提供绝对保证,不应不切实际地期望内部控制能够绝对保证内部控制目标的实现,也不应以内部控制目标的最终实现情况和程度作为唯一依据直接判断内部控制设计及运行的有效性的标准。

二、内部控制评价的原则

实施内部控制评价至少应当遵循下列原则。

1. 全面性原则。评价工作应当包括内部控制的设计与运行,涵盖企业及其所属单位的各种业务和事项。

2. 重要性原则。评价工作应当在全面评价的基础上,关注重要业务单位、重大业务事项和高风险领域。

3. 客观性原则。评价工作应当准确揭示经营管理的风险状况,如实反映内部控制设计与运行的有效性。

4. 公正性原则。评价应以事实为基础,以法律法规、监管要求为准则,客观公正,实事求是。

5. 一致性原则。评价的准则、范围、程序和方法等应保持一致,以确保评价结果的客观、可比。

6. 及时性原则。评价应按照规定的时间间隔持续进行,当控制环境发生重大变化时,应及时进行重新评价。

三、内部控制评价的组织形式和职责安排

企业应当结合内部控制设计与运行的实际情况,制定具体的内部控制评价办法,规定评价的原则、内容、程序、方法和报告形式等,明确相关机构或岗位的职责权限,落实责任制,按照规定的办法、程序和要求,有序开展内部控制评价工作。

企业内部控制评价办法应当具体明确内部控制评价的组织形式,特别明确各有关方面在内部控制评价中的职责安排,处理好内部控制评价和内部监督的关系,定期由相对独立的人员对内部控制有效性进行科学的评价,界定内部控制缺陷认定标准,保证内部控制评价有序地开展。

1. 内部控制评价的组织形式

企业可以授权内部审计机构或专门机构(下称"内部控制评价机构")负责内

部控制评价的具体组织实施工作。内部控制评价机构必须具备一定的设置条件：一是能够独立行使对内部控制系统建立与运行过程及结果进行监督的权力；二是具备与监督和评价内部控制系统相适应的专业胜任能力及职业道德素养；三是与企业其他职能机构就监督和评价内部控制系统方面应当保持协调一致，在工作中相互配合、相互制约，在效率效果上满足企业对内部控制系统进行监督与评价所提出的有关要求；四是能够得到企业董事会和经理层的支持，有足够的权威性来保证内部控制评价工作的顺利开展。

具体来说，企业可根据自身特点，决定是否单独设置专门的内部控制评价机构。对于单独设有专门内部控制机构的企业，也可以由内部控制机构来负责内部控制评价的具体组织实施工作。为了保证评价的独立性，负责内部控制设计和评价的部门应适当分离。

企业可以委托会计师事务所等中介机构实施内部控制评价。此时，董事会（审计委员会）应加强对内部控制评价工作的监督与指导。从业务性质上讲，中介机构受托为企业实施内部控制评价是一种非保证服务，内部控制评价报告的责任仍然应由企业董事会承担。另外，为保证审计的独立性，为企业提供内部控制审计的会计师事务所，不得同时为同一家企业提供内部控制评价服务。

2. 有关方面在内部控制评价中的职责和任务

无论采取何种组织形式，董事会、经理层和内部控制评价机构在内部控制评价中的职能作用不会发生本质的变化。一般来说其作用体现在以下几方面。

（1）董事会对内部控制评价承担最终的责任。企业董事会应当对内部控制评价报告的真实性负责。董事会可以通过审计委员会来承担对内部控制评价的组织、领导、监督责任。董事会或审计委员会应听取内部控制评价报告，审定内控重大缺陷、重要缺陷整改意见，对内部控制部门在督促整改中遇到的困难，积极协调，排除障碍。监事会应审议内部控制评价报告，对董事会建立与实施内部控制进行监督。

（2）经理层负责组织实施内部控制评价工作。实际操作中，可以授权内部控制评价机构组织实施，并积极支持和配合内部控制评价的开展，创造良好的环境和条件。经理层应结合日常掌握的业务情况，为内部控制评价方案提出应重点关注的业务或事项，审定内部控制评价方案和听取内部控制评价报告，对于内部控制评价中发现的问题或报告的缺陷，按照董事会或审计委员会的整改意见积极采取有效措施予以整改。

（3）内部控制评价机构根据授权承担内部控制评价的具体组织实施任务，通过复核、汇总、分析内部监督资料,结合经理层要求,拟订合理评价工作方案并认真组织实施;对于评价过程中发现的重大问题,应及时与董事会、审计委员会或经理层沟通,并认定内部控制缺陷,拟订整改方案,编写内部控制评价报告,及时向董事会、审计委员会或经理层报告;沟通外部审计师,督促各部门、所属企业对内、外部内控评价进行整改;根据评价和整改情况拟订内部控制考核方案。

(4)各专业部门应负责组织本部门的内部控制自查、测试和评价工作,对发现的设计和运行缺陷提出整改方案及具体整改计划,积极整改,并报送内部控制机构复核,配合内控机构(部门)及外部审计师开展企业层面的内控评价工作。

(5)企业所属单位,也应逐级落实内部控制评价责任,建立日常监控机制,开展内部控制自查、测试和定期检查评价,发现问题并认定内部控制有缺陷,需拟订整改方案和计划,报本级管理层审定后,督促整改,编制内部控制评价报告,对内部控制的执行和整改情况进行考核。

四、内部控制评价的内容

建筑施工企业应当根据《企业内部控制基本规范》及其配套指引、本企业的内部控制制度,根据内部环境、风险评估、控制活动、信息与沟通、内部监督等要素,确定内部控制评价的具体内容,对内部控制设计与运行情况进行全面评价,或者就某一方面进行专项评价。

1. 组织开展内部环境评价,应当以组织架构、发展战略、人力资源、企业文化、社会责任等应用指引为依据,结合本企业的内部控制制度,对内部环境的设计及实际运行情况进行认定与评价。

2. 组织开展风险评估评价,应当以《企业内部控制基本规范》有关风险评估的要求,以及各项应用指引中所列主要风险为依据,结合《中央企业全面风险管理指引》和本企业的内部控制制度,对日常经营管理过程中的风险识别、风险分析、应对策略等进行认定与评价。

3. 组织开展控制活动评价,应当以《企业内部控制基本规范》和各项应用指引中的控制措施为依据,结合本企业的内部控制制度,对相关控制措施的设计和运行情况进行认定和评价。

4. 组织开展信息与沟通评价,应当以内部信息传递、财务报告、信息系统等相关应用指引为依据,结合本单位的内部控制制度,对信息收集、处理和传递的及时性、反舞弊机制的健全性、财务报告的真实性、信息系统的安全性以及利用信息系统实施内部控制的有效性等进行认定和评价。

5. 组织开展内部监督评价,应当以《企业内部控制基本规范》有关内部监督的要求以及各项应用指引中有关日常管控的规定为依据,结合本单位的内部控制制度,对内部监督机制的有效性进行认定和评价,重点关注内部监督机构是否在内部控制设计和运行中有效发挥监督作用。

五、内部控制评价的方法

(一)内部控制评价的频率

企业每年应对内部控制进行评价并予以披露。但是内部控制自我评价的方式、范围、程序和频率,由企业根据经营业务调整、经营环境变化、业务发展状况、实际风险水平等自行确定。国家有关法律法规另有规定的,按规定执行。如果内部监督程序无效,或所提供信息不足以说明内部控制有效,应增加评价的频率。

(二)内部控制评价的样本量

评价测试人员结合测试目的、经验以及选定的测试方法来确定样本量,在进行抽样测试时,可以参考以下对于样本量的要求,记录需要进行内部控制测试的总体样本量、控制频率和样本量。评价小组在选取样本量时,需要根据控制措施的性质、复杂程度、发生频率、控制执行人员需要具备的能力、控制运行中职业判断使用的程度、控制执行人员是否存在变化以及控制的重要性确定抽样数量,以保证获得足够的支持性证据并保证评价工作的效率。

1. 总体样本量

总体样本量是指要确定执行控制测试并得出结论的对象。在进行控制测试抽样前,需要明确抽样测试的总体以及这些抽样测试的总体是否完整。例如,评价小组要测试所有的收货单是否均已入账,就不能以账面记录的所有收货单作为控制执行的总体样本量。因为针对"账面记录的所有收货单"进行抽样根本无法发现想要发现的控制执行问题,即未入账的收货单。真正合适的总体样本量是测试期间内所有连续编号的收货单。

2. 控制频率和样本量

关于控制频率和样本量的确定,可以参考以下方法及标准执行。

对于自动控制的样本量确定为 1 个;对于频率不确定/不定期执行的控制,应根据其实际发生样本总量折算出频率后再选取相应的样本量。

在确定该控制在测试期间内的样本总量后,可参考使用下表确定相应的样本量。参考的抽样测试样本量如表 7 - 1 所示。

表7-1 抽取测试样本量表

控制运行频率	测试的最小样本量
每年1次	1
每季1次	2
每月1次	2
每周1次	5
每天1次	20
每天多次	25

3. 整改后控制测试的最低样本量

通常来讲,控制执行的测试在年中或年中稍后的时点进行,那么需要在年中测试后到年底这段时间里,对以下三类控制进行"更新测试":

(1)年中因无样本或其他原因未能测试的控制是否在年底前得到执行,执行是否有效;

(2)已经测试过没有问题的控制是否继续有效地执行;

(3)年中测试发现的问题是否在年底前有效整改。

其中,对于第三类控制,即控制整改的测试,评价小组也需要考虑以下因素:

这些控制执行问题是否得到有效整改,是否能够满足控制目标的实现;这些整改后的控制是否已经在一个合理的时间段里得到有效运行。

对于整改后的控制测试需要参考表7-2确定相应的样本量。

表7-2 整改后的控制测试样本量表

控制运行频率	测试的最小样本量
每年1次	1
每季1次	2
每月1次	2
每周1次	5
每天1次	20
每天多次	25

缺陷整改完成后,内部控制有效运行的时间是得出整改后内部控制运行有效性结论时需要重点关注的内容。通常来说,就年中测试发现的问题,只纠正问题

或出于应付检查而改正一次(仅执行一次),不能够合理保证这些整改后的控制可以持续有效地执行下去。

(三)内部控制评价的方法

内部控制评价工作组应当对被评价单位进行现场测试,综合运用个别访谈、调查问卷、专题讨论、穿行测试、实地查验、抽样和比较分析等方法,充分收集被评价单位内部控制设计和运行是否有效的证据,按照评价的具体内容,如实填写评价工作底稿,研究分析内部控制缺陷。

1. 个别访谈法

个别访谈法主要用于了解企业内部控制的现状,经常在企业层面评价及业务层面评价的了解阶段使用。访谈前应根据内部控制评价需求形成访谈提纲,撰写访谈纪要,记录访谈的内容。

2. 调查问卷法

调查问卷法主要用于企业层面评价。调查问卷应尽量扩大对象范围,包括企业各个层级员工,应注意事先保密性,题目尽量简单易答(如答案只需为"是"、"否"、"有"、"没有"等)。

3. 穿行测试法

穿行测试法是指在内部控制流程中任意选取一笔交易作为样本,追踪该交易从最初起源直到最终在财务报表或其他经营管理报告中反映出来的过程,即该流程从起点到终点的全过程,以此了解控制措施设计的有效性,并识别出关键控制点(例如,在资产管理的评价中,选取一笔存货采购入库单,追踪其采购、验收到财务入账的全过程),以此了解控制措施设计的有效性,并识别出关键控制点。

4. 抽样法

抽样法是以样本代表总体,通过检查样本,判断控制执行总体情况的方法。抽样法分为随机抽样和其他抽样。随机抽样是指按随机原则从样本库中抽取一定数量的样本;其他抽样是指人工任意选取或按某一特定标准从样本库中抽取一定数量的样本。

5. 实地查验法

实地查验法主要针对业务层面控制,它通过使用统一的测试工作表,与实际的业务、财务单证进行核对的方法进行控制测试。如实地盘点某种存货。该方法适用于那些不留书面痕迹的内部控制,以及测试控制执行的到位程度的情况。观察对测试接触性控制非常有用,比访谈的确信水平高,应当与其他测试方法同时运用。

6. 比较分析法

比较分析法是指通过数据分析,识别评价关注点的方法。数据分析可以与历史数据、行业(公司)标准数据或行业最优数据等进行比较。

7. 专题讨论法

专题讨论法主要是集合有关专业人员就内控执行情况或控制问题进行分析,既可以是控制评价的手段,也是形成缺陷整改方案的途径。

此外,还可以使用观察、重新执行等方法,也可以利用信息系统开发检查方法,或利用实际工作和检查测试经验等方法。对于企业通过系统采用自动控制、预防控制的,应在评价方法上注意与人工控制、发现性控制的区别。

六、内部控制评价的程序

建筑施工企业内部控制评价程序一般包括:制订评价工作方案、组成评价工作组、实施现场测试、汇总评价结果、编报评价报告等。概括而言,主要分为以下几个阶段:

1. 准备阶段

(1)制订评价工作方案。内部控制评价机构应当根据企业内部监督情况和管理要求,分析企业经营管理过程中的高风险领域和重要业务事项,确定检查评价方法,制订科学合理的评价工作方案,经董事会批准后实施。评价工作方案应当明确评价主体范围、工作任务、人员组织、进度安排和费用预算等相关内容。评价工作方案既可以全面评价为主,也可以根据需要采用重点评价的方式。

(2)组成评价工作组。评价工作组是在内部控制评价机构领导下,具体承担内部控制检查评价任务。内部控制评价机构根据经批准的评价方案,挑选具备独立性、业务胜任能力和职业道德素养的评价人员实施评价。评价工作组成员应当吸收企业内部相关机构熟悉情况、参与日常监控的负责人或业务骨干参加。企业应根据自身条件,尽量建立内部控制评价长效培训机制。

2. 实施阶段

(1)了解被评价单位基本情况。充分与企业沟通企业文化和发展战略、组织机构设置及职责分工、领导层成员构成及分工等基本情况。

(2)确定检查评价范围和重点。评价工作组根据掌握的情况进一步确定评价范围、检查重点和抽样数量,并结合评价人员的专业背景进行合理分工。检查重点和分工情况可以根据需要进行适时调整。

(3)开展现场检查测试。评价工作组根据评价人员分工,综合运用各种评价方法对内部控制设计与运行的有效性进行现场检查测试,按要求填写工作底稿、记录相关测试结果,并对发现的内部控制缺陷进行初步认定。

3. 汇总评价结果、编制评价报告阶段

评价工作组汇总评价人员的工作底稿,初步认定内部控制缺陷,形成现场评价报告。评价工作底稿应进行交叉复核签字,并由评价工作组负责人审核后签字确认。评价工作组将评价结果及现场评价报告向被评价单位通报,由被评价单位相关责任人签字确认后,提交企业内部控制评价机构。

内部控制评价机构汇总各评价工作组的评价结果,对工作组现场初步认定的内部控制缺陷进行全面复核、分类汇总;对缺陷的成因、表现形式及风险程度进行定量或定性的综合分析,按照对控制目标的影响程度判定缺陷等级。

内部控制评价机构以汇总的评价结果和认定的内部控制缺陷为基础,综合内部控制工作整体情况,客观、公正、完整地编制内部控制评价报告,并报送企业经理层、董事会和监事会。企业如果遵循监管机构要求需对外披露内部控制评价报告,则需按规定格式内容编制报告,并由董事会最终审定后对外披露。

4. 报告反馈和跟踪阶段

企业对于认定的内部控制缺陷,应当及时采取整改措施,切实将风险控制在可承受度之内,并追究有关机构或相关人员的责任。

企业内部控制评价机构应当就发现的内部控制缺陷提出整改建议,并报经理层、董事会(审计委员会)、监事会批准。获批后,应制订切实可行的整改方案,包括整改目标、内容、步骤、措施、方法和期限。整改期限超过一年的,整改目标应明确近期和远期目标以及相应的整改工作内容。

在整改工作中遇到协调困难甚至阻碍的,内部控制机构有权直接向董事会(审计委员会)报告,董事会(审计委员会)应给予足够的支持和帮助。

企业要建立内部控制重大缺陷追究制度,内部控制评价和审计结果要与履职评估或绩效考核相结合,逐级落实内部控制组织领导责任。企业未开展内部控制工作,或未严格执行内部控制措施,导致发生内部控制缺陷,给公司生产经营、声誉形象、财产安全等方面造成不同程度影响和损失的要向相关责任单位或责任人追究相关责任,并给予相应的处罚。

第三节 内部控制审计

根据《企业内部控制基本规范》及其配套指引的要求,内部控制审计,是指会计师事务所接受委托,对特定基准日内部控制设计与运行的有效性进行审计。整合审计下,内部控制审计报告应与财务报告审计一同报送或纰露;非整合审计情况下,内部控制审计报告的报告日不能早于财务报告审计报告的报告日期,并尽量保持一致。

注册会计师执行内部控制审计工作,应当获取充分、适当的证据,为发表内部控制审计意见提供合理保证。注册会计师应当对财务报告内部控制的有效性发表审计意见,并对内部控制审计过程中注意到的非财务报告内部控制的重大缺陷进行审计,在内部控制审计报告中增加"非财务报告内部控制重大缺陷描述段"予以披露。

一、企业在注册会计师内部控制审计过程中的工作内容

(一)签订业务约定书,确定会计师事务所

企业应当与会计师事务所签订单独的内部控制审计业务约定书。业务约定书应当至少包括下列内容:

1. 内部控制审计的目标和范围;

2. 注册会计师的责任;

3. 企业的责任;

4. 指出企业采用的内部控制标准;

5. 提及注册会计师拟出具的内部控制审计报告的形式和内容,以及对在特定情况下出具的内部控制审计报告可能不同于预期形式和内容的说明;

6. 审计收费。

(二)确定年度内控审计计划

企业应与注册会计师确定年度内控审计计划,明确内部控制审计业务的报告目标,以计划审计的时间安排和所需沟通的事项,例如,内部控制审计工作的性质、时间安排和范围,拟出具内部控制审计报告的类型和时间安排,对外公布或报送内部控制审计报告的时间以及沟通的其他事项等。

企业将确定的年度内控审计计划纳入年度内控与风险管理的工作之一,将审计通知通过正式文件下发被审计所属单位。

（三）实施审计工作

企业应在实施审计工作过程中,配合注册会计师审计工作,及时安排访谈、提交所需资料等工作。

（四）落实年度内控审计结果

企业内控评价部门应随时跟进内控审计情况,与注册会计师就发现的问题进行详细沟通,分析问题发生原因,明确缺陷积极整改建议,将其纳入对所属单位内部控制改进机制和考核范围。

对于重大缺陷和重要缺陷,企业应要求注册会计师以书面形式与经理层和治理层沟通。书面沟通应当在注册会计师出具内部控制审计报告之前进行。

企业应要求注册会计师以书面形式与经理层沟通其在审计过程中识别的所有其他内部控制缺陷,并在沟通完成后告知治理层。

（五）审计报告提交

在此阶段,企业除了确认审计报告之外,还需向注册会计师提交书面声明。书面声明的内容应当包括:

1. 企业董事会认可其对建立健全和有效实施内部控制负责;

2. 企业已对内部控制进行了评价,并编制了内部控制评价报告;

3. 企业没有利用注册会计师在内部控制审计和财务报告审计中执行的程序及其结果作为评价的基础;

4. 企业根据内部控制标准评价内部控制有效性得出的结论;

5. 企业已向注册会计师披露识别出的所有内部控制缺陷,并单独披露其中的重大缺陷和重要缺陷;

6. 企业已向注册会计师披露导致财务报告重大错报的所有舞弊,以及其他不会导致财务报告重大错报,但涉及经理层和其他在内部控制中具有重要作用的员工的所有舞弊;

7. 注册会计师在以前年度审计中识别出的且已与企业沟通的重大缺陷和重要缺陷是否已经得到解决,以及哪些缺陷尚未得到解决;

8. 在企业内部控制自我评价基准日后,内部控制是否发生变化,或者是否存在对内部控制产生重要影响的其他因素,包括企业针对重大缺陷和重要缺陷采取的所有纠正措施。

如果企业拒绝提供或以其他不当理由回避书面声明,注册会计师应当将其视为审计范围受到限制,解除业务约定或出具无法表示意见的内部控制审计报告。此外,注册会计师应当评价拒绝提供书面声明这一情况对其他声明(包括在财务报告审计中获取的声明)的可靠性的影响。

二、注册会计师在内部控制审计过程中的工作内容

(一)计划审计工作

注册会计师应当恰当地计划内部控制审计工作,配备具有专业胜任能力的项目组并对助理人员进行适当的督导。

在计划审计工作时,企业应协助注册会计师评价下列事项对内部控制、财务报表以及审计工作的影响:

1. 与企业相关的风险;

2. 相关法律法规和行业概况;

3. 企业组织结构、经营特点和资本结构等相关重要事项;

4. 企业内部控制最近发生变化的程度;

5. 与企业沟通的内部控制缺陷;

6. 重要性、风险等与确定内部控制重大缺陷相关的因素;

7. 对内部控制有效性的初步判断;

8. 可获取的、与内部控制有效性相关的证据的类型和范围。

注册会计师应当对企业内部控制自我评价工作进行评估,判断是否能够利用企业内部审计人员、内部控制评价人员和其他相关人员的工作以及可利用的程度,相应地减少可能本应由注册会计师执行的工作。若利用企业内部审计人员、内部控制评价人员和其他相关人员的工作,应当对其专业胜任能力和客观性进行充分评价。与某项控制相关的风险越高,可利用程度就越低,注册会计师应当更多地对该项控制亲自进行测试。注册会计师应当对发表的审计意见独立承担责任,其责任不因为利用企业内部审计人员、内部控制评价人员和其他相关人员的工作而减轻。

(二)实施审计工作

注册会计师应当按照自上而下的方法实施审计工作。注册会计师在实施审计工作时,可以将企业层面控制和业务层面控制的测试结合进行。

注册会计师测试企业层面控制,应当把握重要性原则,至少应当关注:

1. 与内部环境相关的控制;

2. 针对董事会、经理层凌驾于控制之上的风险而设计的控制;

3. 企业的风险评估过程；

4. 对内部信息传递和财务报告流程的控制；

5. 对控制有效性的内部监督和自我评价。

注册会计师测试业务层面控制，应当把握重要性原则，结合企业实际、企业内部控制各项应用指引的要求和企业层面控制的测试情况，重点对企业生产经营活动中的重要业务与事项的控制进行测试。

注册会计师应当关注信息系统对内部控制及风险评估的影响。

注册会计师在测试企业层面控制和业务层面控制时，应当评价内部控制是否足以应对舞弊风险。

注册会计师应当测试内部控制设计与运行的有效性。

注册会计师在测试控制设计与运行的有效性时，应当综合运用询问适当人员、观察经营活动、检查相关文件、穿行测试和重新执行等方法。询问本身并不足以提供充分、适当的证据。

注册会计师在确定测试的时间安排时，应当在下列两个因素之间做出平衡，以获取充分、适当的证据：

1. 尽量在接近企业内部控制自我评价基准日实施测试；

2. 实施的测试需要涵盖足够长的时间。

注册会计师对于内部控制运行偏离设计的情况（控制偏差），应当确定该偏差对相关风险评估、需要获取的证据以及控制运行有效性结论的影响。

在连续审计中，注册会计师在确定测试的性质、时间安排和范围时，应当考虑以前年度执行内部控制审计时了解的情况。

（三）评价控制缺陷

注册会计师应当评价其识别的各项内部控制缺陷的严重程度，以确定这些缺陷单独或组合起来，是否构成重大缺陷。

表明内部控制可能存在重大缺陷的迹象，主要包括：

1. 注册会计师发现董事、监事和高级管理人员舞弊；

2. 企业更正已经公布的财务报表；

3. 注册会计师发现当期财务报表存在重大错报，而内部控制在运行过程中未能发现该错报；

4. 企业审计委员会和内部审计机构对内部控制的监督无效。

（四）完成审计工作

注册会计师完成审计工作后，应当取得经企业签署的书面声明。书面声明应当包括下列内容：

1. 企业董事会认可其对建立健全和有效实施内部控制负责；

2. 企业已对内部控制的有效性做出自我评价，并说明评价时采用的标准以及得出的结论；

3. 企业没有利用注册会计师执行的审计程序及其结果作为自我评价的基础；

4. 企业已向注册会计师披露识别出的所有内部控制缺陷，并单独披露其中的重大缺陷和重要缺陷；

5. 企业对于注册会计师在以前年度审计中识别的重大缺陷和重要缺陷，是否已经采取措施予以解决；

6. 企业在内部控制自我评价基准日后，内部控制是否发生重大变化，或者存在对内部控制具有重要影响的其他因素。

（五）审计报告提交

注册会计师在完成内部控制审计工作后，应当出具内部控制审计报告。标准内部控制审计报告应当包括下列要素：

1. 标题；

2. 收件人；

3. 引言段；

4. 企业对内部控制的责任段；

5. 注册会计师的责任段；

6. 内部控制固有局限性的说明段；

7. 财务报告内部控制审计意见段；

8. 非财务报告内部控制重大缺陷描述段；

9. 注册会计师的签名和盖章；

10. 会计师事务所的名称、地址及盖章；

11. 报告日期。

第四节 内控绩效评价

内控绩效评价,是指企业按照统一标准,对所属各部门各单位的内部控制实施整体情况进行的考核评价。内控绩效评价是内部监督的一项重要制度安排,是内部控制的重要组成部分,对于促进内部控制实施及改进具有十分重要的作用。

建筑施工企业应当制定内控绩效评价办法,明确评价的职责分工、评价内容、工作程序等内容,规范开展内控绩效评价工作。

一、内控绩效评价的对象

内控绩效评价是对所属各部门各单位的内部控制实施整体情况进行的考核评价。考核对象涉及企业内部各个部门及所属子公司。

二、内控绩效评价的组织形式和职责安排

企业应当结合内部控制实施的实际情况,制订具体的内控绩效评价方案,规定评价的原则、内容、程序、方法和报告形式等,明确相关机构或岗位的职责权限,落实责任制,按照规定的办法、程序和要求,有序开展内部控制评价工作。

企业内控绩效评价办法应当具体明确内控绩效评价的组织形式,特别明确有关方面在内控绩效评价中的职责安排,保证内部控制评价有序地开展。

1. 内控绩效评价的组织形式

企业可以授权绩效考核机构或专门机构(下称"内控绩效评价机构")负责内控绩效评价的具体组织实施工作。内控绩效评价机构必须具备一定的设置条件:一是能够独立行使对内部控制系统建立与运行过程及结果进行绩效评价的权力;二是具备与监督和评价内部控制系统相适应的专业胜任能力与职业道德素养的能力;三是和企业其他职能机构就监督与评价内部控制系统方面应当保持协调一致,在工作中相互配合、相互制约,在效率效果上满足企业对内部控制系统进行监督与评价所提出的有关要求;四是能够得到企业董事会和经理层的支持,有足够的权威性来保证内部控制评价工作的顺利开展。

具体来说,企业可根据自身特点,决定是否单独设置专门的内控绩效评价机构。对于单独设有专门内部控制机构的企业,也可以由内部控制机构或者绩效考

核部门来负责内控绩效评价的具体组织实施工作。为了保证内控绩效评价的独立性,负责内部控制设计和内控绩效评价的部门应适当分离。

2. 有关方面在内控绩效评价中的职责和任务

无论采取何种组织形式,董事会、经理层、内部控制管理部门、内控绩效评价机构在内部控制评价中的职能作用不会发生本质的变化。

(1)董事会对内控绩效评价承担最终的责任。企业董事会应当对内控绩效评价报告的真实性负责。董事会可以通过绩效委员会来承担对内控绩效评价的组织、领导、监督职责。董事会或绩效委员会应获取内控绩效评价结果或内控绩效评价报告,制定内控评价绩效应用规则。

(2)经理层负责组织实施内部控制绩效评价工作。实际操作中,可以授权内控绩效评价机构组织实施,并积极支持和配合内控绩效评价的开展,创造良好的环境和条件。经理层应结合日常掌握的业务情况,为内控绩效评价方案提出应重点关注的业务或事项,审定内控绩效评价方案和听取内控绩效评价结果,对于内控绩效评价中发现的问题,按照董事会或审计委员会的整改意见积极采取有效措施予以整改。

(3)内控绩效评价机构根据授权承担内控绩效评价的具体组织实施任务,通过复核、汇总、分析内部控制体系资料,结合经理层要求,拟订合理评价工作方案并认真组织其实施;对于评价过程中发现的重大问题,应及时与董事会、审计委员会或经理层沟通;及时上报内控绩效评价结果,落实内控绩效评价结果。

(4)各专业部门应负责组织本部门的内控绩效自评及内控述职;积极配合内控绩效评价机构实施的内控绩效评价工作,包括访谈以及提供资料,对内控绩效评价反映的问题及时进行完善提升。

(5)企业所属单位,也应逐级落实内控绩效评价责任,开展内控绩效自评以及内控绩效评价。

三、内控绩效评价原则

1. 客观评价原则。应尽可能进行科学评价,使之具有可靠性、客观性、公平性。

2. 全面考评的原则。就是要多方面、多渠道、多层次、多角度、全方位地进行立体考评。

3. 公开原则。应使考评标准和考评程序科学化、明确化和公开化。

4. 差别原则。考评等级之间应当产生较鲜明的差别界限,才会有激励作用。

5. 反馈原则。考评结果一定要反馈给被考评者本人,否则难以起到绩效考评的教育作用。

四、内控绩效评价的方法

1. 图尺度考核法:最简单和运用最普遍的绩效考核技术之一,一般采用图尺度表填写打分方法进行。

2. 交替排序法:一种较为常用的排序考核法。其原理是在群体中挑选出最好的或者最差的绩效表现者,较之于对其绩效进行绝对考核要简单易行得多。因此,交替排序的操作方法就是分别挑选、排列"最好的"与"最差的",然后挑选出"第二好的"与"第二差的",这样依次进行,直到将所有的被考核人员排列完全为止,从而以优劣排序作为绩效考核的结果。交替排序在操作时也可以使用绩效排序表。

3. 配对比较法:一种更为细致的通过排序来考核绩效水平的方法,它的特点是每一个考核要素都要进行人员间的两两比较和排序,使得在每一个考核要素下,每一个人都和其他所有人进行了比较,所有被考核者在每一个要素下都获得了充分的排序。

4. 强制分布法:在考核进行之前就设定好绩效水平的分布比例,然后将员工的考核结果安排到分布结构里去。

5. 关键事件法:一种通过员工的关键行为和行为结果来对其绩效水平进行绩效考核的方法,一般由主管人员将其下属员工在工作中表现出来的非常优秀的行为事件或者非常糟糕的行为事件记录下来,然后在考核时点上(每季度,或者每半年)与该员工进行一次面谈,根据记录共同讨论来对其绩效水平做出考核。

6. 行为锚定等级考核法:基于对被考核者的工作行为进行观察、考核,从而评定绩效水平的方法。

7. 目标管理法:现代采用较多的方法,管理者通常很强调利润、销售额和成本这些能带来成果的结果指标。在目标管理法下,每个员工都确定有若干具体的指标,这些指标是其工作成功开展的关键目标,它们的完成情况可以作为评价员工的依据。

五、内控绩效评价的程序

建筑施工企业内控绩效评价程序一般包括:制订绩效评价工作方案、组成绩效评价工作组、实施绩效评价、汇总绩效评价结果等。概括而言,主要分为以下几个阶段。

1. 准备阶段

(1)制订绩效评价工作方案。内控绩效评价机构应当根据企业内部控制体系内容,合理制定内控绩效评价目标,明确绩效考核标准。内控绩效评价目标制定原则包括:

① 指向明确。要符合企业发展战略、内部控制目标,并与各部门职责及具体控制措施紧密相关。

② 具体细化。绩效目标应当从数量、质量、成本和效果等方面进行细化,尽量进行定量描述,不能以量化形式表述的,可以采用定性的分级分档形式标书。

③ 合理可行。制定绩效目标要经过调查研究和科学论证,目标要符合客观实际。

在内控绩效评价目标制定基础上,内控评价机构应当根据内控绩效评价办法要求,制订具体绩效评价方案,评价工作方案应当明确评价主体范围、工作任务、人员组织、进度安排和费用预算等相关内容。评价工作方案既可以全面评价为主,也可以根据需要采用重点评价的方式。绩效评价方案经企业领导层审批通过后执行。

(2)组成绩效评价工作组。绩效评价工作组是在内控绩效评价机构领导下,具体承担内控绩效评价任务。内控绩效评价机构根据经批准的评价方案,挑选具备独立性、业务胜任能力和职业道德素养的评价人员实施评价。企业应根据自身条件,尽量建立内控绩效评价长效培训机制。

2. 实施阶段

(1)组织各部门实施内控绩效自评。绩效评价工作组下发内控绩效自评表,组织各部门开展内部控制绩效自评工作。公司各部门依照内部控制绩效方案,认真填写内控绩效自评表。

(2)收集数据并分析。内控绩效评价小组收集各部门内部控制实施情况相关数据,包括内控体系建设情况、内控评价结果等,根据内部控制评价方案,进行各部门内控绩效评分。

(3)计算内控绩效结果并公布。根据内部控制绩效自评和内部控制绩效评价的情况,最终得出各部门的内控绩效结果,并将其结果进行公示。各部门对分值有异议可联系内控绩效评价小组使其进行相应解释。

3. 结果运用阶段

内控绩效小组根据内控绩效结果,编制内控绩效报告,并呈报给公司领导审批。公司根据内控绩效结果占绩效工资比例,发放相应绩效工资。

第五节 内控评价结果应用

内控评价结果应用,是指企业合理应用内控评价结果,为促进企业内部控制体系持续优化所采取的各种手段。

一、内控评价结果应用对象

内控评价结果应用对象涉及企业内部各个部门及所属子公司。

二、内控评价结果应用方式

企业应当结合内部控制实施的实际情况,制定具体的内控绩效评价办法,规定评价的原则、内容、程序、方法和报告形式等,明确相关机构或岗位的职责权限,落实责任制,按照规定的办法、程序和要求,有序开展内部控制评价工作。

1. 企业管理提升

企业内控评价结果,也用于企业管理提升。针对企业内控评价中发现的各类缺陷和问题,对企业进行公司治理、组织架构、管理模式、制度管理等多方面的管理提升。

管理提升组织形式:

(1)制订管理提升方案

由公司领导层组织各部门,针对内控评价结果反映出的公司相关问题,制订明确的管理方案。方案中需包括目的、提升方式、提升内容、责任部门及配合部门、提升方式、提升步骤及各阶段完成时间等内容。明确方案后,下发至各部门。

(2)各部门组织实施

各部门根据具体的管理提升方案,开展管理提升工作。按照具体步骤,编制本部门管理提升计划,安排相应人员及其他资源,逐步开展管理提升活动。

(3)汇报总结

根据方案要求各节点,召开阶段汇报会,各部门反馈本阶段工作完成情况,对于延误或未完成的,需了解其原因,协助其解决问题,确保完成工作。

管理提升工作完成后,进行提升后试水观察阶段,观察结束后,组织召开汇报会,了解管理提升后各部门工作现状,对方案中不适宜的内容进行调整与优化,确保管理提升为企业带来的效益。

2.绩效评价

企业可根据内控评价结果,对各部门及岗位进行绩效评价。制定相应机制,明确内控评价结果所占绩效比例,可从评价等级、发现缺陷数量、内控损失程序、内控整改情况等方面的指标,进行绩效考评。

绩效评价具体程序:

(1)制订内控绩效方案

由内控管理部门联合绩效管理部门制订内控绩效方案。方案内容包括绩效考核目标、考核指标、考核方式、考核范围、考核时间等内容。公司管理层审批通过后实施。

(2)绩效考核实施

内控管理部门收集内控评价结果,并根据内控评价结果计算相应绩效指标分值,根据方案要求,汇总得出相应分值,结果报绩效管理部门。

(3)考核结果应用

绩效管理部门将内控绩效结果作为公司整体绩效考核的一部分,进行相应分值计算。总体绩效考核流程按照公司规定程序执行并将结果上报公司领导层审批。

参考文献

[1] The Committee of Sponsoring Organizations of the Treadway Commission. *Internal Control-Integrated Framework*. 2013.

[2] FIDIC. *Conditions of Contract for construction*. 1999.

[3] Clifford F. Gray, Erik W. Larson. Project Management. *The McGraw Hill Companies. Inc.*, 2003.

[4] Alvin A. Arens, Randal J. Elder, Mark S. Beasley. Auditing and Assurance Services: An Integrated Approach, 11th Edition. *Pearson Education*, Inc., 2006.

[5] Keith Wade, Andy Wynne. Control Self Assessment: For Risk Management and Other Practical Applications. *John Wiley & Sons Ltd.*, 1999.

[6] 中华人民共和国财政部. 企业内部控制规范. 北京:中国财政经济出版社,2010.

[7] 方红星主译. 内部控制——整合框架. 大连:东北财经大学出版社,2008.

[8] 方红星、王宏译. 企业风险管理——整合框架. 大连:东北财经大学出版社,2005.

[9] 卜永军主编. 建设工程项目管理一本通. 北京:地震出版社,2007.

[10] 罗里·伯克. 陈永强等译. 项目管理——计划与控制技术. 北京:中国建筑工业出版社,2008.

[11] 商德福. 施工企业风险管理应用研究。财经界(学术版),2015(32):114~115

[12] 刘晓红,徐玖平. 项目风险管理. 北京:经济管理出版社,2008.